오스만 제국

찬란한 600년의 기록

오스만 제국

찬란한 600년의 기록

오가사와라 히로유키

노경아 옮김

까치

OSUMAN TEIKOKU : HANEI TO METSUBOU NO 600 NEN SHI
オスマン帝国：繁栄と衰亡の600年史

by Hiroyuki Ogasawara 小笠原弘幸

역자 노경아(盧鏡娥)

한국외국어대학교 일본어과를 졸업하고 대형 유통회사에서 10년 가까이 근무
하다가 오랜 꿈이었던 번역가의 길로 들어섰다. 번역의 몰입감, 마감의 긴장감,
탈고의 후련함을 즐길 줄 아는 꼼꼼하고도 상냥한 일본어 번역가이다. 현재 번
역 에이전시 엔터스코리아의 출판기획 및 일본어 전문 번역가로 활동하고 있다.
주요 역서로는 『너무 재밌어서 잠 못 드는 경제학』, 『끌리는 문장은 따로 있다』,
『세계 건축가 해부도감』, 『생각정리를 위한 디자인 씽킹』, 『무인양품 보이지 않
는 마케팅』, 『세계 5대 종교 역사도감』 등이 있다.

편집, 교정_ 이예은(李叡銀)

오스만 제국   찬란한 600년의 기록

저자/오가사와라 히로유키
역자/노경아
발행처/까치글방
발행인/박후영
주소/서울시 용산구 서빙고로 67, 파크타워 103동 1003호
전화/02 · 735 · 8998, 736 · 7768
팩시밀리/02 · 723 · 4591
홈페이지/www.kachibooks.co.kr
전자우편/kachibooks@gmail.com
등록번호/1-528
등록일/1977. 8. 5
초판 1쇄 발행일/2020. 7. 6
    3쇄 발행일/2021. 7. 30

값/뒤표지에 쓰여 있음

ISBN 978-89-7291-716-8 03910

이 도서의 국립중앙도서관 출판예정도서목록(CIP)은 서지정보유통지원시스템 홈페이지(http://
seoji.nl.go.kr)와 국가자료공동목록시스템(http://www.nl.go.kr/kolisnet)에서 이용하실 수 있습
니다. (CIP제어번호 : CIP2020024794)

차례

서문

지금으로부터 약 100년 전.

아시아, 아프리카, 유럽 등 3대륙에 걸친 광대한 영토 — 그들 스스로 "신이 지키는 땅"이라고 불렀던 — 를 자랑하며, 단일 왕조로서는 전례 없이 긴 세월인 600년 동안 존속한 나라가 있었으니, 바로 오스만 제국이다. 그러나 오스만 제국은 19세기부터 그 영토가 조금씩 줄어들었고 1918년 제1차 세계대전에서 패배하면서 영토의 대부분을 잃고 말았다. 1453년부터 줄곧 오스만 제국의 땅이던 이스탄불을 적에게 빼앗겼을 뿐만 아니라 제국의 마지막 영토인 아나톨리아조차 분할될 위기에 처한 것이다. 국교인 이슬람교의 가르침을 거스르면서까지 다양한 종교의 평등을 추구했음에도 기독교도뿐만 아니라 아랍인 무슬림(이슬람교도)까지도 제국에 등을 돌렸다. 소수의 튀르크인 무슬림과 쿠르드인이 남아서 제국을 지탱하고 있었으나 모든 민족의 통일과 모든 종교의 평등을 좇던 그들의 조국은 이미 사라지고 없었다.

그리하여 마침내 1922년, 왕조의 연명에만 급급한 제국 정부를 포기하기로 결심한 한 명의 장교, 즉 나중에 공화국 건국의 아버지 "아타튀르크"라고 불리게 될 무스타파 케말이 주축이 되어 앙카라 정부를 수립했고, 제국은 역사의 무대에서 모습을 감추고 말았다.

멸망 이후 한동안 오스만 제국의 역사는 어둠 속으로 완전히 사라진 듯했다. 퇴폐와 정체의 늪에 빠진 제국은, 술탄을 몰아내고 수립된 터키 공화국이 극복해야 할 폐단의 상징이었기 때문이다. 마찬가지로, 제국의 통치를 받던 20개 이상의 나라들도 오스만 제국의 시대를 자신들이 압제에 눌려 민족 자립을 이루지 못했던 "암흑시대"로 생각했다.

그러나 제국이 멸망한 지 100년이 되어가는 지금에 와서 오스만 제국의 역사의 존재감이 전례 없이 커지고 있다. 에르도안 대통령이 이끄는 친(親)이슬람 정당인 정의개발당이 집권한 후부터 오스만 제국을 "위대한 튀르크인의 과거"로 평가하며 다양한 분야의 정치적, 문화적 상징으로 차용하는 사람들이 많아진 것이다. 요즘 터키 국민들은 오스만 제국의 역사를 부끄럽게 여기기는커녕 자신들의 뿌리로 당당하게 내세운다. 터키 공화국뿐만 아니라 오스만 제국의 통치를 받던 국가들 역시, 학계를 중심으로 오스만 시대를 객관적으로 재파악하려는 움직임을 보이고 있다. 역사상 최초의 대제국에 대한 역사적 평가가 오늘날 크게 달라지고 있는 것이다.

이 책에서는 오스만 제국이 역사에 등장한 13세기 말부터 멸망한 1922년까지의 통사를 다룬다. 대략 600년에 이르는 오스만 제국의 역사는 일본사의 가마쿠라 시대나 다이쇼 시대에 빗댈 수 있다. 하나의 왕조가 실권을 유지한 채 존속한 예로는 합스부르크 제국과 더불어 파격적으로 긴 세월이다. 약 1,000년을 존속한, 역사상 가장 장수한 나라로 꼽히는 비잔틴 제국(동로마 제국)은 중간에 왕조가 몇 번이나 바뀌었다. 또한 몽골 제국은 오스만 제국보다 훨씬 큰 영토를 획득하여 유라시아 대륙의 절반 이상을 지배했으나 후계 국가까지 포함해서 겨우 150년밖에 유지되지 못하고 세계사에서 덧없이 퇴장하고 말았다.

오랜 역사와 거대한 규모를 가진 오스만 제국을 하나의 역사적 흐름 속에서 파악하는 일은 역사가로서도 결코 쉽지 않다. 심지어 이 제국은 시대마다 전혀 다른 양상을 보인 탓에 마치 완전히 다른 별개의 국가들이 여럿 존재했던 것처럼 느껴진다. 다시한번 일본의 역사에 빗대어 말하면, 가마쿠라 전문가가 에도 시대와 다이쇼 시대까지 다루어야 하는 것과 마찬가지이다. 이제그 어려움을 상상할 수 있겠는가? 그래서인지, 일본인 연구자가쓴 오스만 제국 전체를 다룬 학술적 통사라고는 지금으로부터반세기 전인 1966년에 오스만 제국사 연구의 선구자인 미쓰하시후지오가 쓴 『오스만 튀르크 역사론』뿐이다. 따라서 지금 나는반세기 만에 오스만 제국사를 다시 정리하겠다고 덤벼든 셈이다.

오스만 제국의 역사에 대한 연구는, 앞에서 말한 대로 터키 공화국 및 주변 제국의 시선이 달라지고 있어서인지 급속하게 발전하는 중이다. 뛰어난 논문과 연구서가 잇따라 등장하는 가운데제국의 역사에 관한 내용도 나날이 수정되고 있다. 이 책에서도이런 최신 연구 성과들을 되도록 많이 참고하여 새로운 오스만제국의 역사와 현상을 드러내려고 노력했다.

물론 나는 "하찮은 저자" — 오스만 제국의 역사가도 자신을이렇게 표현했다 — 여서 장대한 오스만 제국사의 한 측면을 겨우 드러낼 수 있었을 뿐이다. 그래도 독자들에게 그 역사를 조금이라도 전할 수 있다면 무척 기쁘겠다.

오스만 왕가의 가계도

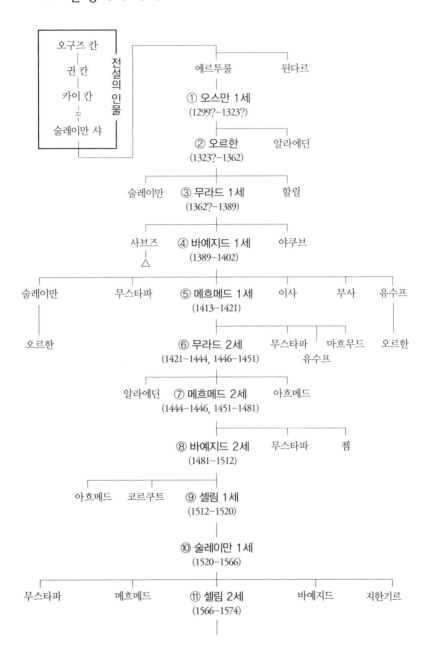

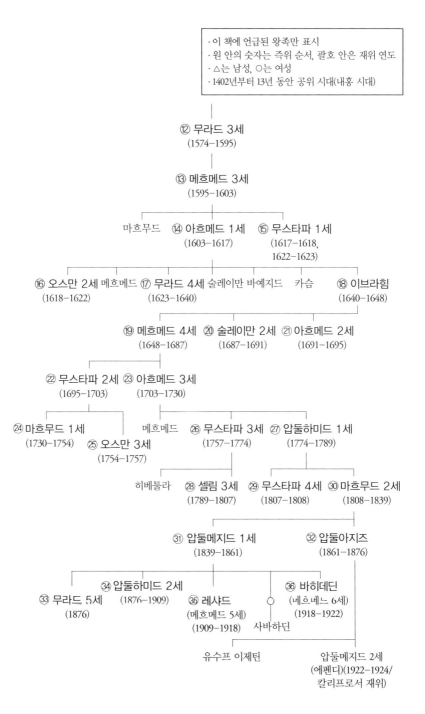

·이 책에 언급된 왕족만 표시
·원 안의 숫자는 즉위 순서, 괄호 안은 재위 연도
·△는 남성, ○는 여성
·1402년부터 13년 동안 공위 시대(내홍 시대)

⑫ 무라드 3세
(1574–1595)

⑬ 메흐메드 3세
(1595–1603)

마흐무드   ⑭ 아흐메드 1세   ⑮ 무스타파 1세
(1603–1617)   (1617–1618,
1622–1623)

⑯ 오스만 2세 메흐메드 ⑰ 무라드 4세 술레이만 바예지드 카슴 ⑱ 이브라힘
(1618–1622)   (1623–1640)   (1640–1648)

⑲ 메흐메드 4세 ⑳ 술레이만 2세 ㉑ 아흐메드 2세
(1648–1687)   (1687–1691)   (1691–1695)

㉒ 무스타파 2세 ㉓ 아흐메드 3세
(1695–1703)   (1703–1730)

㉔ 마흐무드 1세   메흐메드 ㉖ 무스타파 3세 ㉗ 압둘하미드 1세
(1730–1754)   (1757–1774)   (1774–1789)
㉕ 오스만 3세
(1754–1757)

히베튤라 ㉘ 셀림 3세 ㉙ 무스타파 4세 ㉚ 마흐무드 2세
(1789–1807)   (1807–1808)   (1808–1839)

㉛ 압둘메지드 1세   ㉜ 압둘아지즈
(1839–1861)   (1861–1876)

㉝ 무라드 5세 ㉞ 압둘하미드 2세 ㉟ 레샤드 ○ ㊱ 바히데딘
(1876)   (1876–1909)   (메흐메드 5세) 사바하딘 (메흐메느 6세)
(1909–1918)   (1918–1922)

유수프 이제틴   압둘메지드 2세
(에펜디)(1922–1924/
칼리프로서 재위)

일러두기

- 지명 : 원칙적으로 현재 쓰이는 이름을 사용했다. 그러나 오스만 제국의 통치가 길었기 때문에 당시의 명칭이 학계에 정착되어 있는 경우에는 옛 이름을 썼다. 별칭이 있다면 필요에 따라서 괄호 안에 표기했다.
- 인물의 나이 : 기원후를 기준으로 만 나이로 계산했다. 그래서 이슬람력(1년이 354일 정도)으로 계산한 나이보다는 조금 더 낮을 수 있다.

제국의 윤곽

1. "이 나라"의 이름

이 나라, 즉 오스만 제국을 어떻게 불러야 할까?

얼핏 간단한 문제 같아 보이지만, 국호는 그 나라 사람들의 정체성, 그리고 부르는 이들의 역사관과 밀접한 관련이 있어서 의외로 중요하다. 변죽부터 울린다고 비난하는 독자도 있겠지만 일단 여기에서부터 이야기를 시작하고자 한다.

오스만 튀르크

이 나라는 흔히 "튀르크(Türk)" 혹은 "오스만 튀르크(Osman Türk)"라고 불린다. 주로 서유럽 사람들이 그렇게 부르는데, 다른 나라에서도 이 이름을 그대로 받아들여서 사용하는 경우가 많다.

튀르크인은 몽골 고원에서 유래하여 기원전 3세기경 역사에 등장한 유목 민족이다. 그들은 9세기부터 이슬람 세계에 군인 신분으로 유입되기 시작했고, 점차 세력을 강화한 결과 10세기에 처음으로 튀르크인을 왕으로 삼은 무슬림 왕조를 세우는 데에 성공했다. 그리고 점차 서쪽으로 전진하여 아나톨리아에 진입했고, 튀르크계 부족의 지도자인 오스만이라는 인물이 나라를 건국하기에 이르렀다.

왕가가 튀르크계 명문가에서 출발했다는 역사의식은 당시 오스만 제국 사람들의 마음속 깊이 새겨져 있었다(79쪽 참조). 특히 주변에 다수의 튀르크계 후국(侯國)과 공국(公國)이 존재했던 16세기 초까지는 왕가에 고귀한 튀르크 혈통이 흐른다는 사실을 강조해야만 왕조의 권위를 지킬 수 있었을 것이다. 이런 "튀르크성"은 16세기 중엽 이후에 그 빛을 잃는 듯하다가 19세기 말 이후 튀르크 민족주의 조류가 강해지면서 다시금 중시되기 시작했다. 오스만 제국의 공통 언어가 처음부터 끝까지 튀르크어였던 점도 강력한 민족적 구심력을 발휘하여 사람들을 하나로 묶어주었다. 이 튀르크성은 오스만 제국의 시작과 끝에 상당히 큰 영향을 끼쳤다. 그러므로 "튀르크" 혹은 "오스만 튀르크"라는 호칭이 한편으로 타당해 보이기도 한다.

그러나 연구자들은 이 호칭을 쓰지 않는다. 그 이유는 무엇일까? 이 나라가 스스로를 "튀르크"라고 칭한 적이 없었던 데다가, 오스만 제국의 역사에서 튀르크계가 대다수였던 시기가 극히 짧았기 때문이다. 오스만 제국은 다민족으로 이루어진 제국으로서의 역사를 유지해왔다. 제국을 구성하는 주요한 민족만 해도 알바니아인, 세르비아인, 체르케스인, 그리스인, 아랍인, 쿠르드인, 아르메니아인 등 매우 다양했다.

물론 한 민족이 지배자가 되어 다른 여러 민족들을 지배했던 나라는 오스만 제국뿐만이 아니다. 그러나 오스만 제국은 튀르크계가 아닌 다른 민족이 엘리트층을 차지했다는 점에서 독특하다. 튀르크의 고귀한 혈통을 자랑했던 왕가만 보아도, 36대나 되는 역대 군주들 중에서 초기의 몇몇만이 튀르크계 어머니에게서 태어났다. 그러므로 "튀르크"라는 민족명으로 이 나라를 부르는 것은 타당하지 않다.

국민들은 자신들의 나라를 무엇이라고 불렀을까?

그렇다면 오스만 제국 사람들은 자신의 나라를 무엇이라고 불렀을까? 국민들이 불렀던 이름이야말로 가장 타당한 국호일 것이다.

그러나 이 문제 역시 그다지 간단하지 않다. 오스만 제국의 공식적인 명칭은 이 나라의 역사가 거의 끝나가던 19세기 말, 즉 1876년이 되어서야 그 시기에 제정된 헌법으로 정해졌기 때문이다. 헌법은 그 나라를 "오스만의 나라(Devlet-i Osmaniye)"라고 칭했다. 그때까지 이 나라에는 정식 명칭이 없었다. 물론 정식 국호라는 관념 자체가 근대의 산물이므로 그 사실 자체는 그다지 놀랍지 않다.

그러므로 정식 명칭은 일단 제쳐놓고, 공문서에 어떤 명칭이 쓰였는지부터 살펴보는 것이 좋겠다. 오스만 제국의 공문서에서는 대개 자국을 "최고의 국가(Devlet-i aliye)"라고 일컫는다. 또한 자국의 국토를 "신이 지키는 땅"으로 종종 표현했다. 그러나 "최고의 국가"나 "신이 지키는 땅"은 현대의 역사 연구자가 쓰기에는 다소 부적절한 용어이다.

따라서 이번에는 역사서에서 어떤 명칭이 쓰였는지를 살펴보자. 오스만 제국의 역사를 기록한 역사가, 그중에서도 제국 전반기를 다룬 역사가들은 "오스만 왕가(왕조)의 역사(Tevarih-i Ali Osman)"라는 문구를 자주 썼다. 즉 그들에게 오스만 제국은 "오스만 왕가" 혹은 "오스만 왕조"였던 것이다. 이는 사실이다. 오스만 왕가는 제국 역사의 전반기에 국가와 거의 같은 의미를 가지

고 있었고 후반이 되어서도 제국의 주역으로서의 존재감을 유지
했다. 따라서 최소한 이 나라의 역사 전반부를 다룰 때에는 "오
스만 왕조"라는 국호를 붙이는 것이 타당할 것이다.

그러나 600년에 이르는 제국 전체를 "오스만 왕조"라고 부르
기는 어렵다. 시대가 흐를수록 국가 조직이 발전하고 왕가 이외
의 사람들이 중요 인물들로 대두하므로 국가를 왕가의 연장으
로 볼 수 없게 되기 때문이다.

오스만 제국

지금까지 여러 호칭을 검토했지만, 이 책에서는 연구자들의 관례
에 따라서 이 나라를 오스만 제국으로 부르고자 한다.

"제국(Empire)"이란 지배권 혹은 통치권을 의미하는 라틴어인
"임페리움(Imperium)"에서 유래한 말이다. 로마 시대에 생겨난 이
임페리움이라는 말은 고대 말기부터 서서히 의미가 달라져서 넓
은 영역을 지배하는 국가를 뜻하는 "제국"이 되었다.

물론 오스만 제국이 "임페리움" 혹은 그것과 관련된 말을 국호
에 적극적으로 사용한 적이 없으므로 이 명칭에도 문제는 있다.
그러나 "제국"이라는 말이 역사적으로 어떻게 성립되었든 간에,
동서양의 역사 연구자들은 넓은 지역을 지배하는 광대한 국가를
일반적으로 "제국"이라고 부르고 있다. 그런 의미에서 "오스만 제
국"이 가장 적절한 국호라고 할 수 있다.

다만 제국이라고 할 만큼 체제가 정비되지 않았던 시대, 즉 이
책의 제1장에 언급된 시대를 다룰 때에는 이 나라를 오스만 집

단, 오스만 후국, 오스만 왕조라고 부를 것이다.

군주의 호칭

오스만 제국의 군주를 무엇이라고 칭하느냐 하는 것도 어려운 문제이다. 현대 연구자들은 오스만 제국의 군주를 술탄(sultan)이라고 부른다. 술탄이란 이슬람 세계의 세속 권력자에게 주어지는 칭호로, 아바스 왕조의 칼리프(caliph)가 대(大)셀주크 왕조의 군주에게 처음으로 붙여주었다고 한다(34쪽 참조).

오스만 제국에서도 이슬람적 권위를 갖춘 군주를 부를 때에 "술탄"이라는 칭호를 썼다(51쪽 참조). 그러나 제국의 문서 행정을 맡은 사람들은 유일한 군주를 가리킬 때에는 "파디샤(Padishah : 제왕)"라는 말을 주로 사용했다. "술탄"은 군주뿐만 아니라 왕족이나 귀족을 지칭할 때에도 쓰였으므로 오스만 제국 군주의 칭호를 "술탄"이 아닌 "파디샤"로 통일해야 한다고 주장하는 연구자도 있다. 한편 다른 연구자들은 돌이나 금속 등에 새겨진 글귀에 "파디샤"가 그다지 등장하지 않으므로 그것이 높은 자리에 앉은 군주를 가리키는 일반 명사에 불과했을 것이라고 지적한다. 즉 아직 정설이 없는 상황이다.

군주의 호칭은 국호 이상으로 까다로운 문제이지만, 이 책에서는 오스만 제국의 군주 역시 관례에 따라서 술탄으로 부르겠다. 그러나 한 가지 수의해야 할 점이 있다. 오스만 제국의 군주(105쪽 참조)는 다양한 칭호를 경우에 따라 나누어 사용했으며 중층적, 복합적인 지배자로 군림했는데, 이런 그를 정확히 표현할 말이 없어서 어쩔 수 없이 술탄이라고 칭했을 뿐이라는 사실이다. 술탄은 군주의 한 면만을 드러내는 편의적인 명칭임을 기억하기를 바란다.

2. 왕위 계승, 권력 구조, 통치 이념

오스만 제국의 600년 역사는 너무 길어서 이 짧은 책에 전부 담을 수 없다. 그래서 나는 기본이 되는 정치적 사건과 대외관계를 해설하면서 3개의 축을 중심으로 오스만 제국의 역사를 정리해보려고 한다. 그 축은 정권의 핵심인 왕위 계승, 왕권을 지탱한 권력 구조, 그리고 통치 이념이다.

왕위 계승

앞에서 말했다시피, 오스만 제국의 역사가는 이 나라의 역사를 "오스만 왕가의 역사"로 기술했다. 이것은 오스만 제국의 역사를 이해하는 데에 매우 중요한 사실이다. 오스만 제국의 역사는 오스만 왕가의 역사이기도 했다. 광대하고도 다양한 요소들로 이루어진 제국을 하나로 통합하여 이끌고 갈 수 있었던 핵심은 600년 동안 왕좌를 내주지 않은 오스만 왕가에 있던 것임이 틀림없다.

이 오스만 왕가의 왕위 계승은 다양한 관행과 제도에 의해서 통제되었다. 예를 들면, 이 책의 첫머리에 나오는 오스만 왕가의 가계도를 살펴보면, 17세기 초 아흐메드 1세 이전에는 왕위가 반드시 아버지에게서 아들에게로 계승된 것을 알 수 있다.

이것은 군주가 즉위한 후에 그와 같은 자격을 가진 왕족에게 위협받는 사태를 미연에 방지하기 위한 부자 상속의 왕위 계승체제가 작동하고 있었다는 뜻이다. 많은 이들이 오스만 제국의 왕위 계승의 관행인 "형제 살해"에 대한 이야기를 들어보았을 것이다. 그러나 이후의 장들에서 언급하겠지만, 오스만 제국에는 안정적인 왕위 계승을 위한 방법이 그외에도 다양하게 존재했다.

이 책에서는 이러한 왕위 계승과 왕좌를 둘러싼 다툼을 하나의 이야기 축으로 삼았다.

권력 구조

지금까지 왕가 내에서 군주의 지위를 어떻게 안정시켰는지 알아보았다. 이번에는 군주를 어떤 인물들이 떠받쳤으며 그들이 서로 어떤 관계를 맺었는지 살펴보자.

그들의 내력은 다양하다. 유력 정치가는 물론이고 예니체리(yeniçeri) 군단, 상비(常備) 기마병, 고위 울라마(ulamā : 이슬람 지식인)와 하위 울라마, 궁전에 머무르는 왕의 어머니, 신하와 관리, 나아가 제국 내외의 준(準)독립 세력, 즉 변경의 땅을 약탈하는 아큰즈(akıncı) 호족들, 발칸의 기독교 속국들, 칭기즈 칸의 후예인 크림한국, 18세기부터 대두하기 시작한 아얀(āyan : 지방 명망가)들까지 그야말로 가지각색이다(이들에 대해서는 나중에 설명하겠다). 이 다양한 집단들이 제국의 긴 역사를 통해서 시대별로 등장과 퇴장을 반복했다.

　오스만 제국은 일반적으로 중앙집권 국가로 여겨지지만 그 양상은 다양하게 변화해왔다. 이 나라는 군주를 둘러싼 인물들의 구성 및 관계의 변화, 왕권에 대한 사상의 변화에 맞춰서 집권화와 분권화를 반복했고, 그럴 때마다 권력 구조를 한층 세련되게 발전시켜 나갔다. 따라서 이 책에서는 왕의 주변 인물들의 역할, 왕과의 관계, 그리고 그것들의 변화를 이야기의 또다른 축으로 삼았다.

통치 이념과 정통성

지금까지 제국의 핵심이 되는 일을 오스만 왕가가 담당하고, 제국 경영을 앞에서 설명한 권력 구조가 담당했다는 이야기를 했다. 그렇다면 제국을 지배한 이념과 정통성은 어디에서 유래했을까?

　오스만 왕가와 오스만 제국은 자신의 지배자로서의 정통성을 다양한 곳에서 찾았다. 대표적인 것이 이슬람 세계의 다른 무슬림 왕조가 오래 전부터 지켜왔던 전통이다. 다양한 배경의 전사들로 구성된 오스만 집단이 체제를 갖추어 국가로 발돋움할 수 있었던 것은, 무슬림 왕조들이 긴 역사를 통해서 축적하고 계승한 통치 기술과 이념들, 즉 그들의 지배 조직, 법, 관습과 칭호 등을 그들이 적절히 활용했기 때문이다.

　단, 오스만 제국이 그 전통을 자신들에게 알맞게 변형하여 받아들였다는 사실에 주목할 필요가 있다. 또한 오스만 왕가와 오스만 제국은 종종 이전의 무슬림 왕조들과는 다른 이념과 정통성을 내세우기도 했다. 제국 초기에 도입한 튀르크적 이념, 근대에 도입한 입헌제가 좋은 예이다. 이후의 장들에서 자세히 설명하겠지만 이런 이념 및 정통성의 다양함과 중층적인 측면도 이 책의 중요한 주제 중의 하나가 될 것이다.

3. 4개의 시대

시대를 넷으로 나누다

오스만 제국의 600년을 살펴보기 위해서는 시대별 특징을 고려하여 역사를 서술할 필요가 있다. 다행히 오스만 제국의 역사의 시대 구분은 연구자들 사이에서 어느 정도 합의가 이루어져 있다. 이 책에서는 그 합의에 따라서 제국의 역사를 4개의 시대로 나누었고(단, 시대별 명칭은 저자가 붙였다) 한 시대에 하나의 장을 할애했다.

봉건적 후국 시대　오스만 후국은 13세기 말에서 14세기 초에 성립된 것으로 보인다. 초기 오스만 후국은 약탈을 일삼는 불량배 집단에 불과했지만 무슬림 왕조들의 통치체제를 서서히 변형시켜 받아들이면서 국가로서의 체제를 정비해갔다.

　국가의 중심은 언제나 오스만 왕가였지만 시간이 지나면서 지방 호족들과 구(舊) 튀르크계 후국 세력 등 준독립 집단이 왕가를 떠받치게 되었다. 다시 말해서 이 시대의 오스만 왕가는 많은 봉건 제후들 중에서 가장 유력한 존재에 불과했다.

집권적 제국 시대　오스만 왕조는 메흐메드 2세가 콘스탄티노폴리스 원정을 실행한 1453년 이후 술탄 중심의 중앙집권화를 추진함으로써 "제국"이라는 이름에 걸맞은 위엄 있는 모습을 갖추게 된다. 실제 변화는 점진적이었지만, 그래도 그 원정이 변화의 기원이 된 것은 틀림없다. 그로부터 100년이 넘도록 후대에 "황금시대"라고 불리는 풍요와 안정이 이어졌다. 아랍 대원정을 달성한 셀림 1세, 빈 포위를 감행한 술레이만 1세의 치세도 이 시대에 포함된다.

　이 시대의 술탄은 상비군인 예니체리 군단을 비롯한 노예 출신 신하들을 거느리며 절대적인 전제군주로 군림했다. 그러나 앞에서 말했듯이 서로 다른 신하들을 통제하기는 여전히 쉽지 않았다.

분권적 제국 시대　이 시대가 언제 시작되었는지에 대해서는 다양한 학설이 있지만, 이 책에서는 그 시점을 무라드 3세가 즉위한 1574년으로 보았다. 과거의 연구자들은 대개 이 시대, 즉 16세기 말 이후 200년 동안을 오스만 제국의 정체기 혹은 쇠퇴기로 본다. 무능한 술탄들이 다스린 탓에 제국이 혼란해지고 영토가 줄어들었기 때문이다.

　그러나 이제는 반대로, 이 시대가 변혁기였을지언정 쇠퇴기는 아니었다는 새로운 평가가 정설이 되었다. 한마디로 말하자면 이 시대는 수도 이스탄불에 있던 유력자들이 이전에 술탄이 마음껏 휘두르던 권력을 일정 부분 제약하고 자신들의 당파를 통해서 국정을 운영하기 시작한 시대라고 할 수 있다. 17세기에는 이 체제가 파벌 대립을 격화시켜서 정국이 혼란해지기도 했지만, 18세기 이후에는 사회가 안정을 되찾아 제국의 역사에서도 손꼽히는 번영의 시대가 이어졌다.

근대 제국 시대　　중동사, 이슬람사를 연구했던 과거의 역사가들은 나폴레옹이 이집트로 쳐들어온 1798년부터 이슬람 세계에 근대화가 시작되었다고 주장했다. 그러나 이것은 너무 서양적 관점에 치우친 의견이다. 이집트가 오스만 제국에 속해 있던 중요한 지역이기는 했지만, 이 사건이 본국에 미친 영향은 그다지 크지 않았기 때문이다.

그러므로 오스만 제국의 근대화는 마흐무드 2세가 즉위하여 근대화를 주도하기 시작한 1808년에 시작되었다고 보는 것이 옳다. 그리고 그 끝은 제국이 멸망한 1922년이다. 이 책에는 이후 1924년의 칼리프 제도 폐지에 관한 이야기도 약간의 후일담으로 소개되어 있다.

그렇다면 이제 이슬람 세계와 기독교 세계가 뒤섞인 변방, 13세기의 아나톨리아에서 어떻게 제국의 역사가 시작되었는지 살펴보자.

제1장

변경의 신앙 전사들

봉건적 후국 시대 : 1299?-1453

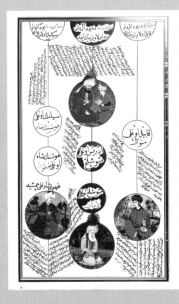

오스만 왕가의 내력을 기록한 『계보서』의 첫머리

아담과 이브에서부터 튀르크의 전설적인 왕 오구스 칸을 거쳐서 오스만 제국의
술탄까지 이어지는 왕가의 계보가 그려져 있다. 이런 『계보서』가 16세기 초부터
다수 작성되어 오스만 왕가의 정통성을 널리 알리는 역할을 했다(작자 불명, 와
크프 재단 소장).

Vakıflar Genel Müdürlüğü ve Vakıfbank. *Silsile-nâme*. Ankara, 2000.

14세기 중엽의 아나톨리아와 그 주변 세계

도나우 강

헝가리 왕국

몰다비아 공국

베오그라드 ●

왈라키아 공국

니코폴리스 전투 ×

바르나 전투 ×

바페우스 전투

소피아 ●

불가리아 왕국

콘스탄티노폴리스

아드리아 해

에디르네 ●

비잔틴 제국

이즈미트

세르비아 왕국

하르만카야 × 빌레지드

살로니카 ●

부르사 ● 쇠위트

칼레시 후국

이즈니크

오스만 후국

에게 해

마니사 ●

사루한 후국

게르미안 후국

아이딘 후국

하미드 후국

멘테셰 후국

로도스 섬

크레타 섬

지 중 해

아조프 해

킵차크 평원

흑 해

조지아 왕국

잔다르 후국

트레비죤드
제국

●아마시아

에레트나 후국

×앙카라 전투

●시바스

흑양 왕조

●만지케르트

카라만 후국

●카이세리

반 호

우르미아호

●코니아

둘카디르 후국

백양 왕조

라마잔 후국

●알레포

티그리스강

키프로스 섬

맘루크 왕조

유프라테스 강

1. 아나톨리아 북서부라는 무대

13세기 말, 아나톨리아 북서부는 이슬람 세계의 끝이자 기독교 세계의 끝이기도 했던 변경 지역이었다. 나중에 오스만 제국이라고 불리는 나라를 세울 집단은 이처럼 두 세계의 끝이 겹쳐지는 경계의 땅에서 탄생했다.

그때까지 이슬람 세계는 아랍 지역을 중심으로 발전해왔으며 13세기 당시에는 이집트와 시리아를 다스렸던 맘루크 왕조가 그 세계의 맹주였다. 이슬람의 중심과는 멀리 떨어진 변경 아나톨리아의 한구석에서 이슬람을 실천하는 오스만 집단은, 맘루크 왕조에게 그저 눈살을 찌푸리게 만드는 이단의 무리에 불과했을 것이다. 그러나 오스만 왕조의 특징을 이해하는 데에는 그들이 이런 지역에서 출발했다는 사실이 상당히 중요하다. 이 무렵 아나톨리아 북서부에서는 변경의 일상적인 전투 및 끊임없는 성전(聖戰), 그리고 얼핏 보아 그것들과 모순되는 듯한 무슬림과 기독교도의 교류 및 공동 투쟁이 동시에 일어나고 있었다. 그곳은 한마디로 모든 것들이 뒤섞인 혼돈의 세계였다.

그런데 이 특이한 지역은 어떤 역사적 과정을 거쳐서 형성되었을까? 그 역사를 대략적으로 살펴보자.

이슬람 세계

7세기, 아라비아 반도의 상업 도시 메카에서 예언자 무함마드가 유대교, 기독교처럼 일신교인 이슬람교를 널리 전파하기 시작했다. 유일신에게 귀의하라고 외치던 그는 메카의 유력자에게 박해를 당하면서도 622년에 메디나로 이주해 무슬림 공동체를 설립했고, 몇 번의 전쟁을 치르면서 메카를 정복함으로써 아라비아반도를 세력권 안에 넣었다. 이후 그의 뒤를 이은 정통 칼리프들이 이끄는 무슬림 공동체가 아랍 대정복을 펼쳐 동쪽으로는 이란 북동부의 호라산 지방, 서쪽으로는 스페인, 모로코에 이르기까지 이슬람 세계를 넓히는 데에 성공했다.

이슬람 세계를 넓히겠다는 목표, 그리고 약탈이 주는 경제적 이익에 대한 욕망이 성전을 더욱 재촉했다. 그 결과, 당시 양대 대국 중의 하나였던 이란의 사산 왕조가 기세등등한 무슬림 군대에 패배하여 651년에 멸망했다. 또다른 대국, 로마 제국의 후예인 비잔틴 제국 역시 오랫동안 로마 세계의 한 축을 담당했던 시리아와 이집트를 순식간에 이슬람에 내어주고 말았다. 그런데 그리스 정교를 국교로 삼은 비잔틴 제국은 같은 기독교도이면서도 이 지역에서 살던 다른 종파인 합성론파(예수의 본성[신성]과 육체[인성]가 합쳐져 있다고 보는 종파/옮긴이)를 탄압했다. 그래서인지 비잔틴 제국의 유대교도와 기독교도는 오히려 무슬림의 지배를 환영했다. 무슬림은 기독교도와 유대교도를 자신들과 같은 성서를 믿는 "딤미(Dhimmī : 이슬람법에서 비무슬림에 대한 생명과 재산을 보장해준다는 것을 의미하는 용어로, 이슬람 국가에서 무슬림이 아닌 국민을 뜻한다/옮긴이)"로 간주하여 일정한 제한을 두고 신앙의 자유와 자치를 인정했기 때문이다(110쪽 참조).

그러던 674년, 마찬가지로 비잔틴 제국의 지배를 받던 아나톨리아의 심장부로 무슬림이 쳐들어와 수도 콘스탄티노폴리스를 포위했다. 그러나 거대한 성벽과 "그리스의 불"이라고 불리는 무기(상세한 설명은 전해지지 않지만 일종의 화염 방사기였다고 한다) 덕분에 성은 함락되지 않았다. 오히려 예언자 무함마드의 친구인 아유브가 콘스탄티노폴리스의 성벽 밑에서 순교했고, 무슬림 군대는 아나톨리아에서 철수했다. 따라서 아나톨리아는 이후에도 한동안 "로마 땅"으로 남아 있었다. 그래서인지 아라비아에서는 지금도 아나톨리아를 "룸(로마라는 의미)"이라고 부른다.

만지케르트 전투와 아나톨리아의 튀르크화

아랍 대정복 이후 무려 400년의 시간이 흘렀다.

이따금 약탈을 위한 침략을 감행하기도 했지만, 무슬림 군대는 11세기에야 다시금 본격적으로 아나톨리아에 모습을 드러냈다. 그때는 이미 무슬림 공동체의 단단한 결속력이 사라진 지 오래였다. 무함마드의 피를 이어받은 칼리프가 다스리는 아바스 왕조(750-1258)는 권세가 크게 기울었고, 과거에 아바스 왕조가 다스리던 광대한 영토는 수많은 지방정권들에 의해서 분할통치되어 있었다.

그리고 그 몇 세기 전부터 이슬람 세계에는 새로운 주인공이 등장해 있었다. 바로 "튀르크인"이었다. 중앙 아시아에서 유목생활을 하던 그들은 처음에는 강한 체력을 바탕으로 노예 군인(57쪽 참조)이 되어 이슬람 세계에 들어온 다음, 시간이 지남에 따라서 차츰 세력을 키워서 자신들의 왕조를 구축하기 시작했다. 그

중에서도 두각을 드러낸 이들이 튀르크계 오구즈족 가운데 크느크 씨족이 세운 대(大)셀주크 왕조이다. 오구즈족은 전설의 영웅 오구즈 칸의 후예로, 이슬람 세계에서 활약한 튀르크계의 인물들 중에서 대부분을 배출한 집단이다. 그래서 이슬람 세계에서 흥한 튀르크계 왕조의 대부분이 오구즈족의 많은 하위 씨족들 중에서 자신들의 뿌리를 찾았다.

대셀주크 왕조의 초대 군주인 토그릴베그(재위 1038-1063)는 1055년에 실권한 아바스 왕조 칼리프를 뒤에서 지원해줌으로써 이슬람 세계의 세속 지배자의 칭호, 즉 "술탄"을 획득했다고 한다. 이후 무함마드의 종교적 후계자로서의 권위는 칼리프가 가져가고 세속적 권력은 술탄이 가져가는, 일종의 이중 통치가 이슬람 세계에 정착되었다.

앞에서 말한 대로 아랍 대정복으로부터 약 400년이 지난 1071년, 대셀주크의 왕 알프 아르슬란(재위 1064-1072)이 이끄는 1만 몇천 명의 군대가 아나톨리아 동부의 만지케르트로 쳐들어왔고 비잔틴 황제 로마노스 4세(재위 1068-1071)가 이끄는 6만 명의 군대가 이에 맞서 싸웠다. 이 전투는 압도적 소수인 대셀주크 군이 최종 승리를 거두고 비잔틴의 황제를 사로잡는 것으로 막을 내렸다. 아나톨리아의 튀르크화에 박차를 가한 이 전투는 아나톨리아를 주요한 국토로 삼은 지금의 터키 공화국에서도 대대적으로 기념하는 역사적인 사건이다.

만지케르트 전투 이후 대셀주크 튀르크 왕조의 일파가 아나톨리아에 정착했다. 1075년에 아나톨리아 중부의 코니아에서 출범한 이 왕조의 이름은 "로마 땅의 셀주크 왕조"라는 뜻을 가진 "룸 셀주크 왕조"이다. 이 왕조는 아나톨리아의 절반 이상을 지배하다가 12세기 후반에 내분으로 멸망했다.

만지케르트 전투 이후 룸 셀주크 왕조가 수립되자 튀르크계 무슬림들이 아나톨리아로 물밀듯이 밀려들기 시작했다. 그 전에도 아나톨리아에는 튀르크인이 있었고 튀르크계 부대가 비잔틴 제국군의 포병대에 합류하기도 했다. 그러나 이슬람을 믿는 집단이 하나의 왕조로 성립된 것은 처음이었다. 아나톨리아의 다수파였던 그리스계 기독교도들은 이때부터 서서히 튀르크계 무슬림에게 자리를 내주게 되었다. "로마 땅"의 주인이 룸 셀주크 왕조로 바뀐 것이다. 13세기 전반에 전성기를 맞은 룸 셀주크 왕조의 군주는 "로마의 술탄"인 동시에 "두 바다의 술탄", 즉 아나톨리아를 둘러싼 흑해와 지중해의 주인을 자처하기에 이르렀다.

그러나 몽골 제국을 세운 칭기즈 칸(재위 1206-1227)의 후예들이 룸 셀주크 왕조를 단칼에 무너뜨리고 만다.

몽골의 침입과 후국 시대

이슬람 세계의 군주들은 몽골의 등장을 전혀 예상하지 못했다. 아니, 몽골의 등장은 이슬람 세계뿐만 아니라 동아시아와 유럽에 걸친 유라시아 세계 전체에 큰 충격을 안긴 세계사적 사건이다.

1206년에 몽골 고원을 통일한 칭기즈 칸은 대셀주크 왕조가 내분으로 멸망한 후에 이란, 이라크 지방의 패권을 쥐고 있던 호라즘 왕조를 1220년에 정벌했다. 그리고 그 땅을 철저히 파괴하고 약탈했다. 그로부터 얼마 지나지 않은 1243년에는 중심 세력을 이란에 남겨두고 한 군단을 아나톨리아로 보내어 룸 셀주크 왕조를 공격했다. 이 나라는 이때 몽골의 속국이 되면서도 직접적인 지배를 면했으나, 워낙 이전부터 크게 쇠퇴한 탓에 혼란과 내분을 거쳐 14세기 초에 멸망하고 말았다.

한편, 룸 셀주크 왕조와 경쟁 관계에 있던 비잔틴 제국 역시 1204년 제4차 십자군 전쟁으로 수도 콘스탄티노폴리스를 십자군에 빼앗긴 상태였다. 본래 예루살렘을 향해야 할 십자군이, 경제적 이권을 노린 베네치아 상인의 사주를 받아 비잔틴 왕족의 내분을 틈타서 콘스탄티노폴리스를 점령한 다음, 그곳에 라틴 제국을 세웠기 때문이다. 비잔틴 세력이 1261년에 수도를 탈환하기는 했지만 이미 예전의 지배력은 회복할 수 없었다. 몽골로 말미암은 아나톨리아의 혼란이 비잔틴 제국의 쇠퇴에 박차를 가한 셈이다.

그리하여 이슬람 세력이든 기독교 세력이든 관계없이, 아나톨리아를 다스려야 할 모든 정통적인 권위가 땅에 떨어져 있었다. 그렇다 보니 이전에 룸 셀주크 왕조의 지배를 받았던 여러 튀르크계 부족 집단이 자립하여 각지에 독립국가를 세운 것도 어찌 보면 당연한 일이었다. 이 국가들은 지도자들이 군후(君侯)를 자처했다는 이유로 후국이라고 불리는데, 대표적인 후국들을 꼽자면 다음과 같다.

룸 셀주크 왕조의 수도 코니아를 중심으로 지배권을 확대하여 후국들 가운데 최대의 세력을 확보했던 **카라만 후국**.

에게 해 연안을 지배하며 튀르크계로서는 보기 드문 해군력을 보유했던 **아이딘 후국**.

흑해 연안과 주요 광산 지역을 차지했던 **잔다르 후국**.

아나톨리아 남동부를 오랫동안 지배했던 **둘카디르 후국**과 **라마잔 후국**.

비잔틴 제국과의 경계에 위치했던 아나톨리아 북서부의 **게르미안 후국**과 **칼레시 후국**.

이처럼 많은 후국들이 항쟁하는 군웅할거(群雄割據)의 시대가 13세기와 14세기의 아나톨리아에서 펼쳐졌다. 그들 가운데 가장 후미진 곳에 있어서 다른 후국보다 힘이 약했던 데다가 지도자의 혈통 또한 고귀함과는 거리가 멀었던 집단이 하나 있었다.

바로 오스만이 이끄는 집단이었다.

2. 오스만 집단의 기원과 그 시조 오스만

건국 설화

그들은 과연 어디에서 온 누구일까?

오스만 왕가의 기원은 전설로만 전해진다. 그들은 자신들에 대해서 뒤늦게 이야기하기 시작했다. 현존하는 가장 오래된 역사서도 오스만 왕조가 등장한 지 1세기 이상이 지난 15세기 초에야 기록되었다.

오스만 왕조의 역사가가 기록한 전형적인 설화 하나를 요약하여 여기에 소개하겠다. 오스만의 할아버지 술레이만 샤는 이란 동부의 한 마을의 지배자였는데, 몽골이 침입하자 셀주크 왕조와 함께 고향 땅을 떠나 친척들을 이끌고 서쪽으로 가서 아나톨리아 동부에 정착했다. 그러나 술레이만이 유프라테스 강에서 사고로 죽자, 친척들 대부분이 고향 땅으로 돌아갔다.

그러나 오스만의 아버지 에르투룰은 400세대의 부족 사람들과 함께 아나톨리아 서부로 계속 나아갔고, 몽골 군과 싸우다가 위기에 몰린 룸 셀주크 왕조 군대에게 우연히 도움을 주게 되었다. 그리고 그것을 계기로 셀주크 왕조 술탄의 신하가 되어 기독교도와의 성전에 참여하며 두각을 드러냈다. 에르투룰이 죽은 이후 지도자가 된 오스만 역시 대를 이어 성전에서 활약했다. 그리고 이슬람력 699년(기원후 1299년)에 룸 셀주크 왕조가 멸망하자 쿠트바에 자신의 이름을 올리게 되었다.

무슬림은 금요일마다 모스크에 모여서 신에게 예배를 드린다. 금요 예배 때 이루어지는 설교를 "쿠트바"라고 하는데, 그때 지역의 지배자의 이름을 넣어서 낭송한다. 그러므로 이름이 낭송되기 시작한 때부터 오스만이 독립했다고 볼 수 있다.

그런데 이 설화는 역사적인 사실과 전혀 일치하지 않는다. 셀주크 왕조는 몽골 군에 쫓겨서 아나톨리아로 오지 않았고, 이슬람력 699년이 아닌 14세기 초에 멸망했다. 오스만의 할아버지가 "술레이만 샤"라는 이야기도 지어낸 것이라고 한다.

게다가 초기 연대기 작가들이 말하는 설화도 제각각이다. 오스만의 선조가 이란의 왕에게 "룸 땅을 다스리라"는 명령을 받고 아나톨리아로 갔다는 이야기도 있고, 에르투룰이 성전에 참여하기는커녕 오히려 기독교도와 친하게 지냈다는 이야기도 있다. 심지어 오스만의 선조가 룸 셀주크 왕조의 술탄에게 독살당한 탓에 오스만이 룸 셀주크 왕조의 권위를 부정하고 자신의 가문을 앞세워 독립했다고 말하는 사람도 있다.

모두 앞에서 소개한 설화와는 정반대되는 이야기가 아닌가?

어떤 연구자는 초기 연대기들이 이처럼 서로 모순되므로, 오스만 왕조 초창기의 역사를 연구하는 데에 설화들이 전혀 도움이 되지 않으니 무시하는 것이 낫다고 주장한다. 그것도 하나의 견해가 될 수 있다. 그러나 이처럼 엇갈린 설화들을 찬찬히 비교하며 해독하다 보면 연대기 작가의 의도, 작가 자신조차 의식하지 못했던 의식의 깊은 곳에 있는 것, 그리고 오스만 왕조 여명기의 모습을 희미하게나마 짐작할 수 있다.

예를 들면 앞에서 소개한 전형적인 설화는 몽골 군이 가져온 파괴와 혼란이 오스만의 선조에게 큰 상처를 입혔음을 암시한다. 반면 이란의 왕이 오스만의 선조를 파견했다는 설화에서는 몽골 군이 준 상처를 잊어버리려는 의도가 엿보인다. 또한 오스만이 셀주크 왕조에 충성하여 후계자가 되었다는 이야기는 오스만 왕조의 아나톨리아 지배를 정당화하기 위해서 만들어졌을 것이다. 어찌되었든 이야기가 이처럼 가지각색인 것은 셀주크 왕조와 오스만 집단의 관계가 실제로는 "아름답지 못했다는 것"을 시사한다. 누구나 쉽게 짐작할 수 있듯이 변경의 불량배였던 오스만 집단이 셀주크 왕조의 권위를 순순히 인정했을 리가 없다.

건국 연도를 이슬람력 699년으로 정한 것도 "세기가 바뀌는 시점에 이슬람을 개혁할 자가 나타난다"라는 하디스(예언자 무함마드의 언행)의 예언 때문이다. 즉 후대에 완성된 이슬람적 가치관에 따라서 오스만이 699년에 독립한 것으로 이야기를 지어낸 것이다.

그러나 역사적 사실과는 다르다고 해도, 건국 설화는 오스만 왕조 여명기 사람들의 마음에 뿌리내리고 있던 역사의식을 탐구하는 데에 귀중한 실마리가 될 것이다.

성전에 몰려든 신앙 전사들

오스만의 기원은 이처럼 아스라한 전설 속에 묻혀 있지만, 13세기 말부터 오스만이 이끄는 집단이 아나톨리아 북서부의 작은 마을 쇠위트에서 활동을 개시한 것은 확실하다. 그들은 이곳을 거점으로 삼고 주변 지역을 약탈하며 세력을 확장해나갔다.

1302년, 마르마라 해를 사이에 두고 콘스탄티노폴리스와 마주보고 있는 바페우스에서 비잔틴 군과 오스만 군이 충돌했고 비잔틴 군이 패배했다. 이것은 비잔틴 제국의 연대기 작가가 남긴 오스만 집단 최초의 역사적 기록이기도 하다.

그렇다면 오스만에게는 어떤 사람들이 모여들었을까? 동시대 사료가 부족한 탓에, 이에 대해서는 20세기 초부터 정설이 없는 채로 논쟁만 되풀이되었다. 아직도 결론이 나지 않았지만 이전의 연구 성과를 참고한다면, 대략 다음과 같이 정리할 수 있다.

오스만과 그 최초 동료들이 튀르크계였던 것은 거의 확실하다. 초기 오스만 집단에서 튀르크어가 사용되었고 그 구성 인물의 이름 대부분이 튀르크식이었기 때문이다. 그러나 오스만 시대 초기를 제외하고는 계절별 이주를 비롯한 유목민다운 생활양식이 전혀 드러나지 않는 것을 보면, 유목민 특유의 결속력은 그리 오래가지 않았던 듯하다.

이처럼 부족적인 유대가 사라지면 집단의 힘이 약해진다고 생각할지도 모르겠다. 그러나 다른 후국에 없던 이런 특징은 오히려 오스만 후국의 발전에 큰 이점으로 작용했다. 부족적 유대를 대신하여 사람들을 한데 묶어줄 논리가 있었기 때문이다. 그것은 이슬람 성전에 임하는 "신앙 전사"로서의 공동체 의식이다. 오스만과 그 후계자 오르한은 자신의 이름에 "신앙 전사"를 붙이고 동료 전사들을 이끌며 성전에 참여했다.

물론, 성전을 치른다고는 해도 여전히 이슬람 세계의 변방에서 일어나는 일일 뿐이었다. 성전을 뒷받침하는 신학적인 논거를 그들이 알 턱이 없는 데디가, 그들의 행동거지 역시 강도나 별반 다름이 없었다. 심지어 오스만 후국은 주변의 튀르크계 무슬림 후국과도 끊임없이 충돌했으니 성전의 명분 또한 모호하기 짝이 없었다. 그러나 당시 튀르크계 전사들은 룸 셀주크 왕조라는 권위가 무너진 이후 혼란에 빠진 아나톨리아 북서부에서 "빈둥대며" 사는 형편이었다. 그들로서는 자신들의 약탈 행위에 대의명분과 지향성을 부여하는 성전이 매우 매력적으로 느껴졌을 것이다.

이슬람 신비주의와 교단

그렇다면 오스만 집단은 어떤 이슬람교를 믿었을까?

셀주크 왕조가 수니파였으므로 굳이 분류하자면 당시 아나톨리아의 무슬림들도 수니파였다. 그러나 그 당시의 이슬람교는 종교학에서 말하는 혼합주의(싱크리티즘[syncretism], 습합주의[習合主義]라고도 한다)의 성격이 짙었던 데다가 무슬림이든 기독교도든 전부 포용하는 신비주의의 영향을 깊이 받았다.

나중에 설명하겠지만(48쪽 참조), 이슬람교는 엄격한 법리론이 발달한 것이 특징이다. 그러나 이런 법학 위주의 이슬람교는 너무 현학적인 탓에 사람들의 거짓 없는 신앙을 이끄는 데에 도움이 되지 않는다. 그래서 8세기부터 그런 특징에 반발하는 사람들이 등장하여 서서히 큰 흐름을 형성하기 시작했다. 이들처럼 샤리아(엄격한 이슬람법)가 금지한 음악과 춤을 수행의 방식으로 활용하여 신에게 다가서려고 하는 자를 "수피(Sufi)"라고 하며, 그들의 종교적 행위를 이슬람 신비주의(타사우프[Tasawwuf] 혹은 수피즘[Sufism])라고 한다.

샤머니즘을 믿으며 하늘을 숭배했던 튀르크계 유목민이 이론적인 요소가 강한 법학적 이슬람보다 신비주의적 이슬람에 끌린 것은 당연한 일이다. 수피와 수피즘은 아나톨리아에 이슬람을 전파하는 데에도 큰 역할을 했다.

수피들이 실천하던 신비주의적 종교 행위가 점차 세분화되자 13세기 이후 다양한 교단이 형성된다. 오스만 왕조에서 어느 정도 존재감을 과시했던 교단들을 열거하면 다음과 같다.

초기 오스만 왕조의 원정에 신앙 전사로 참여하여 큰 도움을 준 카자루니(Kāzarūnī) 교단.

성자 루미 잘랄 아드딘 아르가 창시했고 수행에 선무(旋舞 : 세마[sema])를 활용했으며 기독교도까지 받아들인 것으로 유명한 메우레위(Mevlevi) 교단.

성자 하지 벡타쉬가 창시했고 기독교적인 요소가 강했으며 예니체리 군단(56쪽 참조)과 협력하여 오스만 제국의 역사에 큰 영향을 미친 벡타쉬(Bektashī) 교단.

아제르바이잔에서 시작되었고 오스만 왕조의 술탄인 바예지드 2세가 심취했던 것으로 유명한 칼와티(Khalwati) 교단.

중앙 아시아에서 시작되었고 수니파 및 이슬람법과의 협조, 과격함을 배제한 수행법이 특징인 낙쉬반디야(Naqshbandiyyah) 교단. 이 교단은 이런 온건함 덕분에 국가권력의 옹호를 받아서 이슬람 세계에서 가장 크게 발전했다.

이 신비주의 교단들은 오스만 왕조의 여명기뿐만 아니라 이후 오스만 제국의 역사에서도 주인공으로 종종 등장한다.

오스만의 나무

오스만 집단이 수피즘 또는 신비주의와 관련이 깊었다는 것을 상징하는 일화가 있다. 오스만과 성자 에데발리에 대한 이야기인데, 다양한 설화 중에서 하나를 요약하여 여기에 소개하겠다.

어느 날 오스만은 아나톨리아 북서부에 위치한 빌레지크의 성자 에데발리의 집에 손님으로 머물게 되었다. 그리고 그날 밤 다음과 같은 꿈을 꾸었다.

성자 에데발리의 가슴에서 나온 달이 오스만의 가슴으로 들어왔다. 그러자 오스만의 배꼽에서 나무가 자라났고 그림자가 세상을 덮었다. 그림자 밑에는 산들이 있었고 그 기슭에서는 물이 솟아났다. 사람들은 그 물을 마시거나 뜰에 뿌리거나 샘에 부었다.

잠에서 깬 오스만은 에데발리에게 꿈 이야기를 했다. 그러자 에데발리는 오스만과 자신의 딸이 결혼하면 오스만이 세상을 평정할 것임을 깨닫고 두 사람을 결혼시켰다.

실제로 오스만이 에데발리의 딸과 결혼했는지는 확실하지 않다. 게다가 오스만의 후계자인 오르한의 어머니는 에데발리의 딸이 아니라 오메르 베이라는 미지의 인물의 딸이었다. 그러나 지역민에게 존경받던 유명한 성자인 에데발리가 일찍부터 오스만 집단에 협력한 것은 분명하다. 에데발리를 비롯한 신비주의 종교 지도자들은 자신들과 깊이 관련된 신비주의 수행자들과 수도에 거주하는 발레지크 출신자들을 동원하여 오스만 집단의 초기 원

오스만 1세
재위 1299?–1323?

정을 적극적으로 지원했다고 한다.

기독교 전사와의 우정

오스만의 휘하에 모인 사람들 중에는 비잔틴 제국의 변경을 지키던 기독교 전사 아크리타이(Akritai)들도 있었다. 급격히 쇠락한 비잔틴 제국이 아나톨리아의 영토 수비를 반쯤 포기한 탓에 아크리타이들도 일자리를 잃은 신세였던 것이다.

그 기독교 전사를 대표하는 사람이, 연대기에 기록된 오스만의 친구 "쾨세 미할"("수염 없는 미카엘"이라는 뜻)이다. 설화에 따르면 미할은 원래 아나톨리아 북서부의 작은 마을 하르만카야의 영주였으며 오스만과 함께 수많은 "성전"에 참여했고 죽음 직전에 가까스로 이슬람교로 개종했다고 한다. 미할의 자손은 발칸 반도로 건너가서 오스만 왕조의 신하가 되었으나 여전히 준독립 호족의 지위를 유지했다. 그리고 나중에 오스만 왕조가 기독교 제국의 원정에 나설 때 앞장섰다고 한다. 이들은 인접해 있는 기독교 제국을 일상적으로 급습하고 약탈했으므로 아큰즈(약탈자)라고 불렸다.

발칸 반도의 기독교 전사였던 아큰즈 호족은 그외에도 많았다. 아나톨리아 북서부 출신의 기독교도인 에브레노스 일가, 세르비아 출신의 기독교도인 말코츠오울루 일가, 그리고 투라한 일가 등도 여기에 속한다. 이들은 제국이 중앙집권 체제로 바뀌기 전인 16세기 초까지도 왕자들의 후계 다툼에 개입하여 결정권을 행사할 정도로 존재감이 컸다.

이와 같이 초기 오스만 왕조는 "성전"이라는 이름하에 무슬림과 기독교도가 하나로 뭉쳐진 집단이었다. 이런 모습이 현대인의 눈에는 기이하게 비칠지도 모르겠다. 그러나 당시의 사람들은 이슬람교와 기독교를 명확히 구분하지 않았다. 또한 당시 아나톨리아에 만연했던 신비주의적 분위기가 무슬림과 기독교도를 일신교를 믿는 신앙 전사로 한데 묶어주었을 것이다.

지면의 제약을 고려하여 요약하자면, 오스만 집단은 "튀르크계 무슬림 전사들과 기독교 전사들이 혼합주의적이고 포용력과 응집력 있는 신비주의 이슬람교를 촉매 삼아 한데 뭉쳐서 오스만이라는 카리스마 있는 지도자 밑에 결집한 집단"이라고 할 수 있다.

"오스만의 나무"는 이런 유대 관계를 원동력으로 삼아서 거침없이 가지를 뻗어나갔다.

3. 14세기의 영토 확장

제2대 군주 오르한의 즉위

오스만은 아나톨리아 북서부의 작은 마을들을 정복하여 그 세력을 점차 확대하다가 1323년경에 사망했다. 설화에 따르면 오스만에게는 2명의 아들, 오르한과 알라에딘(알리 파샤)가 있었다. 형 오르한이 동생 알라에딘에게 아버지의 뒤를 이어서 즉위하라고 권했으나 알라에딘은 작은 마을의 영주로 조용히 지내고 싶다며 물러섰다고 한다.

아름다운 형제애이다. 그러나 오스만이 죽은 이후 곧바로 작성된 공문서에는 다른 아들의 이름만 있고 알라에딘의 이름은 없다. 그래서 비잔틴 제국의 한 연대기 작가는 오스만의 사후에 왕자들 사이에서 다툼이 일어났을 가능성을 시사했다. 사료가 부족해서 추측이 어렵지만, 위에서 언급한 형제애 넘치는 일화는 오스만 사후에 일어난 왕자들의 다툼을 덮을 요량으로 만들어졌을 가능성이 높아 보인다.

오히려 오스만이 자신의 즉위에 불만을 품은 숙부 된다르를 활로 쏘아서 죽였다는 설화도 있다. 왕위 계승을 둘러싼 오스만 왕조의 피비린내 나는 역사가 그때부터 시작된 것이다.

오르한의 치세 : 찬다를르 왕가의 대두

오르한은 1326년에 비잔틴 제국의 핵심 지역인 부르사를 점령했다. 오스만 후국이 대도시를 공략한 것은 이때가 처음이었다. 정복 이후 오스만의 유해가 부르사로 이장되었고, 부르사는 오스만 후국의 첫 번째 수도가 되어 번영을 누렸다.

오르한은 그후에도 아나톨리아 북서부를 병합하기 위한 활동을 계속했다. 1331년에는 니케아를 정복하여 이름을 이즈니크로 바꾸었고, 1337년에는 콘스탄티노폴리스와 가까운 니코메디아(현 이즈미트)를 정복했다. 그래서 아나톨리아 북서부가 거의 오스만 후국의 손에 들어오게 되었다.

오르한은 영토가 넓어지면 군사만으로는 나라를 다스릴 수 없다는 것을 잘 알고 있었다. 그래서 찬다를르 일가의 울라마를 재상으로 불러들여 국사를 맡김으로써 국가 제도를 정비하기 시작했다. 찬다를르 왕가는 룸 셀주크 왕조의 중심지였던 카라만 출신의 이름난 집안이자 오스만의 장인인 에데발리의 인척이었다. 오르한이 에데발리로부터 이어받은 종교적인 인맥을 잘 활용한 셈이다.

울라마란 이슬람 학교(마드라사)에서 공부하고 이슬람 학문을 연구한 지식인을 말한다. 이슬람 학문이라고 하면 대부분 신학이나 경전(『코란』) 연구를 떠올릴 것이다. 물론 울라마는 그런 형이상학적인 학문을 연구했지만, 법학에 더욱 정통했다.

이슬람 세계에서는 『코란』, 그리고 예언자의 언행을 기록한 『하디스』에 엄격하게 기초한 샤리아라는 법체계가 발전했다. 이슬람 학교를 수료한 울라마들이 고도로 이론화, 체계화한 이슬람법은 원활한 국가 운영과 사회 활동에 필수였다. 이슬람법은 민법, 상법, 형법 등의 규정을 포함했고 무슬림의 사회 생활은 이 이슬

오르한
재위 1323?-1362

람법의 규정에 따라서 영위되었다.

　이런 이슬람법 지식을 가지고 있고 지방 민정을 담당하는 울라마를 이슬람 법관(카디)이라고 한다. 그들은 이슬람법에 기초하여 운용되는 샤리아 법정의 재판관 역할을 하는 동시에 지방 행정관 역할도 수행했다. 그래서 사회에 질서를 부여하고 통치를 확립하기 위해서는 울라마의 도움이 반드시 필요했다.

　찬다를르 왕가가 오르한의 긴 통치 기간 가운데 어느 때에 발탁되었는지는 확실하지 않다. 이 가문은 이후 한 세기 동안 재상, 내재상을 배출하여 오스만 왕조의 통치 제도의 발전에 크게 기여했다.

무슬림 왕조의 통치 기술 도입

오르한의 시대에 오스만 왕조는 아바스 왕조, 셀주크 왕조 등 무슬림 왕조들이 발전시킨 통치 기술들을 차례로 도입했다. 그중 눈에 띄는 변화로는 술탄을 보좌하는 재상 제도(처음에는 한 명의 재상뿐이었으나 이후 여러 명의 재상이 생겼고 그들의 우두머리를 대재상이라고 불렀다)의 도입, 모스크의 건축과 이슬람 학교의 설립, 와크프(Waqf)를 활용한 도시의 정비 등이 있다.

와크프란 이슬람법이 규정한 이슬람 세계 특유의 기부체제이다. 기부자는 상업 활동 등으로 얻은 수입의 일부를 이슬람이라는 이름하에 공적인 목적(우물 파기 및 대중목욕탕 건설, 모스크 관리 등)으로 써야 했다. 이런 방법으로 기부자는 선행을 실천하는 동시에 유산 분할이나 권력자의 강탈 행위로부터 자신의 재산을 지킬 수 있었다. 이슬람 도시의 기반시설은 이 와크프 덕분에 자연스럽게 정비되었다. 때로는 군주 등 유력자가 대규모 와크프를 통해서 도시 기능을 대폭 발전시키기도 했다.

이 시대에 오스만 최초의 화폐도 등장했다. 지배자인 오르한의 이름이 새겨진 화폐였다. 화폐에 이름을 새기는 것은 쿠트바에 이름을 올리는 것만큼이나 이슬람 세계의 왕권 유지에 큰 도움이 되었다. 사람과 사람 사이에 유통되는 화폐에 지배자의 이름을 새기는 일은, 국민이 그 지배의 정통성을 인식하게 하는 데에 매우 효과적이었기 때문이다. 오스만 후국보다 먼저 존재했던 몇몇 후국에서는 화폐에 그리스 문자를 새겼고, 룸 셀주크 왕조에서는 인물 그림과 사자 그림을 새겼다(사자 그림은 분명 비잔틴 제국의 영향일 것이다). 그러나 오스만 왕조의 화폐에는 처음부터 아라비아 문자만 새겨져 있었다. 이슬람법에서는 우상숭배를 엄격히 금지하기 때문인데, 적어도 이때만큼은 오스만 왕조가 이슬람교의 교의를 충실히 따른 셈이다.

오르한이 건축한 모든 모스크에는 "술탄"이라는 단어가 새겨진 명패가 걸리게 되었다. 그러나 오르한은 대셀주크 왕조의 군주처럼 칼리프에게 술탄으로 임명받은 적이 없었다. 룸 셀주크 왕조와 호라즘 왕조의 군주처럼 대국의 주인이라는 존재감과 실적을 자랑하며 스스로 술탄으로 나선 것도 아니었다. 당시 사람들은 칼리프의 임명도, 대단한 실적도 없이 스스로를 술탄이라고 칭하는 오르한을 건방지다고 생각했을 것이다. 그러나 일찍이 "로마의 술탄"을 자칭한 룸 셀주크 왕조가 멸망한 지 오래였던 이때에, 오르한은 국가 체제를 정비한 무슬림 왕조의 지배자라는 자부심을 가지고 이 호칭을 썼던 듯하다.

발칸 반도 진출

1346년에는 오스만 후국과 오르한에게 큰 변화가 일어났다.

비잔틴 제국의 왕족 요안니스 6세(재위 1347-1354)가 오르한과 자신의 딸 테오도라를 결혼시킨 것이다. 오스만 후국의 힘을 빌려서 왕위 다툼에서 승리하기 위함이었다. 긴 세월을 존속하며 외적들의 침략을 막아냈던 비잔틴 제국의 왕가는, 공납(貢納)과 혼인을 통하여 이교도와 이민족을 조종함으로써 위기를 타개하는 전략을 자주 썼다. 오스만 측도 일상적으로 기독교도와 교류해왔고 이슬람법 역시 기독교도를 아내로 맞는 것을 금지하지 않았기 때문에 이 결혼을 받아들였다. 오스만 왕조뿐만 아니라 룸 셀주크 왕조의 왕도 비잔틴 제국의 귀족 여성과 결혼한 적이 있었다.

오르한은 요안니스 6세의 기대에 부응하여 군대를 이끌고 다르다넬스 해협을 건너 발칸으로 가서 승리를 거둠으로써 요안니스 6세를 황제로 즉위시켰다. 그후에도 오르한은 발칸 원정을 계속하여 다르다넬스 해협 주변을 대부분 지배하게 되었다. 이렇게 오스만 왕조는 발칸 지배의 교두보를 마련했다.

두 왕자 : 할릴과 무라드

오르한의 뒤는 장남인 술레이만이 이을 듯했다. 왕자를 정식으로 책봉하는 제도나 현 군주가 후계자를 지명하는 관습은 없었지만, 술레이만이 노쇠한 오르한을 대신하여 많은 원정들을 지휘하며 지도자로서의 능력을 입증했으므로 실질적인 왕자로 여겨졌던 것이다. 그러나 불행히도 술레이만은 사냥을 나갔다가 낙마하여 불의의 죽음을 맞고 말았다. 오르한은 장래가 유망했던 아들을 잃은 충격으로 병이 들어 죽었다고 한다. 1362년의 일이다.

이제 남은 왕자는 둘이었다.

한 주장에 따르면 둘 중 연장자였던 할릴은 비잔틴 황녀 테오도라의 아들이라고 한다. 또한 테오도라가 아들인 할릴을 왕으로 만들기 위해서 오르한에게 압력을 가했다는 말도 있다. 할릴은 자신의 임지인 에게 해 연안의 도시 이즈미르에서 지냈는데, 그때 기독교도 해적에게 납치되었다가 비잔틴 황제의 중재로 석방된 적이 있었다. 이때 비잔틴 황제는 자신의 딸 이레네를 할릴에게 시집보냈다. 미래의 술탄과 친분을 쌓아두고자 한 것이다.

할릴보다 어렸던 무라드는 닐뤼퍼라는 여성의 아들이었다. 이슬람 세계를 대표하는 위대한 여행가 이븐 바투타가 1332년에 아나톨리아를 순례하고 오스만 후국을 방문했을 때, 공교롭게 자리를 비운 오르한을 대신하여 귀한 손님을 접대한 사람이 닐뤼퍼였다. 닐뤼퍼란 "수련"이라는 뜻인데, 당시 이슬람 세계에는 여성 노예에게 꽃이나 보석 등 예쁜 것을 뜻하는 이름을 붙여주는 관습이 있었던 것을 생각하면, 그녀를 기독교도 노예 출신으로 추측할 수 있다.

둘 다 확실한 근거가 없는 이야기이기는 하지만 어찌되었든 한 명은 비잔틴 황녀의 아들, 다른 한 명은 노예의 아들이었던 것이다. 만약 오스만 왕가의 왕위 계승에서 생모의 "신분"이 중요했다면 결과는 뻔했을 것이다. 같은 튀르크-몽골계 왕조인 몽골 제국에서는 어머니의 신분이 왕자의 권위에 매우 중요했다.

그러나 오스만 왕조는 생모의 신분을 중요시하지 않았다. 그 근거는 어머니의 신분에 관계없이 모든 왕자들에게 동등한 권리를 부여한 이슬람법에 있다. 아바스 왕조의 칼리프들도 37명 중 2명을 제외하고는 전부 노예의 몸에서 태어났다. 어머니가 노예라는 사실이 칼리프의 권위를 전혀 손상시키지 않았던 것이다. 오스만 왕조의 군주도 대부분 노예 어머니에게서 태어났다. 더 자세히 말하자면 그들은 노예이자 비(非)튀르크계였고 기독교도 출신이었다. 이것은 당시 오스만 왕가가 이미 튀르크-몽골계의 가족 제도를 탈피하여 아바스 왕가의 가족 제도를 따르고 있었다는 증거이다.

할릴과 무라드의 왕위 다툼이 어떻게 전개되었는지는 거의 알려지지 않았다. 그저 다툼이 적어도 몇 년 동안 이어졌고 결과적으로 무라드가 이겼다고만 전해진다.

한 오래된 연대기는 왕자 술레이만이 불의의 죽음을 당했다고 서술한 후 오르한의 죽음은 언급하지 않은 채 곧바로 무라드가 즉위한 이후의 이야기로 넘어가서 독자를 혼란에 빠뜨린다. 왕자들의 다툼 부분을 누군가가 삭제한 탓에 이야기의 흐름이 이처럼 부자연스러워진 듯하다. 뒤에 이야기할 앙카라 전투(1402) 이후의 "공위 시대(空位時代)"만큼은 아니더라도, 오르한의 죽음 이후에 발생한 왕위 다툼 때문에 왕조가 큰 내분을 거쳤다는 사실을 짐작할 수 있다.

제3대 군주, 무라드 1세의 원정

내분을 평정하고 즉위한 무라드 1세는 실력으로 자신의 능력을 입증했다.

1360년대에는 발칸의 중심 도시인 에디르네(구 하드리아노폴리스)를 정복했다. 정복 시기는 사료마다 다르게 기술되어 있는데, 최신 연구에 따르면 이것은 무라드 1세가 몇 번이나 에디르네를 정복했다가 빼앗기기를 반복했기 때문이라고 한다. 오르한 사후의 혼란을 고려하면 충분히 설득력 있는 해석이다.

에디르네는 역대 술탄의 유해를 매장한 지역인 부르사 다음으

무라드 1세
재위 1362?-1389

로 오스만 왕조의 수도가 되었다. 다만 수도를 옮기는 일이 금세 이루어진 것은 아니어서 15세기 전반이 되어서야 궁전까지 완전히 이동했다고 한다. 이 무렵 오스만 왕조는 아나톨리아와 발칸 양쪽을 지배하고 있었지만, 그 두 도시가 연결되는 곳인 콘스탄티노폴리스는 여전히 비잔틴 제국의 수도였다. 그래서 부르사를 아나톨리아의 거점으로 삼고, 에디르네를 발칸의 거점으로 삼음으로써 두 도시를 유연하게 구분하여 활용한 것이다. 또한 무라드는 자신의 치세가 끝날 무렵인 1387년에도 발칸의 거점 도시 중 하나인 살로니카(베실로니키)를 정복하여 에게 해 북부 해안을 전부 오스만 왕조의 땅으로 만들었다.

또한 무라드는 1371년에 불가리아의 국왕 이반 시슈만(재위 1371-1393)을 신하로 삼았고 1378년에는 시슈만의 누이 타마라와 결혼했다.

그러나 아나톨리아 내에서의 영토 확장에는 무력이 아닌 온건한 방법을 활용했다. 오르한의 시대에 이미, 내분이 일어난 카레시 후국을 전쟁 없이 합병한 역사가 있었다. 무라드 1세는 거기에서 더 나아가 아들 바예지드와 게르미안 후국의 왕녀 데블렛 샤를 결혼시켜서 게르미안 후국을 자신의 편으로 만드는 데에 성공했다. 아이딘 후국과 하미드 후국도 오스만 후국의 우위를 인정하고 무라드가 유럽 원정을 나설 때에 군사를 보냈다.

또한 무라드는 왕녀 네피세(멜리케라고도 불린다)를 카라만 후국의 군주 알라아틴 알리와 결혼시켜서 국가 간 동맹을 맺었다. 룸 셀주크 왕조의 계승자를 자처했던 카라만 후국은 아나톨리아에서 가장 강한 나라였으므로 무라드는 이후 발칸을 공략하는 데에 전념할 수 있었다.

예니체리 군단의 창설

무라드 1세의 원정을 가능하게 한 군사력은 어디에서 나왔을까?

이 무렵 오스만 군의 주력은 튀르크계 무슬림 중에서 노예를 제외한 성인 남성, 즉 자유인 무슬림으로 구성된 기마병 부대였다. 그러나 공성전 등을 대비한 보병대가 오스만 군에 추가로 필요하다는 의견이 일찍부터 제기되었다. 그래서 무라드 1세 때에 상비 보병이자 "새로운 군"을 의미하는 예니체리 군단이 창설되었다. 이미 오르한 시대에 야야(yaya : "보행자"라는 뜻)라고 불리는 보병대가 시험적으로 도입되어 있었는데, 예니체리 군단은 이야야를 발전시켜서 만든 부대라고 할 수 있다. 후대에 군사뿐만 아니라 정치, 사회적으로도 다양한 영향력을 끼치게 될 이 군단의 흥망성쇠는 어떤 의미에서 오스만 제국의 역사와 일치한다고 할 수 있다.

이 군단은 자유인 무슬림이 아닌 기독교도 출신의 노예로 구성되었다. 무라드 1세 당시에는 전쟁 포로 출신의 노예들이 예니체리 군단의 자리를 차지했지만 다음 왕인 바예지드 1세 때부터는 데브쉬르메(devshirme)라는 징용제를 통해서 군단에 인재가 공급되었다(80쪽 참조).

여기에서 "노예"라는 말에 고개를 갸웃거린 독자들도 많을 것이다. 일반적으로 노예라고 하면 미국의 흑인 노예처럼 권리를 크게 침해당하고 중노동에 시달리며 학대받는 사람이 떠오르기 때문이다.

그러나 이슬람 세계에서는 이슬람법에 따라서 노예에게도 일정한 권리가 보장되었고 노예를 해방시키는 것이 종교적인 선행으로 권장되었다. 예를 들면 예언자 무함마드가 해방시킨 흑인 노예 빌랄은 목소리가 아름다워서 최초의 무에진(muezzin)이 된 것으로 유명하다. 무에진이란 하루에 5번 기도하는 이슬람 신자들을 위해서 기도 시간을 육성으로 알려주는 사람을 말한다.

또한 아바스 왕조 시기부터는 군대에도 노예 출신의 군인들이 유입되었다. 아바스 왕조가 이란 북동부의 호라산 지방이나 중앙 아시아 서부의 킵차크 평원에 사는 우수한 튀르크인을 노예 상인에게서 사들여서 군주 직속의 노예 부대로 보낸 것이다. 노예로 구성된 부대는 능력이 뛰어날 뿐만 아니라 군주 이외에 지연, 혈연이 전혀 없어서 반란을 일으킬 위험이 낮았다. 이처럼 노예("맘루크[mamluk]" 또는 "굴람[ghulam]"이라고 불린다)가 군인이 되는 것이 이슬람 세계에서는 극히 당연한 일이었기 때문에 노예 출신 군인들이 자신들끼리 군주를 뽑아서 왕조를 이어가는 맘루크 왕조까지 탄생하게 되었다. 당초에 노예로서 매매되어 군대에 들어온 맘루크들은 훈련을 받은 후 노예 신분에서 해방되어 왕조의 엘리트 층을 구성하게 되었다.

오스만 왕조는 노예를 예니체리 군단의 군인뿐만 아니라 하렘의 여인이나 카프쿨루(kapıkulu, 80쪽 참조) 등 국가의 중추를 담당할 인재로 적극 양성했다. 이러한 노예 활용방식은 오스만 왕조가 앞선 무슬림 왕조들에게서 이어받은 최고의 유산들 가운데 하나였다. 다만, 오스만 왕조의 카프쿨루는 과거의 전통과는 달리 법적으로 자유민이 되지 않고 노예 신분을 계속 유지했다.

"칸"이 된 오스만 군주

무라드 1세가 즉위하기 전에 이슬람 세계의 동쪽에서 큰 변화가 일어났다. 일한 왕조가 멸망한 것이다.

일한 왕조는 칭기즈 칸의 손자 훌라구가 1258년에 아바스 왕조를 멸망시키고 이란을 중심으로 해서 세운 왕조이다. 이 왕조는 처음에 몽골 전통을 따라서 불교를 믿었으므로 당시 이란에는 불교 사원이 많았다고 한다. 그러나 가잔 칸(재위 1295-1304)은 피지배자 중에서 압도적 다수를 차지하는 무슬림의 지지를 얻기 위해서 즉위 전부터 이슬람교로 개종했고, 즉위 후에는 이슬람교를 국교로 선포했다. 가잔을 섬긴 정치가이자 역사가인 라시드 앗 딘은 이런 가잔을 "이슬람의 제왕"이라고 칭송했다. 가잔의 뒤를 이은 울제이투(재위 1304-1316) 또한 이슬람을 옹호했으며 이때 이란의 이슬람 문화가 최고조로 번성했다. 라시드 앗 딘이 그의 잘 알려진 역사서 『집사』를 편찬한 것도 이 시기였다. 오스만 왕조가 오르한 시대까지 공납을 바쳤다는 기록이 남아 있는 것을 보면, 멀리 아나톨리아 북서부의 오스만 왕조조차 당시 이슬람 세계에서 최대 세력을 자랑했던 일한 왕조의 권위를 무시할 수 없었던 모양이다.

그러나 이 유목 왕조는 빠르게 쇠퇴했다.

1316년에 울제이투가 사망한 후에 즉위한 아부 사이드(재위 1316-1335)가 일한 왕조의 마지막 군주가 되었다. 선왕이 사망한 이후 왕족과 유력자들 사이의 내분이 너무 심해서 왕조 전체가 쇠퇴와 멸망으로 치달았던 것이다.

일한 왕조가 허무하게 사라진 다음 무라드 1세가 세운 모스크의 비문에 무라드를 "술탄"이자 "칸"으로 칭하는 글귀가 새겨진 것은 결코 우연이 아니다.

원래 "칸"은 튀르크계 유목민 군주의 칭호였다. 과거에는 10세기에 중앙 아시아에서 번영한 카라한 왕조의 군주가 칸이라고 불렸다. 그리고 그 이후에 몽골 제국의 창시자 칭기즈가 칸을 자처했고, 이것이 중앙 아시아 왕권의 정통성에 큰 영향을 미쳤다. 칭기즈 칸의 자손만을 칸이라고 칭할 수 있다는, 지금의 연구자들이 "칭기즈 통치 원리(Chinggisid Principle)"라고 부르는 관습이 몽골 이후 중앙 아시아에서 오랫동안 지속되었던 것이다.

물론 이 칭기즈 통치 원리는 중앙 아시아의 튀르크–몽골계 왕조들에만 해당되는 한정적인 관습이었다. 오스만 왕가에게 "칸"이라는 칭호는 칭기즈 칸에게서 온 것이 아니라 자신의 선조인 튀르크족 전설의 왕 오구즈 칸에게서 온 것이므로, 그들은 이 원리를 따라야 할 이유가 없었다.

따라서 무라드가 자신을 "칸"이라고 칭한 것은, 오구즈 칸의 후예인 오스만 왕가가 "칸"의 이름을 칭기즈의 후예로부터 다시 빼앗아왔다는 뜻이다. 오구즈 칸의 정통 후계자라는 자의식은 15세기 전반 무라드 2세 시대에 잘 다듬어져서 오스만 왕가의 역사적인 인식 속에 자리잡았다(79쪽 참조).

왕자의 반란과 강제 실명의 형벌

무라드 1세는 형제 할릴을 제압하고 왕좌를 차지한 후에 뜻밖의 장소에서 친족 간의 다툼에 맞닥뜨리게 되었다. 1373년에 왕자 사브즈가 비잔틴 제국의 왕자 안드로니코스와 공모하여 서로의 부왕을 시해하고 왕위를 빼앗기로 한 것이다. 그러나 두 왕 모두 이에 신속히 대처하여 반란군을 진압했다. 결국 두 왕자는 눈이 뽑히는 형벌을 받고 왕위 계승 후보에서 탈락했다.

왕위 쟁탈전에서 패배한 경쟁자의 눈을 멀게 하는 행위는 비잔틴 제국의 관행으로, 이는 왕권 수행 능력을 빼앗음으로써 장래의 화근을 없애기 위한 것이었다. 가끔은 손을 자르거나 코를 베거나 거세를 하는 사례도 있었다.

당시 다른 문화권과 마찬가지로 이슬람 세계에서도 신체적 결함이 없는 인물만이 칼리프가 될 수 있었다. 10–11세기에 활약한 중세 아랍의 울라마 마와르디가 저술한 『통치의 규칙들』을 보면, 신체의 일부분이 어느 정도 손상되면 칼리프가 될 수 없다는 규칙이 자세하게 적혀 있다. 또한 오쓰카 오사무에 따르면, 이것이 칼리프의 자격과 어떤 관련이 있었는지는 모르겠지만, 대셀주크 왕조에서도 왕족에게 강제 실명의 형벌이 집행된 사례가 있었다고 한다.

이때 무라드의 행위가 비잔틴의 관행을 본뜬 것인지, 무슬림 왕조의 관행을 따른 것인지에 대해서는 의견이 분분하다. 어찌되었든 오스만 왕가의 강제 실명의 형벌은 이때부터 15세기 전반까지 여러 번 집행된다. 이것은 나중에 다룰 "형제 살해"(93쪽 참조) 이전의 왕위 계승에 관한 중요한 관습이었다.

그러나 이처럼 실명의 형벌을 당하고 왕위 후보에서 탈락했음에도 사브즈의 대는 완전히 끊어지지 않았다. 공위 시대에 사브즈의 아들이 잠시나마 부르사를 지배한 것이다.

무라드 1세의 암살과 번개왕의 즉위

형을 누르고 즉위한 무라드 1세는 반란을 일으킨 아들의 눈을 멀게 하여 술탄이자 칸으로서의 위치를 다진 다음 동서로 영토를 넓히는 데에 집중했다. 오스만 왕조의 연대기 작가는 그를 "휘다벤디가르(Hüdavendigâr : 신과 같은 자, 통치자, 왕)"라고 불렀다. 이것은 오스만 왕조의 국가 체제를 크게 정비한 데에 대한 존경의 뜻을 담은 호칭이자, 이슬람 신비주의자들이 뛰어난 지도자에게 부여하는 이름이었다.

1389년에는 발칸에 혼자 남아서 완강히 저항하는 세르비아의 왕과 코소보 평원에서 격돌했다. 무라드가 중앙군을, 두 왕자 바예지드와 야쿠브가 좌우 양쪽에 있는 군대를 지휘했는데, 전세는 오스만 군에게 유리했다. 그런데 승리가 거의 확실해졌을 즈음, 세르비아의 귀족 한 명이 투항하겠다며 무라드에게 접근했다. 측근들이 저지했으나 무라드는 그의 접근을 허락했고, 무라드는 결국 그의 칼에 찔려 죽고 만다. 이때의 교훈으로, 이후 오스만의 궁전에 들어오는 모든 외국 사절들은 양팔을 붙잡힌 채 술탄을 알현하게 되었다.

이 소식을 들은 무라드의 신하들은 왕자 야쿠브에게 "부왕이 부른다"고 전했다. 그리고 아무런 의심 없이 본진에 들어온 야쿠브를 그들은 즉시 처형했다. 오르한 사후에 무라드와 할릴의 왕위 다툼이 심했던 것을 기억하는 신하들이 2명의 왕자 중에서 1명을 없애버리기로 결정한 것이다.

한편 비잔틴 제국의 연대기 작가는 야쿠브의 눈이 뽑혔다고 기록했다. 어찌되었든 바예지드의 경쟁자였던 야쿠브가 왕위 계승에서 탈락한 것은 확실하다.

그리하여 유일하게 남은 왕자인 바예지드가 무라드 1세의 뒤를 이어서 오스만 왕조의 4대 군주로 즉위했다. 군사적 재능 덕분에 "번개왕"이라고 불리는 바예지드 1세의 치세는 이처럼 형제의 피가 뿌려진 전쟁터에서 시작되었다.

4. 번개왕 바예지드 1세의 영광과
몰락왕의 어머니로 선택된 노예

바예지드 1세의 어머니 굴치첵은 그 이름이 "장미"를 뜻하는 것으로 보아서 노예였음이 거의 확실하다.

이슬람법상 자유인 무슬림은 노예가 될 수 없었으므로 그녀는 기독교도였을 것이고(나중에 개종했는지는 알 수 없다), 혈통으로 따지면 아마 그리스계였을 것이다. 이미 언급했듯이, 이처럼 어머니의 신분이 노예인 것은 이슬람 세계에서는 아무런 장애가 되지 않았다. 오히려 노예에게서 왕자를 낳는 관습은 오스만 왕조에게 두 가지 큰 이점을 가져다주었다.

첫째는 외척 세력을 물리친 것이다. 15세기 이전에는 오스만 왕조의 군주가 정략적인 목적으로 인근 제국의 황녀와 정식으로 결혼하기도 했지만, 그 이후에는 몇몇 예외를 제외하고는 이처럼 명문가의 딸과 결혼하여 왕자를 낳는 일이 철저히 금기시되었다. 왕비의 일족이 외척으로서 영향력을 행사할 위험이 있었기 때문이다. 반면 노예를 통해서는 아무 걱정 없이 아들을 낳을 수 있었다. 노예는 기본적으로 친족에게서 분리된 존재이므로, 그 일가 또한 국정에 끼어들 여지가 없었다.

둘째는 왕자의 확보이다. 이슬람법은 아내를 4명까지만 허용했으나 여성 노예의 수에는 제한을 두지 않았다. 그러므로 여성 노예를 활용하여 더 안전하게 대를 이을 수 있었던 것이다.

역대 오스만 군주들 중에서 어머니가 확실히 자유인이라는 것이 밝혀진 사람은 오르한뿐이다. 무라드 1세, 무라드 2세, 셀림 1세의 어머니는 노예가 아닐 가능성이 있지만 그외의 모든 군주의 어머니는 노예가 거의 확실하다. 이처럼 노예에게서 왕자를 얻는 관습은 오스만 왕가를 오래 존속시키는 데에 적지 않은 영향을 미쳤다.

아나톨리아의 통일

바예지드가 즉위한 이후 처음 주목한 곳은 동쪽이었다.

아나톨리아는 튀르크계 무슬림들이 세운 여러 후국들의 분할 통치를 받고 있었다. 튀르크계 유목 집단을 기반으로 한 이 후국들은 군사력이 강해서 발흥기의 오스만 왕조에게는 쉽지 않은 상대였다.

그런 의미에서 오르한과 무라드 1세 시대에 발칸 반도에서 세력권을 넓힐 수 있었던 것이 다행이었다. 사실 아나톨리아의 후국들보다 발칸의 기독교 국가들이 군사적으로나 종교적, 정서적으로나 훨씬 더 쉬운 상대였다.

무라드 1세는 발칸 반도의 전투에 주력하기 위해서 카라만 후국에게 유화정책을 펼쳤다. 그러나 바예지드 1세가 즉위한 후에는 아나톨리아의 후국을 회유할 필요가 없어졌다. 코소보 전투의 승리로 발칸의 지배력이 이미 확고해졌기 때문이다. 바예지드

바예지드 1세
재위 1389-1402

1세는 만반의 준비를 하고 아나톨리아 정복에 나섰다.

즉위 직후인 1389년부터 시작된 바예지드의 아나톨리아 원정에, 새로 속국이 된 세르비아와 불가리아, 비잔틴 제국이 신하가 되었음을 증명하는 의미로 군사를 보냈다. 바예지드는 이 군사들을 데리고 아나톨리아 서부의 후국들 중에서 규모가 비교적 작았던 아이딘 후국, 사루칸 후국, 멘테세 후국, 하미드 후국, 게르미안 후국을 차례로 합병했다.

번개왕이라는 별명처럼 파죽지세(破竹之勢)를 이어가던 바예지드를 가로막은 사람은 카리만 후국의 군주 알라아틴 알리였다. 카라만 후국으로의 본격적인 원정은 아이딘 후국 등을 합병한 후인 1390년에 시작되었는데, 이 전투에서도 오스만 왕조가 압도적인 우세를 차지했다. 이때 바예지드의 누이이자 알라아틴의 아내인 네피세의 중재로 오스만 왕조와 카라만 후국은 화친을 맺으며 전쟁을 일단락지었는데, 그럼에도 불구하고 알라아틴은 지속적으로 반(反)오스만 활동을 이어나갔다.

참을성이 바닥난 바예지드는 1397년에 재차 원정을 일으켰고 전투 중에 알라아틴을 붙잡아서 처형했다. 남편의 죽음을 알게 된 네피세는 수도 코니아의 성문을 열어서 바예지드에게 항복한 다음 딸들과 함께 부르사에서 은둔했다고 한다.

그리하여 바예지드는 아나톨리아 남동부의 둘카디르 후국과 라마잔 후국을 제외한 아나톨리아 전체를 통일했다. 이것은 전성기의 룸 셀주크 왕조조차 이루지 못했던 쾌거였다.

바예지드의 아내들 : "악녀" 데스피나

바예지드에게는 3명의 아내가 있었다. 정식으로 결혼한 아내가 3명이라는 뜻이다. 한편 바예지드의 왕자 6명은 전부 노예의 아들이었다고 한다.

바예지드가 왕자일 때에 결혼한 데블렛샤는 게르미안 후국의 왕녀였고, 즉위한 이후인 1390년에 결혼한 하프사는 막 정복을 마친 아이딘 후국의 왕녀였다. 바예지드가 후국들을 정복하자마자 아나톨리아 내의 지배를 다지기 위해서 구(舊) 지배층과의 정략결혼을 추진했다는 것을 알 수 있다.

바예지드 1세는 1390년에 세르비아 왕 라자르의 딸 올리베라 데스피나와도 결혼했다. 오르한이 테오도라와 결혼하고 무라드 1세가 타마라와 결혼한 것처럼, 당시 오스만 왕가의 일원이 기독교 국가의 왕족과 결혼하는 일은 드물지 않았다. 바예지드와 데스피나의 결혼은 오스만 왕조와 세르비아 모두에 이득이 되었다. 오스만 왕조는 세르비아 군의 도움을 받을 수 있게 된 데다가 지참금으로 세르비아의 은 광산을 받았는데, 이 광산은 먼 후대에까지 오스만 왕조의 중요한 재원이 되어주었다. 세르비아 역시 이웃나라 헝가리의 압력에 저항하는 데에 오스만 왕조의 힘을 빌릴 수 있었다. 세르비아와 헝가리는 같은 기독교 국가였지만 전자는 정교, 후자는 가톨릭이었으므로 이해관계가 일치하지 않았다.

테오도라와 타마라도 그랬겠지만, 데스피나 역시 이슬람교로 개종하지 않고 기독교도인 채로 자신의 측근들을 데리고 바예지드 1세의 궁전에 들어왔다. 그래서 당시 오스만 궁전은 비잔틴풍의 기독교적인 분위기로 가득했다고 한다.

오스만 왕조의 한 연대기 작가는 데스피나가 바예지드를 잘못된 길로 이끌었다고 거세게 비난했다. 데스피나와 결혼하기 전에는 술잔치를 벌인 적이 한번도 없었을 뿐만 아니라 울라마의 말을 겸허히 따랐던 바예지드가 결혼한 이후부터는 술을 즐기게 되었고 울라마의 말에 귀를 기울이지 않게 되었다는 것이다.

그러나 우리는 이런 "악녀"에 관한 전설을 신중히 평가할 필요가 있다. 연대기 작가의 글에서 앙카라 전투의 패전을 비롯한 바예지드가 겪은 실패의 원인을 그의 불신앙, 더 나아가서 그것을 부추긴 데스피나의 악덕 탓으로 돌리려는 의도가 엿보이기 때문이다.

콘스탄티노폴리스 포위와 니코폴리스 십자군

아나톨리아에서 연승을 거둔 바예지드는 1394년에 콘스탄티노폴리스를 포위하러 나섰다. 콘스탄티노폴리스는 동쪽으로 길쭉하게 튀어나온 반도에 위치해 삼면이 바다로 둘러싸여 있었다. 또한 육지와 유일하게 이어진 서쪽에는 로마 황제 테오도시우스 2세(재위 408-450)가 5세기에 지은 세 겹으로 된 거대한 성벽이 우뚝 솟아 있었다. 가장 안쪽 성벽의 높이가 12미터 이상, 폭이 5미터 이상이었으니 아마도 그 당시 세계에서 가장 견고한 성벽이었을 것이다. 비잔틴 제국은 현저히 쇠퇴하여 이미 오스만이라는 바다에 떠 있는 작은 섬처럼 변해 있었지만, 오래 전 아랍 대정복 때에도 함락되지 않고 오히려 무함마드의 친구 아유브를 순교시킨 제국 수도의 수비력은 건재했다. 비잔틴 제국을 직접 공략하기는 어렵다고 판단한 바예지드는 콘스탄티노폴리스와 육지로 이어진 곳을 봉쇄하여 후방의 지원을 차단함으로써 장기전에 돌입했다.

1396년에는 2년째 오스만 왕조에게 포위된 상태로 있던 콘스탄티노폴리스를 구하기 위해서 헝가리 왕을 중심으로 십자군이 결성되었다. 이 원정대는 도나우 강 연안의 니코폴리스에서 결전을 치렀다는 이유로 "니코폴리스 십자군"이라고 불린다. 이때 벌어진 전투에서는 바예지드가 이끄는 오스만 군이 완승하여 오스만 왕조의 발칸 지배력을 더욱 강화했다.

"로마의 술탄"의 재현

오스만 왕조가 십자군에 승리했다는 소식은 이슬람 세계에 널리 퍼져나갔다. 일설에 따르면 맘루크 왕조의 비호를 받던 아바스 왕조 칼리프가 이 승리를 경축하기 위해서 바예지드 1세에게 "로마의 술탄"이라는 칭호와 함께 하사품을 보냈다고 한다. "로마의 술탄"은 룸 셀주크 왕조의 군주가 썼던 칭호이다. 오스만 왕조의 군주는 이미 오르한 시대부터 술탄으로 불렸지만, 그것은 권위가 뒷받침되지 않은 "자칭"에 불과했다. 그러나 아바스 왕조 칼리프가 바예지드에게 이 칭호를 쓰면서 자타공인된 술탄의 지위를 얻게 된 것이다.

다만, 아바스 왕조 칼리프가 바예지드 1세를 "로마의 술탄"으로 칭한 것이 니코폴리스에서 승리한 덕분인지는 확실하지 않다. 맘루크 왕조의 술탄이 선대의 무라드 1세를 이미 "로마의 술탄"이라고 불렀다는 설도 있다. 그리고 보면 "로마의 술탄"이란 그저 "룸 땅(아나톨리아)의 왕"이라는 뜻일 뿐, 공식적인 술탄의 칭호가 아니라고 생각할 수도 있다. 사실이 무엇이든, 스스로 검을 휘둘러 패권을 장악한 술탄 바예지드에게 아바스 왕조 칼리프의 "공식적인 인정"은 그저 사소한 상징에 불과했을 것이다.

콘스탄티노폴리스의 포위는 1402년까지 간헐적으로 이어졌다. 콘스탄티노폴리스는 육로를 오스만 군에게 봉쇄당했지만 해로를 통해서 지원을 받을 수 있었으므로 가까스로 버텼다. 본격적인 지원군이 없었다면 비잔틴 제국은 이때 멸망했을 것이다.

그런데 그 시기에 비잔틴 제국을 구한 세력은 십자군이 아니라 동쪽의 유목 왕조였다.

티무르의 그림자

바예지드는 아나톨리아를 통일한 다음 더욱 동쪽으로 눈을 돌렸다.

일한 왕조가 멸망한 이래, 이란 주변에 있는 일한 왕조의 옛 땅에는 하자라습 왕조를 비롯한 소규모 정권들이 분할통치를 하고 있었다. 오쓰카 오사무에 따르면, 이 정권들도 일한 왕조의 통치기에 시행되있던 이슬람 문예 보호 정책을 계승하여 뛰어난 문예 작품을 많이 탄생시켰다고 한다. 정치적 혼란이 있었지만 문화는 발전한 시대였던 듯하다.

이런 군웅할거 상태의 이란과 중앙 아시아를 순식간에 제패하고 예전 몽골 제국을 방불케 하는 대제국을 건설한 사람이 티무르였다. 몽골 제국이 분봉한 4개의 국가들 중의 하나인 차가타이 한국의 장군이었던 티무르는 뛰어난 군사적 재능으로 두각을 드러냈으며 1370년에 나라의 실권을 쥐었다. 티무르는 칭기즈의 자손만이 칸으로 불릴 수 있다는 관습, 즉 "칭기즈 통치 원리"를 존중했으므로 칭기즈의 자손을 허수아비 칸으로 세우고 자신은 신하로 머물렀다(후대에는 결국 그의 자손을 군주로 세운 티무르 왕조가 만들어졌다). 몽골 제국의 부흥을 노리던 티무르는 1390년대에 이란을 평정한 이후 인도 원정을 감행했고, 1400년대에는 맘루크 왕조의 지배를 받던 이라크와 시리아까지 압박했다.

처음에 티무르는 오스만 왕조와 크게 부딪치지 않으려고 했다고 한다. 그러나 결국 두 영웅은 아나톨리아 동부를 사이에 두고 대립하게 된다.

앙카라 전투

군사적으로 뛰어난 두 영웅, 바예지드와 티무르는 1402년에 아나톨리아 중부의 앙카라 근교에서 격돌했다. 그리고 티무르가 승리했다.

오스만 왕조가 패배할 수밖에 없었던 가장 큰 이유는 당시 오스만 군의 구조에 있었다. 바예지드 시대에 급속히 커진 오스만 왕조의 군대에는 오스만 왕조를 옛날부터 따랐던 군단 외에도 세르비아 등 기독교 국가들이 파견한 군단들, 아나톨리아의 구 튀르크계 후국에서 온 군단들이 포함되어 있었다. 즉 바예지드라는 강력한 카리스마로 묶여 있기는 했으나 사실상 오합지졸이었던 것이다. 당시 바예지드는 지배 영역을 아직 집권적으로 통합하지 못한 봉건영주 같은 존재였다.

티무르는 교묘한 이간 전략으로 오스만 군 가운데 구 후국 출신 부대를 포섭하는 데에 성공했다. 유목민 특유의 독립성이 짙게 남아 있는 구 후국의 전사들이 세르비아 왕녀를 아내로 삼은 바예지드를 버리고 튀르크-몽골계 왕조의 전통을 계승한 티무르를 따르기로 결정한 것은 어찌 보면 당연한 일이었다.

구 후국군은 적에게 포섭당하고 기독교 제국군은 철수하는 등 모든 군대들이 완전히 붕괴되는 와중에도 군주 직속의 상비 보병인 예니체리 군단은 끈질기게 저항했다. 왕가의 수호자인 무슬림 전통의 노예 출신 군인들의 면모가 생생하게 드러나는 순간이었을 것이다. 그러나 패배가 확실해지자 예니체리 군단도 왕자 술레이만을 데리고 전장을 이탈했다. 바예지드는 왕자 무스타파와 함께 포로로 붙잡혔다. 영광의 술탄에서 한순간에 포로가 되어버린 번개왕의 최후는 어땠을까? 티무르가 정중하게 대접했다는 설도 있고 감옥에 가두고 치욕을 주었다는 설도 있다. 어찌되었든 바예지드는 얼마 지나지 않아서 옥중에서 사망했다.

5. 공위 시대와 그후의 부흥

아나톨리아의 전후 처리

티무르의 군대는 그대로 부르사까지 진군하여 바예지드가 총애하는 그의 아내 데스피나와 두 딸을 붙잡았다. 그들은 작부 취급을 받는 굴욕을 당하며 중앙 아시아로 끌려갔다고 한다.

그후 티무르는 아나톨리아를 직접 지배하지 않고 카라만 후국 및 게르미안 후국 등 바예지드가 합병했던 후국을 부활시켰다. 이런 일이 가능했던 것은 바예지드가 너무 급하게 아나톨리아를 정복했고 정복 후에도 과거 후국의 인적 구성과 제도를 그대로 유지했기 때문이다. 예니체리 군단의 보호를 받아서 발칸으로 도망친 왕자 술레이만 역시 티무르에게 복종했고 티무르도 이것을 인정했다. 티무르는 술레이만 이외의 왕자들, 즉 메흐메드와 이사에게도 각각 아마시아와 부르사를 다스리게 했다. 티무르의 눈에는 오스만 왕가의 잔존 세력이 다른 후국의 지배층과 크게 달라 보이지 않았던 것이다.

그러나 부활한 후국들이 과거의 영광을 되살리지 못했던 것과는 달리, 오스만 왕조는 30년 만에 예전의 위엄 있는 모습을 회복했다. 이것은 오스만 왕조가 건국 이후 100년 동안 발전시키고 축적한 통치 기술이 국가 운영과 확대에 얼마나 도움이 되었는지를 증명한다.

이미 오스만 왕조는 다른 후국과는 전혀 다른 존재가 되어 있었던 것이다.

공위 시대 : 네 왕자의 타툼

오스만 왕조의 역사에서는 앙카라의 패전 이후 10년간을 공위 시대 혹은 내분 시대라고 부른다. 바예지드의 아들들이 하나뿐인 왕좌를 놓고 계속해서 다투었기 때문이다. 바예지드의 여섯 아들 중 술레이만, 메흐메드, 이사, 무사 등 4명이 왕위 다툼에 뛰어들었다. 나머지 2명 중에서 무스타파는 티무르의 포로가 되었고 또다른 1명인 유수프는 비잔틴 제국으로 망명하여 기독교로 개종한 뒤에 콘스탄티노폴리스에서 지내고 있었다. 훗날 메흐메드 2세가 콘스탄티노폴리스를 정복할 때 비잔틴 측의 수비를 도왔던 오르한이 바로 유수프의 아들이다.

왕위를 노린 4명 가운데 왕좌에 가장 근접했던 왕자는 발칸에 기반을 둔 술레이만이었다. 그는 대재상 찬다를르와 예니체리 군단을 자신의 편으로 만들었을 뿐만 아니라 발칸에서 가장 영향력 있는 아큰즈 호족인 에브레노스 일가의 지원을 받았다.

한편, 구사일생으로 앙카라 전투에서 도망친 메흐메드와 이사는 아나톨리아 내에 영토를 가지고 있었다. 메흐메드는 티무르에게 협조적인 태도를 취함으로써 아나톨리아 내 후국들의 지원을 확보한 다음 아마시아를 기반으로 세력을 서서히 확장했다. 그래서 마침내 이사가 세력을 구축한 부르사를 공격하여 무너뜨렸다. 이사는 그후 비잔틴 제국으로 망명하여 메흐메드와 대립했지만 1403년에 전쟁 중에 사망했다. 그리하여 부르사에서부터 시바스까지, 아나톨리아의 모든 지역이 메흐메드의 영지가 되었다.

왕자들의 다툼은 발칸의 술레이만과 아나톨리아의 메흐메드의 대립으로 바뀌었고, 전세는 술레이만에게 유리하게 흘러갔다. 다르다넬스 해협을 건너서 아나톨리아로 진군한 술레이만이 부르사를 점령하자 메흐메드가 시바스까지 물러났다. 그리고 교착 상태가 5년 이상 지속되었다.

메흐메드는 1409년에 이 답답한 상황을 타개하기 위해서 기발한 대책을 내놓았다. 그는 티무르에게 붙잡혔다가 나중에 석방된 동생 무사를 보호하고 있었는데, 동생 무사를 술레이만이 있는 발칸 반도 북쪽으로 보내서 군대를 교란시키려고 한 것이다. 무사는 메흐메드의 계획대로 흑해를 건너서 기독교 국가인 왈라키아 공국으로 가서 왈라키아 공의 지지를 얻는 데에 성공했다. 주변 국가에서는 강력한 술레이만이 오스만 왕조를 재통일하기를 바라지 않았기 때문이다. 왈라키아 공도 술레이만의 단독 승리를 막기 위해서 무사에게 힘을 보탰을 뿐만 아니라, 자신의 딸을 그와 결혼시키기까지 했다.

그러나 술레이만은 북쪽에서 공격해온 무사를 격퇴하여 여전히 건재하다는 것을 증명했다. 그러나 1411년, 술레이만은 방심

메흐메드 1세
재위 1413-1421

한 사이에 무사에게 기습을 당해 급사하고 만다. 일부 연구자는 술레이만을 정식 군주로 간주하여 "술레이만 1세"라고 부르기도 하지만, 이 책에서는 좀더 일반적인 견해를 채택하여 그를 "술레이만"으로 칭했다.

이렇게 무사가 발칸을 손에 넣었다. 그는 원래 메흐메드의 명령을 받아서 유럽에 파견된 처지였지만, 발칸을 메흐메드에게 순순히 넘겨줄 생각은 전혀 없었다. 술레이만의 세력까지 손에 쥐게 된 무사는 비잔틴 제국으로 망명한 술레이만의 아들 오르한을 자신에게 넘길 것을 요구하며 콘스탄티노폴리스를 공격하기까지 했다. 오르한은 비잔틴 군의 도움으로 무사에게서 도망치지만 결국 붙잡혀 처형되었거나 눈이 멀었다고 전해진다.

무사가 이렇게 세력을 키웠음에도, 메흐메드는 1413년의 전투에서 무사를 격퇴하고 메흐메드 1세로 즉위했다. 그때가 되어서야 10년 넘게 이어진 공위 시대가 끝이 났다.

무라드 2세의 즉위와 그 형제들

메흐메드 1세는 왕위에 있는 동안 앙카라 전투 이전의 옛 영토를 되찾고 자신의 지배력을 다지는 데에 힘썼다. 그 덕분에 오스만 왕조는 카라만 후국 일대를 제외한 옛 영토를 대부분 되찾았다.

그런데 메흐메드 1세의 치세 말기인 1416년, 큰 소요가 벌어졌다. "가짜 무스타파"의 난이 일어난 것이다. 바예지드 1세의 아들이자 바예지드와 함께 티무르에게 붙잡혀 행방불명되었던 왕자 무스타파가 갑자기 나타나서 오스만 왕조의 왕좌를 요구했다. 오스만 왕조의 연대기는 그를 "가짜"라고 단정하지만 어떤 사료에서는 그가 진짜 왕자였다고 서술한다. 티무르 왕조가 뜻밖의 부활에 성공한 오스만 왕조를 혼란에 빠뜨리기 위해서 포로였던 무스타파를 풀어주었을 가능성도 있기 때문이다. 어찌되었든 그 무스타파는 메흐메드 1세와 몇 차례 교전하다가 형세가 불리하다는 것을 깨닫고, 비잔틴 제국이 다시 지배를 시작한 살로니카로 도망쳤다. 메흐메드 1세는 결국 이 반란을 진압하지 못한 채 세상을 떠났다.

그리고 무라드 2세가 제6대 술탄으로 즉위했다. 메흐메드 1세에게는 무라드, 무스타파, 유수프, 마흐무드 등 4명의 왕자가 있었다. 즉위 당시 맏아들 무라드의 나이는 열일곱 살에 불과했으나, 어릴 때부터 유능한 재상 바예지드의 보좌를 받으며 원정을

무라드 2세
재위 1421-1444,
1446-1451

지휘하는 등 풍부한 경험을 쌓은 덕분에 실질적인 왕자로 지목
받고 있었다.

그럼에도 메흐메드 1세는 왕좌를 놓고 왕자들이 서로 다툴 것
을 염려했는지, 죽기 직전에 무라드에게 아나톨리아를, 무스타파
에게 발칸을 다스리게 하고 아직 어린 유수프와 마흐무드는 비
잔틴 황제에게 보내라는 유언을 남겼다. 앙카라 전투 이후 형제
들과 치열하게 싸운 끝에 살아남은 메흐메드 1세였기 때문에 자
신의 아들들이 싸우는 것은 견딜 수 없었던 모양이다. 당연히 무
라드 2세는 이 유언을 받아들이기를 거부했다. 그러나 비잔틴 황
제는 병사를 보내어 동생 무스타파를 보호하며 그를 비잔틴 제
국 공인의 오스만 왕조 술탄으로 선포했다.

즉 무라드 2세는 즉위한 직후부터 가짜 무스타파 때문에 곤경으로 몰린 것으로도 모자라 동생 무스타파와도 왕위를 다투는 상황에 놓였다. 메흐메드 1세 시대에 오스만 왕조로 재통합되었던 아나톨리아의 후국들도 다시 독립하려는 움직임을 보이는 등 여러모로 아슬아슬한 상황이 이어졌다.

잇따른 내란

무라드 2세는 이런 상황을 비범한 수완으로 헤쳐나갔다.

먼저 강경책과 유화책, 즉 전쟁과 회유의 전략을 번갈아가며 사용하여 후국들의 움직임을 봉쇄한 다음 무스타파의 반란을 진압했다. 이때 미할 일가뿐만 아니라, 무라드에게 승산이 있다고 판단한 제노바 세력도 힘을 보탰다. 에게 해와 흑해의 해상 무역으로 세력을 구축한 이탈리아의 도시국가 제노바의 해군력이 이때 무라드에게 큰 도움이 되었다. 결국 가짜 무스타파는 1422년에 붙잡혀 에디르네에서 처형되었다. 선왕 메흐메드 1세 때부터 7년 동안이나 이어진 반란이 드디어 끝이 난 것이다.

뒤이어 무라드 2세는 그 해가 지나기도 전에 콘스탄티노폴리스를 공격했다. 스스로를 감히 오스만 왕조의 왕으로 칭한 동생 무스타파와 그를 돕는 비잔틴 제국의 황제를 응징하기 위해서였다. 그후 무라드 2세는 왈라키아 공국 및 동생 무스타파와 전투를 몇 차례 치른 끝에 결국 동생을 붙잡아 처형했다. 1423년의 일이다. 아직 세력이 강했던 카라만 후국이 내부에서 일어난 분쟁 탓에 눈을 외부로 돌릴 수 없었던 것이 무라드에게는 행운이었다. 그는 마지막으로 남은 2명의 어린 동생 유수프와 마흐무드의 눈을 멀게 하여 후환을 없앴다.

무라드 2세의 정통성 확보 정책: 오구즈족의 혈통

형제간의 다툼을 마무리한 무라드는 앙카라 전투 이후 무너진 오스만 왕가의 권위를 다시 세우는 일에 힘썼다. 특히 오스만 왕가의 혈통을 오구즈족 가운데 카이 씨족과 결부시킨 것이 그 핵심이었다. 앞에서 말했듯이 이슬람 세계에서 활약한 튀르크계 왕조의 대부분이 오구즈족에서 유래했으며 그 오구즈족 전설의 시조가 오구즈 칸이었다. 그리고 무라드 시대의 역사가들은 오스만 왕가가 바로 오구즈족의 정통성 있는 왕, 즉 오구즈 칸의 장손(장자의 장자)인 카이 칸의 후손이라고 전하고 있다.

오스만 왕조는 칭기즈 칸의 권위에 기초한 티무르 왕조보다 이념적으로 더 오래된 오구즈 칸의 후계자라고 주장함으로써, 칭기즈와는 다른 계통의 정통성을 만들려고 한 것이다.

오스만 왕가를 카이 씨족의 후손으로 보는 것에 이견이 있기도 했지만, 16세기 초까지는 이 주장이 받아들여져서 오스만 왕가의 "정통 사상" 중 하나로 자리를 잡았다. 이처럼 오스만 왕조는 앞에서 말했듯이 사회와 조직 면에서는 일찍부터 유목민적 성격에서 탈피했으나 왕가의 정통성을 주장할 때에는 튀르크계 명문의 권위를 이용했다.

오구즈족의 후손이라는 자의식은 오스만 왕조가 아랍 지역을 정복하고 이슬람 제국으로 본격적으로 발돋움하게 될 16세기 초까지 왕가의 정통성 확보에 매우 중요한 역할을 하게 된다.

데브쉬르메 제도와 "카프쿨루(왕의 노예)"

메흐메드 1세 및 무라드 2세 시대에 데브쉬르메 제도가 본격적으로 도입되면서 지배 엘리트층과 예니체리 군단에 인재가 공급되기 시작했다. 데브쉬르메란 기독교 국가 출신의 소년을 징용하여 인재로 키우는 등용제도를 말한다. 가장 오래된 기록에 따르면 바예지드 1세 때에도 이 제도가 실시되었는데, 대대적으로 시행된 것은 기독교 제국과의 전쟁이 격감한 메흐메드 1세 시대부터였다. 그리고 17세기 중엽에 데브쉬르메 제도가 폐지될 때까지 이 제도를 통해서 오스만 왕조의 기둥이 될 인재를 지속적으로 키워냈다.

데브쉬르메는 다음과 같은 절차로 진행되었다.

우선 기독교 국가의 농촌에서 용모가 수려하고 신체가 건강한 소년들을 잡아와서 노예로 삼았다. 그들을 무슬림으로 개종시킨 다음 튀르크인이 사는 농촌에서 살게 하면서 그들에게 튀르크어를 가르쳤다. 그후 다시 선별을 거쳐서 그중에서도 특히 우수한 이들은 궁전으로 보냈고 그다음으로 우수한 이들은 상비 기마병대에, 나머지는 예니체리 군단에 편입시켰다.

궁전에 들어간 소년 노예들은 "실라흐타(Silahdar : 술탄의 경호원)" 또는 "리카브다르(Rikâbdar : 술탄의 시종)" 등이 되어서 술탄을 최측근에서 수행했다. 그들은 성인이 되면 궁전을 나와서 지방 총독 등의 요직을 맡았고 최종적으로는 재상이나 대재상까지 될 수 있었다. 그들은 술탄의 최측근이 되어 총애를 받은 덕분에 15세기 후반부터 16세기 사이에 정치 엘리트층의 핵심을 차지하게 되었다.

그러나 15세기에는 데브쉬르메를 통하지 않고 세르비아 등 인근 기독교 국가의 왕과 제후, 귀족의 아들들 가운데 오스만의 볼모가 된 아이들이 술탄의 측근이 되는 경우가 많았다. 그들 역시 노예로 간주되어 무슬림으로 개종한 다음 가장 가까운 곳에서 술탄을 수행했다.

원래 이슬람법은 이교도인 전쟁 포로를 노예로 삼거나 이슬람 세계 밖에서 노예를 사들이는 것 외에 영내(領內)의 기독교인을 노예로 삼는 것을 엄격하게 금지했다. 그래서 해방된 노예 군인이 지배 엘리트층을 구성했던 맘루크 왕조가, 킵차크 평원 출신의 노예를 고지식한 방식으로 노예 상인에게서 지속적으로 구입했던 것이다. 이슬람법을 엄밀히 준수했던 맘루크 왕조에 비해서 오스만 왕조는 데브쉬르메라는 탈법 행위를 공공연히 실행한 것이다.

오스만 왕조에서 데브쉬르메로 징용된 노예들은 출세한 후에도 그들의 신분이 노예로 유지되었다는 사실에도 주목할 필요가 있다. 그래서 그들은 "카프쿨루(왕의 노예, "문[門]의 노예"라는 의미)"라고 불렸다. 이처럼 지배 엘리트층을 이루는 카프쿨루가 법적으로 노예였다는 점은 술탄이 중앙집권화를 하는 데에 큰 도움이 되었다.

사실 이슬람법에 따르면 어떤 권력자도 자유인 무슬림을 재판 없이 처형할 수 없었다. 그러나 카프쿨루는 노예이기 때문에 술탄이 자의적으로 그들을 처형하거나 그들의 재산을 몰수할 수 있었다. 덕분에 술탄이 신하의 권력을 제한하고 자신에게 권력을 집중시킬 수 있었던 것이다. 그러나 제3장에서 자세히 설명하겠지만 17세기 이후 카프쿨루는 군주를 견제할 만큼의 힘을 가지게 된다.

티마르 제도

데브쉬르메 제도와 그것을 통해서 인재를 공급받은 예니체리 외에 오스만 왕조의 기둥 역할을 했던 제도가 또 하나 있다. 군사 제도 겸 지방 통치 제도인 티마르(timar) 제도이다. 이것은 자유인 무슬림 전사에게 지역 내에서 세금을 징수할 권한을 주는 대신 해당 지역의 치안 유지를 맡기는 제도이다. 이들에게는 전쟁이 일어났을 때 말과 무기와 시종을 갖추어 참전할 의무가 있었다. 이처럼 징세권을 행사할 수 있는 토지를 티마르 토지라고 하고, 징세권과 참전의 의무를 지닌 사람을 티마르 기마병이라고 한다.

이들은 서양 중세의 기사나 일본 가마쿠라 시대의 무사와 비슷하지만, 영주처럼 그 토지의 전권을 가진 것이 아니라 어디까지나 징세권만 가진 사람이었다. 지역 내의 민정이나 재판은 중앙에서 임명한 이슬람 법관이 담당했다. 티마르 토지의 징세권 역시 원칙적으로는 세습되지 않고 1대로 끝났다. "대대로 물려받은" 영지를 기반으로 지방에 세력을 구축하기 쉬웠던 기사나 무사와는 달리 티마르 기마병은 권력이 교묘하게 분산되어 있어서 세력을 구축하기 어려웠다고 할 수 있다. 심지어 티마르 기마병이 권력을 남용할 경우 그 지역의 구성원이 이슬람 법관에게 그를 고발할 수도 있었다. 말하자면 티마르 제도는 촌락 수준의

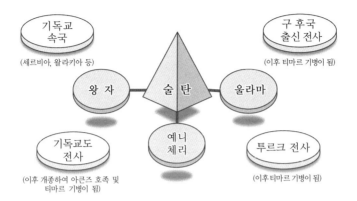

기독교
속국

(세르비아, 왈라키아 등)

구 후국
출신 전사

(이후 티마르 기병이 됨)

왕 자

술 탄

울라마

기독교도
전사

(이후 개종하여 아큰즈 호족 및
티마르 기병이 됨)

예니
체리

투르크 전사

(이후 티마르 기병이 됨)

봉건적 후국 시대의 주요 인물들(개념도)

이 시대의 술탄은 유력 제후들 가운데 일인자였다. 울라마를 최고 관리로 등용하고 군주 직속의 예니체리 군단을 창설함으로써 권력 강화를 꾀했으나 여전히 유력한 제후들을 뛰어넘는 절대적인 우위를 차지하지는 못했다.

지역에서 권력분립을 실현한 수준 높은 제도였다.

물론 이 제도를 오스만 왕조가 독자적으로 만들어낸 것은 아니다. 티마르 제도는 많은 무슬림 왕조가 받아들였던 익타(iqṭāʿ) 제도나 비잔틴 제국의 프로니아 제도를 참고하여 만든 것으로 보인다. 오스만 왕조가 이런 앞선 제도들을 계승하여 발전시킨 것이다.

무라드 1세 때부터 제국의 심장부인 발칸과 아나톨리아를 중심으로 시행된 티마르 제도는 제국군에 주력이 될 병사들을 공급했다. 티마르 토지는 그보다 더 큰 행정구역인 산작(sancak)에 소속되었으며 산작은 태수가 다스렸다. 산작보다 큰 행정구역인 베일레르베일릭(beylerbeyilik)은 총독이 관할했다.

정치적으로 말하자면 티마르 제도는 구 후국의 유력자 등 지방 세력을 해체하고 오스만 왕조의 군주와 새로운 유대를 맺게 하는 수단이었다. 제도의 시행은 지방 세력의 저항을 고려하여 차근차근 단계별로 추진되었으며, 그 결과 구 후국 출신자는 고향과 멀리 떨어진 티마르 토지를 받게 되었다. 앞에서 말한 대로, 바예지드 1세 시대에는 구 후국 출신자들이 대대적인 개편 없이 오스만 군에 편입되었고 그 탓에 앙카라 전투는 패배로 끝났다. 그러나 이들 세력은 메흐메드 1세 이후 티마르 제도를 통해서 서서히 해체되었고 오스만의 지배를 받게 되었다.

무라드 2세의 퇴위

이때까지만 해도 순조로웠던 무라드의 치세는 괴이한 사건으로 위기에 빠지게 된다. 실질적인 왕자로 지목받던 왕자 알라에딘이 의문의 죽음을 당한 것이다.

그의 사인에는 의문점이 많다. 한 이야기에 따르면 그의 임지 아마시아를 방문한 휘스레브 파샤라는 인물이 어느 날 밤 알라에딘과 그의 아들을 목 졸라 죽였다고 한다. 슬픈 소식을 접한 무라드 2세는 하나 남은 왕자인 메흐메드에게 왕위를 물려주고 자신은 은둔하겠다고 선언했다. 오스만 왕조 600년 사상 유례없는 자발적인 양위(讓位)였다.

무라드가 양위를 결심한 이유는 무엇일까? 일설에 의하면 이전부터 은둔을 권하는 신비주의 사상에 심취해 있던 무라드가 자신이 기대를 걸었던 왕자 알라에딘의 죽음에 충격을 받고 양위를 결심했다고 한다. 어찌되었든 유언장에 알라에딘의 묘 옆에 자신을 묻어달라고 쓴 것을 보면 그가 아들의 죽음을 깊이 애도한 것만은 분명하다. 한편, 메흐메드의 즉위를 안정적으로 추진하기 위해서 일부러 자리에서 물러났다는 이야기도 있다.

무라드는 가짜 무스타파와 동생 무스타파의 반란을 진압하고이 둘을 처형한 경험이 있다. 또한 잠재적으로 왕위를 위협할 가능성이 있는 두 어린 동생의 눈을 멀게 하기도 했다. 이처럼 잔혹한 왕위 다툼을 겪어낸 무라드가 과연 왕자의 죽음에 충격을 받아서 양위를 결심했을지 의문이 든다. 따라서 메흐메드의 안정적인 즉위를 위해서 일부러 물러났다는 두 번째 설이 조금 더 설득력이 있어 보인다. 어쩌면 두 주장 모두 진실을 포함하고 있을지도 모르겠다.

양위 전 무라드는 세르비아 및 헝가리와 10년간의 평화조약을맺었다. 그리고 양위 후에는 아나톨리아 서부의 핵심 지역인 마니사에서 지냈는데, 그때도 단순히 은둔한 것이 아니라 남쪽 카라만 후국을 감독했다고 한다. 즉 무라드는 양위를 하기 전부터그 이후의 일들을 주도면밀하게 준비했던 것이다.

메흐메드 2세의 첫 치세

1444년 열두 실의 나이에 즉위한 메흐메드 2세를 맞이한 사람은노년의 대재상 찬다를르 할릴 파샤였다. 한편 메흐메드 2세가데려온 측근들 대부분은 기독교도 출신의 카프쿨루였다. 이른바오스만 왕조 지배층의 신구 대립이 여기에 응축되어 있었다.

무라드의 퇴위는 대외관계에 특히 큰 영향을 미쳤다. 유럽에서는 오스만 제국과 평화조약을 맺은 지 얼마 되지 않아서 조약을 파기한 헝가리와 왈라키아가, 아나톨리아에서는 카라만 후국이 잽싸게 오스만 왕조를 침공하려고 했다. 또한 바예지드 1세의 손자이자 유수프의 아들인 오르한은 비잔틴 제국을 등에 업고 오스만 왕조의 왕위를 요구해왔다. 그나마 오르한은 세력이 크지 않았지만, 헝가리와 왈라키아의 십자군은 오스만 왕가에 심각한 위협이 되었다.

찬다를르는 무라드가 자리로 돌아와야만 이 위기를 해결할 수 있다고 믿고 그를 다시 불러들였다. 대재상의 요청을 받고 마니사를 떠나서 에디르네로 온 무라드는 군대를 이끌고 나가 불가리아의 바르나에서 십자군을 격파했다. 이후 다시 왕의 자리에 오를 것을 간청하는 찬다를르를 물리치고 마니사로 돌아갔다.

그러나 숨 쉴 틈도 없이 예니체리 군단이 에디르네에서 소요를 일으켰다. 그들 중에서 일부는 오르한의 즉위를 요구했다고 한다. 예니체리의 급여를 인상함으로써 소란을 잠재웠으나, 어린 왕 메흐메드가 아직 나라를 다스릴 힘을 갖추지 못했다는 사실이 온 나라에 드러나고 말았다.

결국 찬다를르가 비밀리에 무라드를 불러들여서 1446년 여름에 무라드를 다시 왕의 자리에 앉혔다. 메흐메드는 마니사의 태수 자리로 돌아갔다. 예니체리가 일으킨 소란을 찬다를르가 은밀히 사주했다는 이야기도 있었다. 이것은 오스만 제국 사상 최초로 예니체리 군단이 왕위 계승에 영향을 미친 사건이었다.

무라드 2세의 죽음

퇴위하기는 했지만 메흐메드가 유일한 왕자이자 실질적인 왕자인 것은 자명했다.

이 무렵 메흐메드와 아나톨리아 남동부에 위치한 둘카디르 후국의 왕녀가 결혼했다. 둘카디르 후국은 시리아와 이집트를 지배하는 대국 맘루크 왕조와 오스만 왕조 사이에서 완충 역할을 했으므로 지정학적으로 상당히 중요한 국가였다. 둘카디르 후국의 왕녀 시티샤흐와 메흐메드의 결혼식은 주변 각국의 축하 사절들이 참석한 가운데 매우 성대하게 치러졌다고 한다.

1451년 마니사에 있던 메흐메드에게 부왕 무라드 2세의 사망 소식을 전하는 밀사(密使)가 찾아왔다. 부고를 들은 지 열흘 만에 에디르네에 당도한 메흐메드는 열여덟의 나이로 두 번째 즉위를 마쳤다.

오스만 왕조는 이후 "정복왕"으로 불리게 될 메흐메드 2세의 치세하에 새로운 시대를 맞게 된다.

제2장

"세계의 왕"으로 군림한 군주들

집권적 제국 시대: 1453-1574

메흐메드 2세의 이스탄불 정복

압둘하미드 2세 시대의 궁정 화가 파우스토 조나로가 그린 4연작 중 하나.
메흐메드 2세가 백마를 타고 입성한다는 이야기는 입에서 입으로 전해지며
다양한 화가들에게 영감을 불러일으켰다
(파우스토 조나로 작, 돌마바흐체 국립 궁전 회화 박물관 소장).

술레이만 1세 이전의 오스만 제국

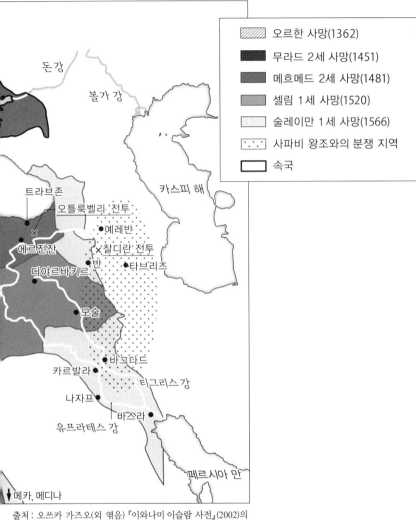

▨	오르한 사망(1362)
■	무라드 2세 사망(1451)
■	메흐메드 2세 사망(1481)
■	셀림 1세 사망(1520)
▨	술레이만 1세 사망(1566)
⁘	사파비 왕조와의 분쟁 지역
▭	속국

돈 강

볼가 강

카스피 해

트라브존

오틀룩벨리 전투

●예레반

에르진잔 ×

×찰디란 전투

디야르바키르

반 ●타브리즈

●모술

●바그다드

카르발라

티그리스 강

나자프

●바즈라

유프라테스 강

페르시아 만

↓메카, 메디나

출처 : 오쓰카 가즈오(외 엮음) 『이와나미 이슬람 사전』(2002)의
1110-1111쪽에 수록된 지도를 바탕으로
대폭 첨삭하고 수정했다.

1. 정복왕 메흐메드 2세와 콘스탄티노폴리스 정복

형제 살해

1451년, 두 번째 즉위를 마친 메흐메드 2세는 동생 아흐메드부터 처형했다. 아흐메드는 부왕 무라드 2세와 잔다르 후국의 왕녀 하티제 사이에서 태어난 왕자로, 태어난 지 얼마 되지 않은 아기였다. 이것이 오스만 제국의 악명 높은 "형제 살해", 즉 술탄이 즉위할 때 그 형제를 모두 처형하는 관습의 시초였다.

튀르크–몽골계 왕조는 카리스마 강한 지도자가 살아 있는 동안은 강력한 결속력을 발휘하여 급속히 확대되었다가, 그 지도자가 죽은 후에는 후계자 다툼으로 분열하여 단기간에 붕괴하는 것이 보통이었다. 그래서 그렇게나 강했던 일한 왕조도 약 80년, 좀 더 오래 버텼던 티무르 왕조도 130년 정도 존속했을 뿐이다. 반면 튀르크계가 세운 나라임에도 불구하고 오스만 제국이 기본적으로 국토를 분할하지 않고 오랫동안 명맥을 유지할 수 있었던 것은, 군주와 같은 세대의 남자 왕족의 수를 이 "형제 살해"로 최소화하여 왕위 다툼을 방지했기 때문이다.

그러나 왕위 계승의 경쟁자를 무력화하는 이와 같은 조치가 선왕인 무라드 2세 시대에도 이미 시행되었다는 사실에 주목할 필요가 있다. 제1장에서 말했듯이 무라드 2세도 가짜 무스타파(백부)와 동생 무스디피의 빈린욜 진압하여 두 사람을 처형하고, 아직 어린 두 동생의 눈을 멀게 함으로써 자신의 권력을 다졌다. 여기에서 한 걸음 더 나아간 것이 형제 살해였다.

메흐메드 2세가 형제 살해를 단행한 것은 자신의 권력을 다지기 위해서이기도 했지만, 아흐메드의 존재가 두 가지 의미에서 관행에 위배되기 때문이었다.

첫째, 아흐메드의 어머니는 잔다르 후국의 왕녀, 즉 명문 출신이었다. 왕의 강력한 외가는 오스만 왕가에 심각한 위협이 되었다. 왕자의 어머니로 대개 노예가 선택되었던 것도 왕의 외가가 정치에 개입할 여지를 차단하기 위해서였다.

둘째, 오스만 왕가에는 왕자가 아들을 낳으면 현 군주는 더이상 아들을 낳지 않는 관습이 있었다. 너무 어린 왕위 계승자를 만들지 않기 위해서였다. 그 덕분에 어리고 무력한 술탄이 즉위하여 신하가 권력을 휘두르는 사태를 막을 수 있었다. 어머니가 명문 출신인 데다가 아직 아기였던 아흐메드는 오스만 왕가의 관습을 이중으로 어긴 존재였으므로 메흐메드 2세는 그를 없애야만 했던 것이다.

아흐메드의 출생과 살해는 관행에서 벗어난 우연한 사건이었을지도 모르지만 이 사례는 큰 의미가 있었다. 메흐메드 2세의 만년에 편찬된 『법령집』에는 "세상의 질서를 위해서 형제를 처형할 수 있다"고 나와 있다. 형제 살해가 명문화된 것이다. 앞에서 (81쪽 참조) 다루었듯이, 이슬람법은 자유인 무슬림을 재판 없이 처형하지 못하도록 했다. 그러나 오스만 제국은 그 이슬람법을 위배하여 술탄이 형제를 살해해도 된다고 규정한 것이다. 본래 탈법 행위인 형제 살해의 관습은 16세기에 메흐메드 3세가 즉위할 때까지 유지되었다.

메흐메드 2세
재위 1444-1446, 1451-1481
(젠틸레 벨리니 작)

콘스탄티노폴리스로 가는 길

메흐메드 2세는 동생을 처형한 다음 카라만 후국을 정복하여 아나톨리아의 우환을 없앴다. 그리고 다음으로 비잔틴 제국의 수도 콘스탄티노폴리스를 정복하겠다는 결심을 굳힌다.

그러나 콘스탄티노폴리스 공격을 강력히 반대하는 세력이 있었다. 그 중심에 있었던 인물이 대재상 찬다를르였다. 비잔틴 제국과 베네치아 사이의 교역을 통해서 이익을 보았던 찬다를르의 눈에는 콘스탄티노폴리스 공격이 자신의 이익에 해가 될 뿐만 아니라 오스만 왕조를 위험에 빠뜨릴 무모한 모험으로 보였을 것이다. 전해지는 한 이야기에 따르면 전쟁을 피하려는 비잔틴 제국의 유력자가 뱃속을 금화로 가득 채운 물고기를 찬다를르에게 뇌물로 보냈고, 찬다를르도 그것을 받고 청탁을 수락했다고 한다.

찬다를르는 아직 스물 전후인 어린 메흐메드를 쉽게 조종할 수 있을 것이라고 생각했는지도 모른다. 그러나 메흐메드는 이 늙은 신하의 제안을 받아들일 마음이 전혀 없었다. 그래서 즉위하자마자 왕자 시절부터 자신에게 충성했던 부하들(대부분은 자유인이 아닌 카프쿨루였다)을 요직에 앉혔다.

사태는 찬다를르의 예상을 크게 벗어난 방향으로 진전되었다.

의외의 이유로 전쟁을 반대하는 자들도 있었다. 예언자 무함마드의 『하디스』에 "콘스탄티노폴리스의 함락은 최후 심판의 징조이다"라는 말이 있는데, 이 말을 곧이곧대로 받아들여서 최후의 심판을 피하려는 자들이 콘스탄티노폴리스 공격을 반대한 것이다. 오늘날 사람들의 눈에는 이것이 인과가 역전된 이상한 논리로 보일지도 모르겠다. 그러나 당시에는 콘스탄티노폴리스 공격 때문에 세상이 끝나는 것은 아닐까 하고 두려워하는 사람들이 많았다. 이때 앞에 나서서 "종말은 먼 미래의 일이다"라고 주장하여 대중의 두려움을 잠재우고 원정을 지지한 사람이 이슬람의 수도사인 악셈세틴이다.

공격 개시

메흐메드 2세가 콘스탄티노폴리스 정복을 위해서 처음 한 일은, 보스포루스 해협이 가장 좁아지는 지점에 있는 유럽 측 연안에 "해협의 칼날"이라는 이름의 요새를 건축한 것이다. 그 맞은편에는 바예지드 1세 시대에 지어진 아나톨리아 요새가 있었다(이후 오스만 군은 이 두 요새를 활용하여 해협을 오가는 선박을 통제하게 된다). 메흐메드는 찬다를르의 입김이 뻗친 예니체리 군단의 장관을 미리 경질함으로써 군단을 장악했다.

메흐메드는 헝가리인 기술자 우르반에게 거대한 대포(이 대포는 동시대 그리스인 역사가 두카스가 "바빌론의 성벽도 뚫는다"라고 평가했을 만큼 거대했다고 한다)를 만들게 하는 등 공격 준비를 모두 마쳤다. 그리고 1453년에 총 10만 명의 대군을 이끌고 가서 콘스탄티노폴리스를 포위했다.

비잔틴의 황제 콘스탄티누스 11세(재위 1449-1453)가 이들을 맞이했다. 과거 테오도시우스 2세가 쌓은 성벽은 여전히 견고했지만, 성벽 안에 있던 비잔틴 군의 규모는 베네치아와 제노바에서 온 용병과 의용병을 모두 포함해도 겨우 1만 명 남짓이었다.

비잔틴의 선대 황제인 요안니스 8세(재위 1425-1448)가 이탈리아를 찾아가서 정교와 가톨릭이 힘을 합칠 것을 호소했음에도 서유럽에서는 그들을 도와줄 군대를 제대로 보내지 않았다. 오랫동안 각축을 반복했던 두 교회의 불신이 쉽게 해소되지 않던 탓이다.

그래도 제노바인인 조반니 주스티니아니가 공격 지휘를 맡았고, 해안 쪽 성벽에서는 망명한 오스만 왕족인 오르한이 오스만 군의 맹공을 잘 막아냈다.

공격을 위한 종교적 지원

포위는 54일간 이어졌다. 비잔틴 측의 방어가 격렬하여 오스만 군의 사기가 떨어질 때도 있었지만, 괴로운 포위전 중에도 악셈세틴이 오스만 군의 정신적인 지원군이 되어주었다.

악셈세틴은 공성전 중에 대성벽 외부의 북측에 해당하는 골든혼 근처에서 아유브의 묘를 "발견했다"고 말했다. 아유브는 예언자 무함마드의 친구이자 이슬람교 창시 직후 7세기의 "아랍 대정복" 때 콘스탄티노폴리스를 공격하다가 순교한 인물이다(33쪽 참조). 이 "발견"은 거센 반격을 당하고 곤경에 빠진 채 전쟁을 혐오하는 분위기마저 감돌았던 오스만 군의 사기를 크게 높였다. 사실 아유브의 묘는 그 전부터 튀르크 사람들에게 이슬람의 4번째 성지로 간주되어서 언제나 많은 참배자들로 북적이고 있었다.

또한 그는 『코란』이 콘스탄티노폴리스의 함락을 예언했다면서 오스만 군의 사기를 북돋웠다. 아라비아 문자 하나하나에 해당되는 고유의 음가를 계산함으로써 특정 숫자를 이끌어내는 "수비학(numerology : 수를 사용해서 사물의 본성, 특히 인물의 성격이나 운명, 미래의 일 등을 해명, 예견하는 서양의 옛 점술/옮긴이)"이라는 기술을 활용하여, 『코란』에 기록된 "선한 도시"(사바의 장 15절)라는 말이 이슬람력으로 정확히 857년(기원후 1453년에 해당한다)이라는 것을 산출해냈다. 이런 종교적이고 정신적인 지지도 콘스탄티노폴리스를 공격하는 데에 한몫을 담당했다.

정복

메흐메드 2세는 교착된 상황을 타개하기 위해서 기발한 아이디

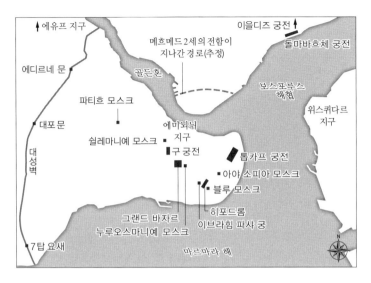

이스탄불 지도

어를 활용하기도 했다. 보스포루스 해협 쪽에서부터 전함을 육로로 통과시켜서 쇠사슬로 봉쇄된 골든 혼에 함대를 투입한 것이다(골든 혼 안쪽의 육지에서 건조된 배를 만으로 옮겼다는 이야기도 있다).

어찌되었든 비잔틴 수비대의 대장 주스티니아니가 부상을 당하자 오스만 측에 기회가 생겼다. 주스티니아니가 퇴각하자마자 오스만 군은 최전선에서 대성벽 북쪽, 지금의 에디르네 문 부근을 격파하는 데에 성공했다. 이어서 대성벽 중간쯤, 지금의 대포문(톱카프) 부근의 싱벽을 돌파하여 콘스탄티노폴리스의 성벽 안쪽으로 밀어닥쳤다.

많은 비잔틴 주민들은 성 소피아 교회로 도망쳤다. 이곳은 6세기에 유스티니아누스 1세(재위 527-565)가 세운 대성당으로, 콘스탄티노폴리스의 상징 같은 것이었다. 사람들은 성 소피아 교회에 강림한 천사가 기독교도를 돕는다는 전설을 믿고 몰려들었다. 그러나 천사는 나타나지 않았고 마지막 비잔틴 황제는 혼란 중에 사라졌으며 오르한도 도망치다가 추락하여 사망했다.

드디어 콘스탄티노폴리스가 함락되었다.

메흐메드 2세는 이 위업으로 예언자 무함마드가 그랬듯이 "정복의 아버지"라는 이름을 얻었다. 그러나 이것은 이전의 술탄들도 썼던 칭호이므로 독자적인 칭호는 아니었다. 오히려 후대 사람들이 그를 부르는 데에 사용했던 "정복왕"이라는 칭호가 지금까지도 널리 쓰이고 있다.

제국의 수도 이스탄불

콘스탄티노폴리스는 점차 "이스탄불"이라고 불리게 되었다. 이는 그리스어 "이스 틴 폴린('도시로[to the city]'라는 뜻)"에서 유래한 이름으로, 10세기 아랍의 역사가인 마스오디의 저작에도 등장하는 등 그 유서가 깊다. 한편 콘스탄티노폴리스의 아라비아어로 된 옛 이름인 "콘스탄티니예" 또한 오스만 제국의 화폐에 새겨지는 등 오랫동안 쓰였다. 이외에도 이스탄불에서 이름을 살짝 바꾼 "이슬람볼(이슬람의 풍요를 뜻한다)", "데르 사데트(Der Saadet : 행복의 문)"라는 아름다운 별칭도 많이 쓰였다. 명칭이 이처럼 다양하지만 이 책에서는 이 도시를 편의상 "이스탄불"이라고 부르겠다.

그런데 이스탄불이 오스만 제국의 본거지가 되는 것에 대해서는 뜻밖에도 오래 전부터 오스만 왕조의 성전에 참여해온 신앙 전사들이 반발했다. 그들에게 이스탄불은 옛날부터 파괴와 재생이 반복된 저주받은 도시였기 때문이다. 성전으로 성립된 오스만 왕가의 본거지로는 이교도와의 전선(前線)이 가까운 에디르네가 더 적합하다는 것이었다.

그러나 이스탄불을 수도로 삼으려는 메흐메드의 의지는 확고했다. 아나톨리아와 발칸, 즉 아시아와 유럽 양쪽으로 두루 다닐 수 있는 유일한 도시인 이스탄불을 제국의 거점으로 삼으면 상징적으로도, 지정학적으로도 이점이 클 것이 명확했기 때문이다.

수도의 부흥

후대의 연대기 작가 네셰리는 "술탄 메흐메드가 이스탄불의 전부를 만들었다"고 말했다.

메흐메드 2세는 실제로 황폐해진 이스탄불을 부흥시킬 정책을 연달아 내놓았다. 이스탄불은 비잔틴 말기부터 사람이 빠져나가기 시작해서 인구가 5만 명으로 줄었는데, 주변 도시의 상인들과 장인들을 강제 이주시키는 등의 정책을 시행함으로써 치세 말기에 인구를 10만 명까지 늘렸다. 이스탄불은 급속히 도시의 모습을 갖추어나갔다.

콘스탄디노폴리스의 상징이었던 싱 소피아 교회는 모스크로 바뀌어 아야 소피아 모스크가 되었다. 사실 성이 함락되자마자 악셈세틴이 이 교회에서 금요 예배를 드리기도 했다.

이때 메흐메드가 이슬람법의 우상숭배 금지에 위배된다는 이유로, 아야 소피아 모스크의 벽 전체를 차지하고 있던 성인과 황제들의 모자이크 그림을 회반죽으로 덮어서 가렸다는 이야기가 전해 내려온다. 그러나 이것은 단지 전해져 내려오는 이야기일 뿐이다. 이슬람 예배에 방해가 된다고 생각하지 않았던 것인지, 성이 함락된 후에도 모자이크 가운데 인물의 얼굴만 회반죽으로 덮었다. 오스만 제국은 18세기가 되어서야 모자이크 전부를 덮었는데 19세기 중반에는 그림을 복원하기 위해서 스위스인 미술가들을 초빙했다.

이스탄불 시내의 북서쪽 언덕에는 아야 소피아 모스크의 대형 돔을 모방한 정복왕의 모스크가 지어졌다. 그리고 이런 대규모 모스크 주변에는 기부금을 활용하여 병원과 가난한 사람을 구제하기 위한 시설 등 관련 건물을 함께 지어서 지역의 부흥과 발전을 꾀하는 것이 보통이었다. 정복왕 모스크 옆에 지어진 "사흐니 세만 마드라사"라는 이름의 이슬람 학교에서는 제국의 지방 민정을 맡을 이슬람 법관(카디) 등의 인재를 양성했다.

십자군이 이스탄불을 탈환하러 올 수도 있다는 생각에 성벽도 서둘러 수리하기 시작했다. 성벽 남단에는 "7탑(예디쿨레)"이라고 불리는 견고한 요새가 건설되었다. 그러나 이러한 예상은 빗나갔고, 오스만 제국의 도시를 위협하는 외적은 400년이 넘도록 나타나지 않았다. 성벽은 시간의 흐름에 따라서 풍화되었고 7탑은 감옥으로 쓰이게 되었다. 메흐메드 2세의 뒤를 이을 이스탄불의 "정복자"는 제국이 멸망하기 직전, 제1차 세계대전 이후에 연합국이 당도할 때쯤에야 나타난다.

제국의 중추 : 톱카프 궁전

이스탄불을 정복한 직후 메흐메드 2세는 이스탄불 시내의 중심인 그랜드 바자르 근처에 궁전을 짓고 살았다. 그런 다음 오스만 제국의 정치와 궁정의 중추가 될 새로운 궁전(톱카프 궁전)을 반도 끝의 언덕에 건축했다. 고대 그리스 사람들이 그리스의 신들에게 제사를 지낸 아크로폴리스가 있던 곳이었다.

톱카프 궁전은 주로 3개 구역으로 나뉜다. 외정, 내정, 그리고 하렘이다.

외정은 정치의 장이었다. 외정 한쪽에 있는 작지만 호화로운 방에서는 제국의 최고 의사결정 기관인 황실 의회의 회의가 열렸다.

황실 회의에는 "술탄의 절대적 대리인"인 대재상과 재상들, 칙령을 인가하는 국새 장관, 국고를 관장하는 2명의 재무 장관, 그리고 발칸의 주 총독이 참석했다. 또한 울라마 중에서는 고위 이슬람 법관인 2명의 군 법관이 참여했다. 이 회의는 처음에는 매번 술탄이 참석하여 주최했으나 점차 대재상이 그 역할을 대신하게 되었고, 술탄은 회의실과 격자 칸막이로 구분된 특별실에서 회의 상황을 점검했다. 술탄이 특별실에 있는지 없는지를 회의 참석자들이 알지 못하게 하여 회의의 긴장감을 유지하도록 한 것이나. 이와 같이 군주와 신하를 물리적으로 격리시킨 것은 이전에는 "유력자들 중에서 일인자"에 불과했던 술탄을 다른 구성원들과 확연히 구분되는 "제왕"으로 각인시키는 효과를 낳았다.

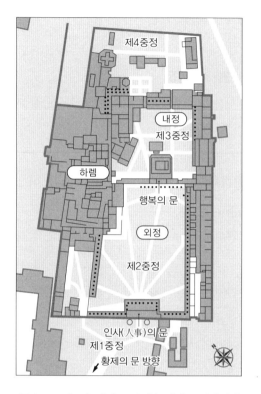

톱카프 궁전 각 방의 구분선은 임의로 생략했다.

또한 외정의 대부분을 차지하는 넓은 중정은 외국 사절을 맞이하는 의례의 장이 되었다. 예니체리 군단이 줄지어 선 가운데 술탄을 알현하는 과정은 사절들에게 큰 경외심을 불러일으켰다.

내정은 술탄이 생활하는 공간이었다. 여기에서는 데브쉬르메로 징용된 소년들 가운데 특히 장래가 유망하다고 판단되는 시종들이 술탄의 시중을 들었다. 그들은 술탄의 시중을 들면서 엘리트 교육을 받았고, 일정한 연령이 되면 궁전을 나가서 중앙 및 지방의 고위 관리로 일하면서 술탄의 가부장적인 지배를 보좌했다.

하렘은 술탄의 사적인 공간으로, 술탄의 아내와 어린 왕자, 왕녀, 그리고 그들의 시중을 드는 신관들이 사는 곳이었다. 하렘은 "금지되다"라는 뜻인데, 이 말 그대로 술탄과 신관 이외의 남성은 기본적으로 하렘의 출입이 금지되었다.

이처럼 톱카프 궁전은 17세기 중반에 바브알리(Bâb-ı Âli : 대재상부. 높은 문이라는 뜻)가 궁전에서 분리되기 전까지 행정의 중심으로 군림했다. 그리고 그후에도 19세기 중반에 서양풍 궁전인 돌마바흐체 궁전이 지어질 때까지 궁정의 중추를 담당했다.

건축적인 관점에서 보았을 때 톱카프 궁전의 가장 큰 특징은 중정이다. 가와모토 사토시에 따르면, 이처럼 광대한 조정(朝廷)을 내부에 포함한 건축양식은 티무르가 오늘날의 우즈베키스탄의 샤흐리샵스(당시의 이름은 케쉬)에 건설한 "악사라이 궁전(백색 궁전)"에서 본뜬 것일 수 있다고 한다. 거의 같은 시기에 톱카프 궁전의 부지 내에 조성된 "요벽의 동쪽 방(Cinili kosk)"(오늘날의 타일 미술관/옮긴이)도 이란과 중앙 아시아 문화권의 건축물을 모방하여 만들어진 것이 분명하다. 문화적으로 앞섰던 이란 및 중앙 아시아의 건축이 오스만 제국에 많은 영향을 미친 셈이다.

칸 그리고 술탄 : 통치자의 정체성

톱카프 궁전의 제일 바깥쪽에 위치한 "황제의 문" 상부에는 호화로운 글귀가 새겨져 있다. 이 글귀에서 메흐메드 2세는 자신을

황제의 문

"두 대륙의 하칸, 두 바다의 술탄"이라고 칭했다. 톱카프 궁전을 방문한 사람이라면 누구나 보게 될 곳에 새겨진 이 칭호는 비범한 군주로서의 자부심과 자의식을 잘 보여준다.

여기에서 "두 대륙"이란 아나톨리아와 발칸, "두 바다"란 흑해와 지중해를 말한다. 그리고 "하칸"은 튀르크-몽골계 군주의 칭호인 "칸"에서 유래한 터키어로 "지배자"를 뜻하며, "술탄"은 당연히 무슬림 왕조의 군주들이 썼던 이름이다. 선대 무라드 2세가 이미 "대륙의 칸이자 바다의 술탄"이라는 칭호를 썼지만 메흐메드 2세는 그 영역을 더 넓힘으로써 자신이 사해(四海)를 지배하는 황제임을 표명한 것이다. 이 칭호는 1470년에 특별히 주조된

악체 은화("술탄 은화"라고도 불린다)에도 새겨졌다. 이 은화는 통상적으로 쓰인 은화보다 10배의 가치가 있었다. 이것을 보면 메흐메드 2세가 이 칭호에 얼마나 애착을 가지고 있었는지 알 수 있다.

자신을 튀르크계 왕조와 무슬림 왕조의 정통 후계자라고 인식했던 오스만 왕조의 자의식은 이후 제국에서 저술된 많은 역사서들에도 드러나 있다. 그 역사서들은 오스만 왕조를 오구즈 칸의 혈통이자 마지막 무슬림 왕조로 서술했다. 오스만 왕가가 사용했던 다양한 칭호들 중에서도 칸과 술탄, 이 두 가지에는 매우 특별한 의미가 있었던 것이다.

알렉산드로스와 카이사르

메흐메드 2세가 사용한 호칭은 "칸"과 "술탄"뿐만이 아니었다.

칭호를 통해서 자주 드러내지는 않았지만, 메흐메드 2세는 알렉산드로스 대왕의 후계자라는 자의식이 강했던 듯하다. 이슬람 세계에서 "즈카르나인(Zulkarnain : 쌍각왕)"이라고 불리는 알렉산드로스 대왕은 후대에 알렉산드로스 전기라는 문학 장르를 만들어낼 만큼 이슬람 세계에 큰 영향을 끼쳤다. 물론 오스만 제국에서도 『알렉산드로스의 책』이 많이 읽혔다. 메흐메드 2세 역시 그 책에 대한 관심이 깊었다. 그가 왕자 시절에 그린 것으로 추정되는 화첩에 알렉산드로스 대왕처럼 보이는 인물이 어설프게 그려져 있는 것이 그 증거이다. 그를 다룬 역사서에서도 그를 알렉산드로스 대왕에 비유했다. 알렉산드로스 대왕은 "천운의 주인

(Sahib-Kiran)"(142쪽 참조)이라는 이름처럼 세계를 통합한 정복자였으니, 메흐메드 2세와 오스만 제국의 술탄들이 그를 귀감으로 삼은 것도 당연했다.

또한 메흐메드 2세 이후의 술탄들이 스스로를 로마의 황제로 생각했다고 주장하는 학자도 있다. 콘스탄티노폴리스를 정복한 이후로 "로마의 카이사르(카이세리 룸)"라는 칭호(당연히 로마의 영웅 율리우스 카이사르에게서 유래한 말이다)가 쓰이기 시작한 것이 그 증거로 제시된다.

그러나 실제로 비석 등에는 "카이사르"라는 말이 거의 쓰이지 않았다. 또한 "카이사르"는 하나의 문장 안에서 고대 이란의 왕을 가리키는 말인 "키스라(Kisrā)"와 대구로 쓰일 때가 많았는데, 이를 보았을 때 "카이사르"란 오스만 제국의 군주가 동서 바다의 왕을 겸할 만큼 위대하다는 사실을 강조하기 위한 수사법이었다고 보는 것이 옳다. 저자의 좁은 식견으로는 오스만 제국을 로마 제국의 뒤를 이을 나라로 적극 평가하는 문서 역시 아직까지 존재하지 않는다.

당시의 지배층이나 문인에게 오스만 제국이란 아바스 왕조에서 시작된 무슬림 왕조와 오구즈 칸에게서 시작된 튀르크계 왕조를 계승하는 존재였을 뿐, 거기에 로마 제국은 아무런 영향을 미치지 못했다. 오스만 제국의 군주가 카이사르라는 칭호를 사용한 적이 있는 것은 분명하지만, 카이사르는 칸이나 술탄보다 사용 빈도가 훨씬 더 낮았다.

중앙집권화와 새로운 주인공의 대두 : 기독교도 출신의 신하들

건국 초기부터 오스만 왕조를 섬겼던 찬다를르 가문의 할릴 파샤는 콘스탄티노폴리스 정복이 끝난 이후 해임된 것도 모자라 비잔틴 제국과 내통한 죄로 처형되었다. 찬다를르 가문은 그후로도 한동안 고위 정치가와 울라마를 배출하기는 했지만 예전의 세력을 회복하지 못했다. 오스만 왕조를 지탱했던 찬다를르 가문의 추락은 그저 늙은 신하인 할릴과 젊은 메흐메드의 개인적인 불화로 일어난 일이 아니었다. 오히려 오스만 정부의 인적 구성이 구조적으로 변했기 때문에 일어난 일이었다.

그 전에는 자유인 무슬림이 오스만 정부의 중추를 차지했다. 이슬람 법학을 통달한 울라마의 친척인 찬다를르 일가도 당연히 자유인 무슬림이다. 그러나 메흐메드 2세 시대에는 앞에서 말한 카프쿨루, 즉 개종한 기독교도 노예들이 군주의 측근을 차지하게 되었다.

카프쿨루는 선대 무라드 2세 때부터 재상으로 활약하기 시작했고 메흐메드 2세 때에 이르러 세력이 절정을 이루었다. 메흐메드 2세 시대의 대재상 8명 가운데 자유인 무슬림은 선대의 대를 이어서 군주를 섬겼던 늙은 신하인 찬다를르와 치세 말기의 대재상 카라마니 메흐메드 파샤뿐이었다.

메흐메드 2세 시대에는 이처럼 군주 직속의 노예, 즉 카프쿨루를 정권 운영의 주체로 삼음으로써 기존에 있던 유력자의 힘을 차단하고 군주 권력의 절대화를 꾀하려는 중앙집권화 정책이 추진되었다. 그래서 오스만 제국은 다른 나라들과는 달리 귀족들과 유명인사들의 무리가 거의 대두하지 않았던 것이다. 원칙적으로 가문의 이해가 아닌 군주와 국가에만 봉사하는 카프쿨루는 오스만 제국 발전의 큰 원동력이 되었다.

이외에도 메흐메드는 와크프의 재원을 국가의 재원으로 활용하는 등 중앙집권화 정책을 단행했다. 이슬람법에 따르면, 원칙적으로 세속 권력자는 와크프에 기증된 재원에 손을 댈 수 없었다. 따라서 메흐메드의 이런 조치에는 큰 반발이 따랐다.

당연한 일이지만, 메흐메드 2세가 단행한 중앙집권화 정책은 옛날부터 오스만 왕조를 섬겼던 튀르크계 전사들 사이에서도 반발을 불러일으켰다. 이 때문에 메흐메드의 업적이 그렇게 대단함에도 불구하고 동시대 혹은 가까운 시대에 붓을 들었던 오스만 역사가들 대부분이 그의 정책을 넌지시 비판했다.

비무슬림과의 공존

제도적인 측면에서 또 한 가지 알아둘 것은 메흐메드 2세가 비무슬림을 어떻게 대우했느냐 하는 것이다.

이슬람법은 유대교도나 기독교도를 무슬림과 같은 일신교를 믿는 "딤미"로 보고 그들을 보호해야 할 사람으로 규정했다. 딤미는 무슬림에게는 부과되지 않는 인두세(지즈야)를 내고, 일정한 사회적 제한을 받아들이면 안전과 신앙의 자유를 보장받았다. 여기에서 제한이란 지배자층에 들어갈 수 없고 교회를 신축할 수 없으며 비무슬림이라는 표식을 몸에 두르고 다녀야 한다는 것이었다. 오스만 제국의 비무슬림에 대한 대우는 기본적으로 이슬람법을 따랐다. 메흐메드 2세도 이스탄불을 정복한 후에 그리스 정교회 총주교와 아르메니아 교회 총주교에게 칙령을 내려서 그들 종교 공동체의 자치와 신앙을 보장했다.

오스만 왕조 여명기의 종교적 혼합주의에 기초한 "혼란스러운 공존"은, 메흐메드 2세 때부터 이슬람법에 기초한 정당하고 질서 정연한 공존으로 서서히 바뀌었다. 메흐메드 2세의 손자인 셀림 1세가 아랍을 정복하고 그의 아들인 술레이만 1세가 이슬람법을 정비하기 시작한 것이 이런 질서화와 그에 따른 종파화 경향에 박차를 가했을 것이다(160쪽 참조).

다만, 메흐메드 2세는 공적으로는 이슬람의 지배자로 행동했지만 개인적으로는 계율을 엄격하게 지키지 않았다. 이슬람법에서는 우상숭배를 금지했는데도 이탈리아의 화가들을 초빙했던 것을 그 대표적인 사례로 들 수 있다. 그는 베네치아의 르네상스 화가 젠틸레 벨리니에게 자신의 초상화를 그리게 하기도 했다(95쪽 참조. 이 그림은 현재 런던 내셔널 갤러리에 전시되어 있다). 오스만 궁전의 르네상스 문화에 대한 관심은 이 시기부터 시작되어 술레이만 1세 시대 전반에 해당하는 대재상 이브라힘의 시대까지 이어진다.

참고로, 현존하는 메흐메드 2세의 초상은 한동안 터번을 빼고는 원래의 모습이 남아 있지 않을 정도로 덧칠이 되었다고 평가되었다. 그러나 최근 연구에서는 약간의 고친 흔적만 있을 뿐 원래의 모습이 충분히 보존되어 있음이 밝혀졌다.

정복왕의 이름으로

역사 이야기로 다시 돌아가보자. 메흐메드 2세는 정복왕이라는 이름에 걸맞게 동서로 오스만 제국을 확대한다.

그는 콘스탄티노폴리스를 정복한 이듬해인 1454년부터 행동을 개시했다. 일단 발칸의 소규모 영주들이 자신에게 복종하고 자신을 따르도록 한 후에 1456년에 발칸의 중심지인 베오그라드를 공격했다. 헝가리의 영웅 후녀디 야노시가 목숨을 걸고 저항한 탓에 성을 함락시키는 데에는 실패했지만, 이때의 공격으로 베오그라드의 동쪽 지역을 거의 손에 넣게 되었다.

알바니아의 알렉산드로스

발칸 반도 대부분이 오스만령으로 편입되는 가운데 끝까지 저항한 사람이 스칸데르베그(튀르크어로는 이스켄데르 베이)였다. 그는 알바니아의 한 지방 영주의 아들이었는데 무라드 2세 시대에 어린 나이로 볼모가 되어 오스만 왕조의 궁전에 들어갔다. 발칸의 기독교 귀족의 아들이 오스만 궁전에서 자라서 제국의 지배 엘리트가 되는 것은 이 시대에 흔한 일이었다.

스칸데르베그 역시 그 경로를 따라서 경험을 쌓아 유능한 장군이 되었고, 그 용맹함 덕분에 "알렉산드로스"를 의미하는 "이스켄데르"라는 칭호도 얻었다. 그는 오스만 궁전에서 지내며 그대로 출셋길을 달릴 수 있었지만, 1443년에 오스만 군에서 도망쳐 알바니아 북부에 세력을 구축했다. 그리고 로마 교황에게 원조를 받아가며 25년 동안 오스만 제국에 저항했다.

스칸데르베그는 다수의 도시국가들이 난립한 이탈리아의 복잡한 분쟁 국면을 틈타 이탈리아 원정을 시도하기도 했다. 이때 베네치아 상인들 가운데 어떤 사람은 그에게 물자를 원조했고 또 어떤 사람은 오스만 군을 상대로 장사를 했다고 한다. 단순히 이슬람 대 기독교라는 말로 정리할 수 없는 복잡한 국면이었다.

1468년에 스칸데르베그가 병으로 죽자 오스만 군을 막을 사람이 없어진 알바니아는 오스만 제국에 합병되고 말았다. 스칸데르베그가 원한 바는 아니었겠지만, 알바니아는 이후 데브쉬르메를 통해서 오스만 제국의 핵심에 인재를 공급하게 되었다. 위기와 혼란의 17세기에 오스만 제국을 새로 정립한, 뛰어난 재상인 쾨프륄뤼 메흐메드 파샤도 알바니아 출신이었다.

"블라드 체페슈"와의 전투

메흐메드는 도나우 강의 북안으로까지 손을 뻗었다.

동서로 흐르는 도나우 강을 사이에 두고 지금은 남쪽에 불가리아, 북쪽에 루마니아가 있다. 15세기에는 루마니아 남부를 왈라키아 공국이라고 불렀는데, 그곳의 왈라키아 공 블라드 2세 드러쿨과 무라드 2세 사이에는 여러 차례의 교전이 있었다. 나중에 "블라드 체페슈(Vlad Țepeș)"(체페슈는 루마니아어로 가지, 꼬챙이 등 뾰족한 물건을 가리킨다/옮긴이)라고 불리게 될 드러쿨의 아들 블라드 3세 드러쿨레아도 스칸데르베그와 마찬가지로 한때는 오스만 궁전의 볼모로 잡혀 있었는데 1456년에 왈라키아 공으로 취임하자마자 오스만 제국에 격렬히 저항하기 시작했다.

블라드 3세는 오스만 군을 기습하여 괴롭히고, 포로를 창에 꿰고 그 창을 세워놓아 오스만 군의 사기를 떨어뜨렸다고 한다.

그러나 메흐메드는 단순히 군사적인 힘을 쓰는 데에만 뛰어난 것이 아니라 외교와 권모술수 역시 블라드를 능가했다. 그래서 1462년에 블라드에 반대하는 왈라키아 귀족들을 모아서 블라드의 동생 라두를 허수아비 왈라키아 공으로 세웠다. 이들의 반란으로 블라드는 왈라키아 공의 지위에서 쫓겨나서 오랫동안 헝가리 왕의 감시하에 살았다. 그리고 왈라키아 공국은 오스만 제국의 속국이 되었다.

다만, 왈라키아는 오스만 제국에 공납은 바쳤지만 불가리아나 세르비아처럼 직접적인 지배를 받지는 않았다. 이것을 블라드의 격렬한 저항 때문이라고 해석하는 사람도 있고, 왈라키아가 오스만 제국의 주된 물자 흐름에서 벗어나 있었기 때문이라고 말하는 사람도 있다.

백양 왕조와의 사투

메흐메드 2세는 동유럽 전투를 전개하는 한편, 비잔틴 황족의 후예가 아나톨리아 동북 해안에 세운 트레비존드 제국을 정복했다. 트레비존드 제국이 백양 왕조의 왕에게 황녀를 시집보낸 뒤에 백양 왕조의 힘에 의지하여 오스만 제국에 대한 공납을 거부했기 때문이다. 백양 왕조는 14세기 후반에 튀르크계 유목민이 세운 왕조로, 비슷한 시기에 대두한 같은 튀르크계 유목민의 나라인 흑양 왕조를 무너뜨리고, 티무르 왕조가 쇠퇴한 후의 이란

서부와 아나톨리아를 지배하고 있었다. 그러나 1461년, 트레비존드 제국이 오스만 제국에게 공격당하여 멸망에 이를 때까지도 백양 왕조는 트레비존드 제국에 지원군을 보내지 않았다. 잔다르 후국이 오스만 제국에 합병된 것도 이 무렵이었다.

당시 백양 왕조의 왕은 메흐메드의 최대 적수인 우준 하산(재위 1453−1478)이었다. 우준 하산은 무예가 뛰어난 호걸이었을 뿐만 아니라 수많은 울라마들과 문인들을 보호한 교양 있는 명군이었다. 그는 티무르의 부하였던 자신의 조부가 앙카라 전투에 참여했다가 전쟁이 끝난 뒤에 티무르로부터 디야르바키르 지방을 받았으므로 자신 역시 티무르의 후계자라고 여겼다. 그래서 과거에 티무르에게 패배한 오스만 제국을 다시 한번 응징할 기회가 왔다고 생각했을지도 모른다.

다양한 세력들이 우준 하산을 도왔는데, 그중 하나가 베네치아였다. 메흐메드 2세가 서쪽으로 진격해오는 것에 불안을 느낀 베네치아는 우준 하산에게 사자를 보내서 오스만 제국을 물리쳐주면 그에게 화력 무기를 제공하겠다고 했다. 또한 우준 하산의 휘하에는 게르미안 후국 등 오스만 제국에 편입된 구 튀르크계 후국의 신하들이 모여 있었다. 과거 앙카라 전투에서 튀르크계 후국 출신 군단이 바예지드 1세를 배신한 것을 떠올리게 하는 장면이다. 한편 오스만 제국의 입장에서는 백양 왕조와의 전투가 동쪽의 유목 국가에 대한 설욕전으로 느껴졌을지도 모르겠다.

어떤 연구자는 메흐메드와 백양 왕조 사이의 긴장도가 정점에 달한 이 시기를 "정복왕의 치세 중에서 가장 위태로웠던 때"로 평가했다. 1473년, 메흐메드 2세와 우준 하산은 바슈켄트에서 격돌했다. 아슬아슬한 접전이었으나 결국 메흐메드 2세의 승리로 끝이 났다. 우준 하산은 멀리 도망쳤으나 세력을 거의 잃어서 오스만 제국에 더 이상 저항하지 못했다. 위세가 크게 약해진 백양 왕조는 16세기 초에 새로 대두한 사파비 왕조의 손에 멸망했다.

정복왕의 죽음

메흐메드 2세는 이처럼 숨 가쁜 원정으로 발칸과 아나톨리아를 통일했다. 오스만 제국의 영토는 증조부 바예지드 1세 때보다 더욱 커졌다. 메흐메드는 1474년에 내분으로 쇠약해진 카라만 후국을 완전히 합병하고 1475년에는 흑해 북안의 크림한국을 오스만 제국에 복속시켰다. 칭기즈 칸의 후예인 그 나라들도 그후로 오스만 제국의 형제국이 되어 원정군이 조직될 때마다 강력한 기마병 부대를 제공했다.

1481년, 메흐메드 2세는 목적지를 알리지 않은 채 군사들을 이끌고 이스탄불에서 동쪽으로 가다가 마흔아홉의 나이로 허무하게 죽고 만다. 이탈리아 반도의 끝에 해당하는 오트란토를 점령하자마자 출병했으므로 그가 로마를 정복할 생각이었다고 추측하는 사람들도 있다.

또한 그가 독살당했다고 수군거리는 사람들도 있었다. 베네치아에서는 메흐메드 2세의 암살 계획을 적어도 14번 이상 세웠다고 하는데, 그중 1번이 성공했을지도 모르는 일이다. 그러나 현재까지의 연구 결과에 따르면 지병으로 자연사했다는 설이 유력하다.

2. 성자왕 바예지드 2세

두 왕자 : 바예지드와 젬

메흐메드 2세가 가장 아꼈던 아들인 무스타파는 1473년에 병을 얻어서 6개월간 투병하다가 죽고 말았다. 메흐메드가 직접 의사를 보냈는데도 소용이 없었다. 메흐메드는 자신이 가장 총애하던 왕자의 죽음에 깊이 슬퍼했다고 한다. 이후 남은 왕자는 2명이었다.

1명은 당시 서른세 살이었던 바예지드로, 백양 왕조와의 싸움에서 자신의 능력을 증명한 이후 제국 동쪽의 핵심 지역인 아마시아의 태수로 부임해 있었다. 전 대재상 이스하크 파샤 등 정치가들이 그를 지지했다.

또다른 1명은 스물한 살이었던 젬이다. 그는 과거에 오스만 왕조를 괴롭혔던 카라만 후국의 수도 코니아의 태수였다. 울라마 출신인 대재상 카라마니 메흐메드 파샤가 그를 지지했다.

밀사는 부왕의 사망 소식을 두 왕자에게 전하러 갔다. 그런데 젬에게 파견되었던 밀사는 도중에 붙잡히고 말았다. 아나톨리아 북서부 지방의 길을 지나다가 그곳의 총독이었던 바예지드의 사위에게 발각된 것이다. 심지어 젬을 지지했던 대재상 카라마니도 메흐메드 2세가 사망한 이후에 발생한 혼란 중에 예니체리 군단의 지지를 받지 못해서 살해당한 후였다. 이러한 틈에 서둘러 수도 이스탄불로 달려간 바예지드가 예니체리 군단을 장악하고 바예지드 2세로 즉위했다.

시기를 놓친 젬은 아나톨리아의 구 후국 세력을 규합하여 부르사에서 즉위를 선언한 뒤 자신의 이름으로 화폐를 주조하고 자신의 이름을 넣은 쿠트바를 사람들에게 낭송시켰다. 그리고 자신이 아나톨리아를, 형이 발칸을 지배하는 분할통치를 이스탄불 측에 제안했다고 한다. 분할통치 혹은 공동통치의 이념 자체는 오스만 왕조 초기부터 존재했다. 일찍이 공위 시대에 두 왕자가 약 10년간 아나톨리아와 발칸을 나누어 통치했던 선례가 있는 데다가 그 공위 시대를 끝낸 메흐메드 1세 역시 아들들에게 아나톨리아와 발칸을 나누어 지배할 것을 유언으로 남겼다.

그러나 바예지드는 "제왕은 둘일 수 없다"며 그 제안을 거절했다. 이것은 오스만의 군주는 제국을 지배할 유일한 존재이며, 다른 왕들과는 격이 다르다는 인식이 제국 내에 생겨나기 시작했음을 나타낸다. 후대 오스만 제국에서는 "넓은 바다를 사이에 두고 멀리 떨어져 있는 경우 등을 제외하고는 같은 지위를 가진 제왕을 인정하지 않는다"는 이념이 종종 표방되었다(인도를 지배한 무슬림 왕조인 무굴 제국은 예외를 인정한 소수의 사례이다. 무굴 제국의 군주도 제왕을 자처했고 오스만 제국은 앞에서 말한 이념에 따라서 그를 용인했다).

또한 이 무렵에는 메흐메드 2세의 중앙집권화 정책에 따라서, 이스탄불을 중심으로 모든 지방들을 유기적으로 지배하는 체제가 형성되고 있었다. 지배 구조의 관점에서 보아도 제국의 분할통치는 실현될 가능성이 없었던 것이다.

젬의 운명

바예지드는 오트란토를 점령한 명장 게디크 아메트 파샤를 불러들여 젬의 군사를 격파했다. 젬은 일단 이집트의 맘루크 왕조에게로 달아났다. 그후 형에게 대항하기 위해서 메흐메드 2세의 공격을 물리쳤던 요한 기사단이 있는 로도스 섬으로 건너가지만, 기사단과 서구 제국은 오스만 제국과 충돌할 생각이 전혀 없었다. 따라서 젬은 기사단에 붙잡힌 상태로 프랑스와 바티칸으로 이동했다. 젬을 만난 로마 교황이 맘루크 왕조에게 오스만 제국을 함께 공격할 것을 제안했으나 마찬가지로 결과가 별로 좋지 않았다. 결국 교황은 오스만 제국과 싸우기를 포기하고, 젬을 잡아두는 대가로 해마다 바예지드 2세에게서 두카트 금화 4만 개를 받는 쪽을 택했다. 젬은 나중에 오랜 감금생활에 지친 나머지 형에게 화해를 요청하는 편지를 보냈다고 한다.

1494년에 프랑스의 국왕 샤를 8세(재위 1483-1498)가 이탈리아를 침공하여 젬을 데려가자, 샤를이 젬을 앞세워 오스만 제국을 공격할 것이라는 소문이 나돌았다. 바예지드 2세도 그 소문을 듣고 군비를 증강했으나, 젬은 1495년에 나폴리에서 갑자기 사망했다. 서른다섯 살의 젊은 나이였다. 젬이 유럽에 있는 동안 오스만 제국과 서양 제국 사이에 이렇다 할 전쟁이 없었던 것은 젬의 존재가 전쟁을 막아주었기 때문이라고 한다. 젬의 극적인 생애는 다양한 문학과 희곡의 소재가 되었고 젬의 인기는 지금도 많다.

오스만 제국에는 술탄이 사망한 이후 수도에 먼저 입성하는 왕자가 왕위를 차지하는 관습이 있었다고 말하는 학자도 있다.

그래서 왕자들이 수도와 가까운 임지를 선호했다는 것이다. 그러나 실제로는 입성 순서보다 예니체리와 유력자의 지지가 중요했다. 왕자들이 가까운 임지를 선호했던 시기는 바예지드 2세와 술레이만 1세 시대뿐이었다. 이것을 오스만 제국의 오래된 관습으로 생각하는 것은 착각이다.

외정과 내정

젬을 쫓아내고 왕좌에 앉은 바예지드 2세는 왕위에 있었던 30년 동안 대대적인 원정을 한번도 실시하지 않았다. 그의 얼마 되지 않는 대외적인 성과로는 흑해 북서안의 아케르만을 정복한 것을 꼽을 수 있다. 그것으로 오스만 제국은 흑해 연안 대부분을 손에 넣어 흑해를 자신들의 바다로 만들었다. 한편 아나톨리아 남동부에서는 맘루크 왕조와의 분쟁이 6년간 이어졌으나 여기에서는 특별한 성과가 없었다.

바예지드의 대외적인 업적이 선대의 업적에 미치지 못했던 것은 망명 중인 젬의 존재가 견제 효과를 발휘했던 데다가 메흐메드 2세 때의 잇따른 원정과 영토의 급속한 확대로 인해서 국내가 피폐해져 있었기 때문이다. 메흐메드 2세가 강력하게 추진했던 중앙집권화 정책에 튀르크 전사들을 비롯한 자유인들이 거세게 반발하기도 했다. 그래서 바예지드 2세는 선왕이 거두어들였던 와크프 재원을 원래대로 돌려놓는 등 한 발 물러서야 했다. 그래서인지 그의 시대에 중앙집권화가 정체되었다고 평가하는 학자도 있다.

바예지드 2세
재위 1481–1512

　다만, 바예지드 2세 시대에도 카프쿨루가 대재상을 포함한 요
직 대부분을 차지한 것에는 주목할 필요가 있다. 그가 재위할 당
시 대재상을 역임한 7명 가운데 확실한 자유인 무슬림은 1명뿐
이었고, 오히려 노예의 지배층 유입은 메흐메드 2세 시대보다 더
욱 두드러졌다. 더욱이 바예지드 2세는 자신의 딸을 노예 출신
신하와 결혼시킨 최초의 군주이기도 했다. 왕의 딸과 결혼한 사
람은 "다마트(Damat)"라는 호칭을 얻고 술탄과 강한 유대로 맺
어진 신하가 되었다. 그러나 오스만의 왕위는 부계로 계승되었으
므로 외손자는 왕위를 계승할 후보가 되지 못했다.

　바예지드는 이스탄불뿐만 아니라 에디르네와 필리베(오늘날의
플로브디프) 등 발칸의 주요 도시에도 하렘을 가지고 있었다. 알
려진 아내만 8명이었고, 동시대의 역사가에 따르면 아들과 손자

를 모두 합하면 300명이 넘었다고 한다. 이것이 과장된 것이라고 해도, 바예지드가 수많은 친인척들을 정치 자원으로 골고루 활용할 수 있었던 것은 사실이다. 왕자 시절부터 카프쿨루 출신의 유력 정치가들과 인맥을 유지했던 그의 사위도 젬을 제압하고 바예지드를 즉위시키는 데에 크게 기여했다. 바예지드 2세가 30년 동안 안정된 치세를 실현할 수 있었던 것은 이처럼 카프쿨루라는 새로운 지배계급과 딸을 결혼시켜서 자신의 지배력을 강화한 덕분이기도 하다.

문화 정책

바예지드 2세를 진정한 명군으로 만든 것은 그가 펼친 문화 정책이었다.

앞에서 말했다시피 오스만 왕조는 뒤늦게 역사를 기록하기 시작했다(37쪽 참조). 15세기가 되어서야 최초의 역사서가 저술되었고, 무라드 2세와 메흐메드 2세 때에도 몇 권의 역사서만이 만들어졌을 뿐이다. 이에 비해서 바예지드 2세 시대에는 본격적인 오스만 역사서가 다양하게 편찬되었다. 그중에서도 민중의 설화를 소박한 튀르크어로 엮어낸 아슈크파샤자드의 『오스만 왕가의 역사』와 유려한 페르시아어로 쓰여 문학적으로도 높은 평가를 받는 이드리스 비틀리시의 『8천국』이 대표적이다. 이 시대에 오스만 제국 사람들은 자신들이 어디에서 왔는지, 어떤 권위와 전통을 이어받았는지를 새삼 생각하고 그것을 의식적으로 정리했다.

그러나 바예지드는 이슬람적 문예에 조예가 깊었던 한편, 부왕 메흐메드 2세가 수집한 서양 예술가의 작품들은 팔아치웠다고 한다. 그래도 레오나르도 다 빈치와 골든 혼에 놓을 다리를 건설하는 것과 관련하여 의견을 타진한 것을 보면 서양 문화에 관심이 있었던 것은 틀림없다. 참고로 이 다리는 실제로 건설되지는 않았으나 다 빈치의 원고에 그 소묘가 남아 있는 것으로 보아서 실현 가능성은 있었던 듯하다.

지중해 서쪽에 위치한 스페인의 정세 또한 오스만 제국에 영향을 미쳤다. 스페인에서 무슬림을 축출할 목적으로 일어난 기독교도의 국토 회복 운동이 이 무렵 막바지에 다다르고 있었다. 스페인 남부의 그라나다에 남아 있던 소수의 무슬림이 오스만 제국에 자신들을 구해줄 것을 요청하자 바예지드는 오스만 함대로 스페인 연안을 습격하여 무슬림들을 북아프리카 및 오스만 국내로 이송하려고 했다. 그러나 해군력의 부족과 젬의 존재 때문에 만족할 만한 결과를 얻지 못했고, 그라나다는 1492년에 기독교도의 손에 들어갔다. 8세기에 무슬림 세력이 이베리아 반도를 침공한 이후 스페인에 존속했던 무슬림 정권은 이때 완전히 사라졌다.

이 사건은 오스만 제국 내에 있던 유대교도의 활동에 큰 영향을 미쳤다. 스페인에서 추방된 많은 유대교도들이 오스만 제국에 보호를 요청하며 이주해온 것이다. 제국에 이전부터 거주했던 유대교도들이 있기는 했으나, 이때 스페인에서 건너온 새로운 유대교도들, 즉 스파라딤(세파르디)은 특히 그 능력을 충분히 살려서 오스만 제국의 번영에 크게 이바지했다.

사파비 왕조의 발흥

30년이라는 긴 시간 동안 안정된 정권을 유지하며 오스만 제국의 내정을 정비한 바예지드 2세였지만, 치세 말기에 동쪽과의 관계에서는 큰 실수를 저질렀다.

15세기 말, 200년 동안 오스만 제국과 경쟁하게 될 사파비 왕조가 이란 땅에서 탄생했다. 시아파를 믿는 사파비 교단에서 출발한 왕조였다.

시아파란 예언자 무함마드의 뒤를 이은 역대 칼리프들의 권위를 부정하고, 예언자 무함마드의 사위 알리와 그 자손만이 무슬림 공동체의 지도자가 될 수 있다고 믿는 사람들이다. 그들은 지도자 알리와 그의 아들 휘세인이 비명횡사하고 그 지지자들까지 탄압당하는 상황을 견디며 무슬림 다수파(수니파)와는 다른 교의를 만들어나갔다. 지금은 이란이 시아파의 중심지처럼 보이지만, 사파비 왕조가 등장하기 전까지는 이라크가 그 중심지였다. 그러다가 사파비 왕조가 이란을 200년간 통치하면서 이란이 시아파화된 것이다. 그런 의미에서 사파비 왕조는 현대 이란의 밑바탕을 형성했다고 할 수 있다.

사파비 일가가 예언자 무함마드의 피를 이어받은 쿠르드계 혹은 튀르크계라는 설도 있다. 사파비 왕조의 모태가 된 사파비 교단은 처음에는 온건했지만 점차 시아파의 한 분파인 12이맘파를 따르며 과격하고 전투적인 성향을 띠게 되었다. 그리고 그들은 키질바쉬(Kızılbaş : 붉은 머리)라고 부르는 튀르크계 부족들의 지지를 받아서 세력을 확대한 끝에 1501년에 백양 왕조에게서 타브리즈를 빼앗고 왕조를 세웠다.

　사파비 왕조의 초대 군주 이스마일 1세(재위 1501−1524. 사파비 왕조의 군주의 칭호인 "샤"를 붙여서 "샤 이스마일"이라고도 불린다)는 그 당시 열네 살에 불과했으나, 중앙집권적인 오스만의 지배에 적응하지 못하는 이란 및 아나톨리아 동부의 튀르크계 유목 부족들을 강한 카리스마를 발휘하여 끌어모았다. 그 영향으로 아나톨리아 서부에서도 사파비 왕조에 동조하는 자들이 오스만 제국에 반란을 일으켰다. 그중에서도 가장 규모가 컸던 반란이 아나톨리아 남서부에서 발발한 샤쿨루(Şahkulu : "샤의 노예"라는 의미)의 난(1511)이었다. 일단 바예지드 2세의 왕자 코르쿠트가 이 난을 진압하기 위해서 나섰지만 머지않아 물러섰다. 이어서 왕자 아흐메드가 대재상 하딤 알리 파샤와 함께 나섰고, 대재상이 전사할 만큼 고전한 끝에 가까스로 진압에 성공했다. 그후에도 이스탄불에 5,000명의 키질바쉬가 잠복해 있다는 소문이 떠돌았고, 그 소문은 바예지드 2세를 계속해서 괴롭혔다.

　바예지드 2세의 대응이 늦었던 것은, 그가 나이가 들면서 신비주의에 심취하여 사파비 교단과 깊이 관련된 헬베티 교단의 수도사에게 수련을 받고 있었기 때문이라고 한다. 청년 시절의 방탕한 생활을 뉘우치고 독실한 무슬림으로 탈바꿈하여 "성자왕"으로까지 불리게 된 그였기 때문에 자신이 신봉하던 교단과 관련된 사파비 왕조를 적대시하기가 어려웠던 것이다.

왕자들의 다툼과 셀림 1세의 즉위

바예지드 2세에게는 노예에게서 낳은 아들이 8명 있었다. 이들 중에서 왕위를 계승할 수 있는 사람은 위에서부터 아흐메드, 코르쿠트, 그리고 셀림(셀림의 어머니는 둘카디르 후국의 왕녀라는 말도 있다), 이렇게 3명이었다.

아나톨리아의 흑해 동쪽에 위치한 트레비존드의 태수였던 셀림은 사파비 왕조에 미적지근하게 대응했던 부왕과는 달리 강경책을 주장했다. 그의 임지가 사파비 왕조의 세력권과 가까워서 그 압력을 피부로 느끼고 있었기 때문이다. 그는 침입한 사파비 군을 격퇴하고 여세를 몰아서 사파비 왕조의 영토를 급습했다. 그러나 승전 소식을 들은 부왕은 일을 복잡하게 만들었다며 오히려 아들을 질책했다. 셀림은 그런 아버지에게 불만을 품고 임지를 무단으로 이탈하여 자신의 아들 술레이만(후대의 술레이만 1세)의 임지였던 크림 반도의 카파로 갔다. 그리고 거기서 다시 발칸 반도로 이동하여 이스탄불을 공격할 준비를 하려고 했다. 그러나 바예지드 2세가 군병을 보내어 셀림을 카파로 돌려보냈다.

바예지드 2세가 가장 아꼈던 왕자 아흐메드는, 셀림이 이스탄불에 가까이 접근한 것을 알고 급히 군사를 모아서 이스탄불로 향했다. 그러나 위스퀴다르(이스탄불 내의 아시아 쪽 지역)에서 보스포루스 해협을 건너려고 하던 아흐메드를 해군 제독인 보스탄즈바시 이스켄데르 파샤가 막았다. 그는 셀림 왕자의 사위이자 지지자였기 때문이다. 아흐메드는 결국 해협을 건너지 못하고 임지로 돌아갈 수밖에 없었다.

이때 아흐메드와 셀림이 서로 견제하는 틈을 타서 코르쿠트가 이스탄불로 들어오지만, 그는 예니체리의 지지를 받지 못했다. 예니체리는 무단정치(武斷政治)를 추구하는 셀림을 지지했다.

어찌되었든 바예지드가 왕좌를 유지할 수 없게 된 것은 불 보듯 뻔했다. 결국 만반의 준비를 한 셀림이 1512년에 이스탄불로 입성하여 부왕을 퇴위시키고 셀림 1세로 즉위했다. 그가 언제 태어났는지는 정확하게 알려지지 않았지만 즉위 당시의 나이가 대략 40대 중반쯤 되었을 것으로 추정된다. 셀림의 즉위에는 예니체리의 지지, 크림한국과 왈라키아 공국 등의 유력 제후, 그리고 혼인 관계를 맺은 유력 정치가들의 지지가 큰 도움이 되었다.

셀림이 즉위한 이후 선왕 바예지드는 은둔처로 가는 중에 급사했는데 독살을 당했다는 이야기도 있다. 술탄이 된 셀림은 아흐메드와 코르쿠트뿐만 아니라 그들의 아들들까지도 모두 처형하여 이후 왕위 다툼이 일어나는 것을 방지했다.

3. 냉혹왕 셀림 1세

찰디란 전투

셀림 1세는 8년이라는 짧은 재위 기간의 대부분을 전쟁터에서 보냈다. 그가 처음 정벌하기로 한 곳은 왕자 시절부터 숙적이었던 사파비 왕조였다.

오스만 군이 쳐들어오자 이스마일 1세는 정면충돌을 피하는 전략을 선택했다. 포병을 거느리느라 기동력이 떨어지는 오스만 군을 이리저리 끌고 다니며 소모전을 유도한 것이다. 그러는 동안 오스만 군에는 전쟁에 대한 회의적 분위기가 퍼졌고 이교도가 아닌 같은 무슬림끼리 싸우는 것에 대한 불만까지 제기되었다. 그러나 결국 1514년 8월 23일, 현재 튀르크 동부에 위치한 빈 호수 근교의 찰디란에서 본격적인 전투가 벌어졌다.

사파비 군은 말을 탄 궁병 8만 명으로만 구성되어 있었다. 반면 오스만 군은 약 2만 명의 예니체리 군단을 포함한 10만 명의 군사를 거느리고 있었을 뿐만 아니라 500문의 대포를 가지고 있었다.

전투는 총과 대포 등 화포를 효율적으로 활용한 오스만 군의 승리로 끝났다. 사파비 왕조를 격파한 오스만 군은 그 여세를 몰아서 이란 서부의 중심인 타브리즈까지 점령했다. 그러나 혹독한 추위가 닥치자 월동을 위해서 아마시아까지 철수할 수밖에 없었다. 셀림은 당시 군병들의 불만을 회피할 목적으로 대재상에게 책임을 뒤집어씌워 그를 처형했다. 그리고 이듬해에는 아나톨리아 남동부의 쿠르드족을 회유하여 자신의 편으로 끌어들였다. 이로써 셀림은 에르진잔에서부터 디야르바키르까지를 자신의 땅으로 만들어 아나톨리아에서 사파비 왕조의 영향력을 배제하는데에 성공했다.

자신이 언제나 옳다고 자부했던 이스마일과 그를 열광적으로 지지했던 키질바쉬에게 이 패전은 무척 충격이었다. 이스마일은 뼈아픈 패배 이후 대(對)오스만 동맹을 결성하기 위해서 베네치아, 로도스 섬의 요한 기사단, 헝가리, 스페인, 로마 교황, 인도에 진출했던 포르투갈 제독 알부케르케 등과 다방면으로 접촉했지만 어디에서도 만족스러운 답을 얻지 못했다. 이란 동쪽의 우즈베크족이 사파비 왕조의 영토를 호시탐탐 노리는 상황도 이스마일에게는 불리했다. 찰디란의 패배로 카리스마를 잃은 그는 이후로도 적극적인 군사행동을 피하게 되었다.

오스만 판 "타타르의 멍에"의 종언

오스만 왕조의 첫 200년 역사는 어떤 의미에서는 유목 정권과의 싸움의 역사였다. 오스만 왕조는 튀르크계 유목 집단 출신이지만 일찍부터 유목 집단의 특성을 버리고 왕권과 군사력을 장기적으로 유지하기 위한 시스템을 구축했다. 그래서인지 오스만 군은 유럽에서는 독보적인 우위를 차지했으나 유목 정권에서는 오랫동안 고전을 면치 못했다.

러시아에서는 몽골의 지배를 "타타르의 멍에"라고 부른다.

정도의 차이는 있었지만 오스만 왕조도 오랜 기간에 걸쳐서 몽골을 비롯한 유목 왕조에게 억압을 받았다. 그 "멍에"의 역사를 돌아보면, 직접적인 대결은 없었지만 룸 셀주크 왕조를 지배한 일한 왕조의 압력이 아나톨리아의 후국에까지 미쳤고 따라서 오스만 후국 역시 일한 왕조에 공납을 바쳤다. 그뿐만이 아니라 1402년 앙카라 전투에서의 패배는 오스만 왕조를 멸망의 위기로 몰아넣었고 그 직후 티무르에게 정복당한 사건은 과거에 몽골이 남긴 트라우마를 자극했다. 그러나 오스만 제국은 티무르의 후계자로 종종 일컬어지는 백양 왕조의 우준 하산과의 전투에서 승리를 거둠으로써 드디어 유목 왕조를 물리칠 수 있었다. 우준 하산은 강력한 적이었으므로 그 역시 쉽지 않은 싸움이었지만 말이다.

그리고 오스만 제국은 1514년의 찰디란 전투에서 유목 정권인 사파비 왕조에게 압승을 거두었다. 그래서 사파비 왕조는 대략 100년 후 아바스 1세(재위 1587~1629)가 개혁을 단행하여 오스만 제국의 예니체리 군단을 본뜬 굴람 군단을 창설할 때까지 오스만 군과의 직접적인 대결을 피했다.

이때가 되어서야 비로소 오스만 판 "타타르의 멍에"가 벗겨진 것이다.

"이슬람 세계의 중심"으로의 진격

찰디란 전투에 이어서 셀림 1세는 아나톨리아 동남부의 마지막 후국 두 곳을 공략했다. 우선 라마잔 후국을 복속시킨 다음 둘카디르 후국을 정복한 것이다. 이로써 오스만 제국은 맘루크 왕조와 국경을 직접 맞대게 되었다.

맘루크 왕조는 아유브 왕조를 섬기던 튀르크계 군인 노예가 주군을 배반하고 1250년에 카이로를 수도로 삼아서 세운 왕조이다. 그런데 오스만 제국의 사료에서는 재미있게도 이 국가를 "튀르크인의 왕조"라고 칭한다. 마찬가지로 튀르크계 출신인 오스만 제국이 튀르크인을 자칭하지 않았던 것과 대조적이다.

맘루크 왕조는 아바스 왕조를 무너뜨린 여세를 몰아서 몽골

군을 1260년에 격퇴하고 아바스 왕조 칼리프의 자손을 자국으로 망명시켰다. 맘루크 왕조는 이전에도 이슬람의 성지 메카와 메디나의 수호자였는데, 이제는 명실상부한 수니파 이슬람의 우두머리로까지 격상된 것이다. 이 왕조는 15세기에 흑사병으로 국력이 크게 약해지기는 했지만 16세기 초까지 이슬람 세계에서 가장 큰 권세를 자랑하는 왕조로 여전히 군림하고 있었다.

셀림 1세의 다음 목표가 바로 이 맘루크 왕조였다.

셀림은 이단인 사파비 왕조를 돕는 맘루크 왕조에 대한 공격은 성전에 해당한다는 파트와(법 의견서)를 무프티(159쪽 참조)에게서 받아서 (꽤 억지스럽기는 했지만) 이 원정을 정당화했다. 오스만 군은 1516년에 또다시 동쪽으로 출발하여 시리아 북부의 중심 도시 알레포 근처의 마르즈다비크에서 맘루크 군과 격돌했다. 그 결과 오스만 군이 맘루크 왕조의 술탄인 칸수 알과리(재위 1501-1516)를 죽이고 전쟁에서 승리했다. 수적으로는 맘루크 군이 유리했지만 화포를 갖추지 못한 탓에 오스만 군의 일방적인 승리로 끝난 것이다. 이로써 알레포와 다마스쿠스를 정복한 셀림은 연달아 남하하여 이집트를 공격하려고 한다.

그렇게 진격하는 오스만 군을 알과리를 대신하여 술탄이 된 투만베이(재위 1516-1517)가 카이로 근교의 리다니야에서 막았지만, 역시나 화포를 갖춘 오스만 군에게는 상대가 되지 않았기 때문에 결국 패배했다. 잔존 세력이 격렬히 저항했으나 셀림이 2개월에 걸쳐서 소요를 진압했고 그 결과 맘루크 왕조는 멸망했다.

술탄이자 칼리프 제도의 전설

맘루크 왕조를 정복한 셀림 1세는 이집트의 지배를 안정시킨 다음 이스탄불로 귀환했다. 그때 카이로의 학자들, 방대한 서적과 함께 아바스 왕조 칼리프의 후예들까지 이스탄불로 데려갔다.

이때 아바스 왕조 칼리프가 자신의 지위를 셀림 1세에게 넘겨주었기 때문에 이후 오스만 제국의 군주가 술탄과 칼리프를 겸하게 되었다고 주장하는 사람이 있다. 흔히 말하는 "술탄이자 칼리프 제도"가 이때부터 시작되었다는 것이다.

그러나 어떤 동시대의 사료에도 칼리프가 자신의 지위를 넘겨주었다는 기록은 없다. 이것은 18세기 후반에 러시아보다 낮은 위치에 있던 오스만 제국이 내세운 주장에 불과하다(225쪽 참조). 사실 셀림 1세와 당시 오스만 제국 사람들은 이슬람의 성지 메카와 메디나의 과거 수호자가 썼던 "두 성스러운 도시의 종(servant)"이라는 호칭을 훨씬 더 중시했다.

그러나 이것이 18세기에 "창작된 전설"이었다고 해도, 오스만 제국의 술탄이 자신을 칼리프로 여겼던 것은 틀림없는 사실이다. 이것에 대해서는 나중에 논하겠다(162쪽 참조).

냉혹왕의 죽음

셀림 1세는 후대의 제국 사람들에게 "냉혹왕"이라고 불릴 만큼 두려운 존재였다. 적은 물론이고 신하와 친족까지도 통치의 칼로 가차 없이 다스렸기 때문이다.

그러나 그는 막무가내로 아무나 처형한 폭군은 아니었다. 그

셀림 1세
재위 1512-1520

가 처형한 대재상과 고위 관리 대부분은 선왕 바예지드 2세의 사위, 혹은 선왕의 지지자였다. 가혹해 보이는 셀림의 숙청은 선왕 시대의 유력자들을 기회를 엿보아서 차례로 제거한 다음, 자신이 키운 신하를 고위직에 배치하여 권력을 굳히기 위한 정치적인 전략의 일환이었다.

냉혹왕 셀림은 "당대의 알렉산드로스"라고도 불렸다. 1년 이상 동안 원정을 반복하여 제국의 영토를 크게 넓힌 그의 군사적인 재능은 오스만 제국의 술탄들 중에서도 두드러진다고 할 수밖에 없다. 다음 대인 술레이만 1세 시대에는 셀림의 업적을 칭송하는 이른바 『셀림의 책』이 다수 편찬되었다. 그래서 셀림 1세는 오스만 제국의 모든 시대를 통틀어서 제국 사람들에게 가장 인기 있는 군주로 손꼽힌다.

셀림은 2년 1개월에 달하는 이집트 원정을 끝내고 이스탄불로 귀환하자마자 숨 돌릴 틈도 없이 다음 원정을 준비하기 시작했다. 다음 목표는 사파비 왕조 혹은 로도스 섬이었다고 한다. 그러나 그는 1520년에 흑사병으로 사망하고 만다. 8년의 짧은 치세가 이로써 막을 내렸다.

남은 아들은 술레이만이 유일했다. 한 서양인은 자신의 사료에서 셀림 1세가 후계자 다툼을 방지하기 위하여 술레이만 이외의 아들들을 모두 처형했다고 했는데, 오스만 측의 사료에서는 이에 대해서 침묵하고 있다.

4. 장엄한 시대 : 술레이만 1세의 반세기

장엄왕이자 입법왕

술레이만 1세의 별명은 두 가지이다.

먼저, 서양인들은 그를 "장엄왕"이라고 부른다. 술레이만이 실시한 13번의 원정 대부분은 유럽을 대상으로 했고, 특히 빈을 포위한 것이 서양인들에게 강렬한 인상과 두려움을 남겼기 때문이다.

한편 오스만 제국 사람들은 그를 "입법왕"이라고 부른다. 술레이만의 치세 덕분에 지배체제가 확립되고 이슬람법이 정비되어 제국의 구석구석까지 중앙의 통치력이 미치게 되었다고 생각하기 때문이다. 다만 이 별명은 18세기 초에 처음 등장했다.

오스만 제국의 "전성기"는 술레이만 1세 시대였다는 이야기가 종종 나온다. 오스만 제국이 술레이만 시대에 정점을 찍은 이후에 쇠퇴하기 시작했다는 것이다. 그러나 연구자들 사이에서 이 역사관은 이미 낡은 것으로 취급받는다. 다음 장에서도 이야기하겠지만 오스만 제국은 이후에도 발전을 거듭하여 18세기에 제도, 경제, 사회적 측면에서 원숙기를 맞이했기 때문이다.

그러나 술레이만이 16세기 세계사의 주인공 가운데 한 명이며, 그의 시대가 매력적인 일화로 넘치는 "황금시대"로 회고되는 것만은 틀림없는 사실이다.

왕자 시절

술레이만 1세의 어머니가 누구였는지에 대해서는 몇 가지 설이 있다. 그중의 하나는 셀림 1세가 왕자였을 때 크림한국의 왕녀 아이셰와 정식으로 결혼했으므로 그녀가 술레이만의 어머니라는 이야기이다. 그러나 실제 술레이만의 어머니는 하프사라는 여성으로, 다른 왕자들의 어머니들처럼 노예였던 듯하다.

술레이만은 부왕 셀림이 즉위하기 전부터 카파의 태수로서 통치 경험을 쌓았다. 또한 부왕이 즉위한 후에는 마니사로 임지를 옮겼고, 셀림이 동쪽으로 원정을 떠났을 때에는 에디르네로 가서 유럽의 침공에 대비했다.

술레이만은 셀림 1세의 아들들 중에서 유일하게 남은 아들이었으므로 형제간의 왕위 다툼을 경험하지 않고 1520년에 25세의 나이로 즉위했다. 그리고 오스만 제국의 술탄으로서는 가장 긴 기간인 46년 동안의 치세를 시작했다.

"이브라힘의 시대"와 "휘렘의 시대"

반세기에 가까운 기간 동안 이어진 술레이만의 치세는 대략 두 시대로 나뉜다. 전반은 자신의 분신 같은 총신 이브라힘을 대재상으로 발탁하여 오른팔로 삼고 유럽과의 성전을 거듭한 시대이다. 직접 정벌에 나선 술레이만의 장대한 역사는 대부분 이 시대에 집중되어 있다.

후반은 선왕 셀림의 시대에서부터 술레이만의 치세 전반에 걸쳐 반복된 원정을 마무리하고 국내의 안정과 통치의 안정에 집중한 시기이다. 극도로 커진 제국을 안정적으로 통치하기 위해서 국가 제도가 정비되었던 이 시대에 이브라힘을 대신하여 술레이만을 보좌한 사람은 그의 아내 휘렘이었다. 이 두 시대에 약간 통속적인 이름을 붙인다면, "이브라힘의 시대"와 "휘렘의 시대"가 될 것이다.

그렇다면 우선 "이브라힘의 시대"에 이룩한 술레이만의 업적을 되짚어보자.

베오그라드와 로도스 섬 정복

즉위 직후인 1521년, 술레이만 1세는 친히 원정을 떠나서 2개월 동안의 포위 끝에 베오그라드를 함락시켰다. 베오그라드는 도나우 강과 사바 강이 만나는 곳에 있는 도시로, 기독교 세계에서는 오스만 제국의 침공을 몇 번이나 막아낸 중요한 거점이었다. 메흐메드 2세도 정복하지 못한 이 핵심 지역을 즉위하고 얼마 되지 않아서 술레이만이 함락시켰다는 소식은 유럽 전역에 새로운 왕에 대한 두려움을 불러일으켰다. 이후 "성전의 집"으로 불린 베오그라드는 오스만 제국이 유럽 원정을 실시할 때마다 교두보 역할을 하게 되었다.

술레이만은 이듬해 1522년에 요한 기사단의 농성이 한창이었던 로도스 섬을 공격했다. 로도스 섬은 지중해 동부를 항해하는 무슬림 상선에 대한 약탈을 일삼던 요한 기사단의 본거지로, 오스만 제국에는 이른바 눈엣가시 같은 존재였다. 로도스 섬의 수비는 견고했으나 5개월 동안 포위 공격을 당한 요한 기사단은 결국 섬을 넘기는 데에 동의했다. 본거지를 잃은 기사단은 한동안 떠돌아다니다가 1530년에 몰타 섬으로 이주했다. 이때 이집트와 이스탄불을 연결하는 항로에 위치한 로도스 섬을 정복한 일은 오스만 제국에도 상업적으로 큰 가치가 있었다.

술레이만은 이처럼 즉위 직후부터 대대적인 군사적 성과를 거두었다. 그런 한편 부왕 셀림 1세가 극적으로 정복한 맘루크 왕조의 땅이던 시리아와 이집트는 아직 지배가 안정되지 않아 술탄의 교체를 노린 반란이 일어났다. 그러나 술레이만은 이 반란들을 순조롭게 진압하는 데에 성공했다.

그런데 로도스 섬을 정복한 술레이만이 이스탄불로 돌아온 후에 내린 명령은 많은 사람들을 놀라게 했다. 총신 이브라힘을 대재상으로 임명한 것이다.

총신 이브라힘

이브라힘은 원래 이오니아 해 연안의 베네치아 거류민의 아들로,

민족적인 출신은 세르비아계였던 듯하다. 그는 연안의 산타마우라 섬에서 오스만 해군에게 붙잡혀 노예가 되었고, 바예지드 2세 때부터 유력한 정치가로 꼽히던 보스니아 총독 이스켄데르 파샤의 딸에게 종으로 보내졌다. 그리고 나중에 술레이만 왕자에게 바쳐져서 그의 총애를 받는다. 비록 술레이만이 즉위한 후에도 이브라힘은 한동안 공식적인 관직을 얻지 못했지만 측근으로서 원정에는 계속 따라다녔던 듯하다.

그런 그가 대재상으로 임명된 것은 매우 이례적인 인사였다. 이브라힘은 새로운 왕 술레이만의 측근이었을 뿐 정치적인 경험이 전무했기 때문이다. 게다가 술레이만은 이브라힘을 대재상으로 발탁한 것에서 그치지 않고 그에게 전례 없는 특권을 주었다. 우선 이스탄불 중심부에 있는 히포드롬 광장에 호화로운 저택을 지어주었다. "이브라힘 파샤 궁"이라고 불리는 이 건물은 현재 터키−이슬람 예술 박물관으로 쓰이고 있다. 또한 톱카프 궁전이 아닌 자신의 저택에서 황실 의회를 주최할 권한도 주었다. 심지어 이브라힘은 본래는 술탄과 그를 섬기는 시종만 출입할 수 있는 톱카프 궁전의 내정에 자유롭게 출입하며 술레이만을 만날 수 있었다.

이런 이유로 이브라힘은 당시 사람들에게 선망과 시기를 동시에 받았다. 특히 셀림 1세 때부터 공을 세웠던 신하이자 로도스 섬을 정복하기 위해서 노력을 기울였던 재상 아흐메드 파샤는 다음번 대재상은 자신이 될 것이라고 믿고 있었다. 이브라힘이 취임하면서 이에 분개한 아흐메트는 이집트에서 반란을 일으

컸다가 붙잡혀 처형되었다.

　물론 술레이만은 단순히 이브라힘을 총애했기 때문에 이런 인사를 단행한 것이 아니었다. 이브라힘을 그 자리에 앉히고 특권을 준 것은, 부왕인 셀림 때부터 있었던 신하들에게 맞서고 신왕인 술레이만 자신의 권력 기반을 다지기 위한 방책이었다. 셀림이 대대적인 숙청으로 아버지 바예지드 시대의 옛 신하들을 제거하고 권력을 확립한 것처럼 말이다.

이브라힘의 결혼

술레이만은 이브라힘에게 당파를 만들어주기 위해서 그를 결혼시키기까지 했다.

　1524년에 이브라힘의 결혼을 축하하는 연회가 2주일에 걸쳐서 성대하게 거행되었다. 신부가 술레이만 1세의 여동생인 하티제였다고 주장하는 사람들이 많지만 이는 잘못된 주장이다. 역사적인 사실에 따르면 이브라힘과 결혼한 사람은 이브라힘의 첫 번째 주인인 이스켄데르 파샤의 손녀 무흐시네였다. 이스켄데르 파샤는 바예지드 2세 시대부터 기반을 다진 유력한 정치가였으며 3대에 걸친 친족들이 제국의 중앙 및 지방의 높은 자리를 차지하고 있는 명문가 출신이었다. 이러한 이스켄데르 파샤의 지지가 이브라힘뿐만 아니라 술레이만의 권력을 확립하는 데에도 크게 기여했을 것이다.

　이브라힘의 인맥은 그 나라에만 머물지 않았다. 베네치아 출신으로 이탈리아어에 능통했던 그는 베네치아 대사의 서자인 알비

제 그리티와도 친하게 지냈다. 1527년에 이브라힘과 처음 회견한 그리티는 이후 술레이만과 이브라힘을 위해서 외교와 상업 면에서 자신의 능력을 아낌없이 발휘했다.

모하치 전투

국내에서 권력을 안정시킨 술레이만과 그의 분신 이브라힘은 술레이만 치세의 전반부에서 가장 두드러진 활동이었던 유럽 원정에 나섰다.

베오그라드 다음으로 목표로 삼은 곳은 제국의 신앙 전사들 사이에서 예언의 땅으로 일컬어지던 "붉은 사과(Kizil Elma)"(황금 사과로 해석되기도 한다/옮긴이), 즉 헝가리였다. 잠깐의 휴식을 취한 술레이만은 1526년에 만반의 준비를 하고 헝가리 원정에 나섰다. 총사령관은 물론 이브라힘이었다. 이브라힘은 이 무렵 스스로를 "세라스케르 술탄(Serasker Sultan)"이라고도 칭했으나 비난의 표적이 되었다.

오랫동안 거세게 저항하며 오스만의 속을 태운 헝가리였지만 핵심 지역인 베오그라드가 무너졌으니 헝가리를 공략할 준비는 끝난 셈이었다. 8월 26일, 오스만 제국군은 헝가리 남부의 모하치에서 헝가리의 왕이자 보헤미아의 왕인 러요시 2세와 격돌했다. 2시간 반 동안의 격전 끝에 오스만 군이 승리하고 러요시 2세는 전사했다. 오스만 군은 여세를 몰아서 헝가리의 수도 부다(부다페스트 동부)까지 함락시켰다. 그러나 헝가리를 직접 지배하기보다는 친(親)오스만파인 트란실바니아 공 자포여 야노시를 통해서 간접적으로 지배하는 것을 선택했다.

그러나 합스부르크 왕가의 오스트리아 대공 페르디난트가 그 것에 이의를 제기했다. 그는 스페인을 다스렸던 신성 로마 제국의 황제 카를 5세(재위 1519-1556)의 동생이자 러요시 2세의 매형이었는데, 처남이 죽었으므로 자신이 헝가리의 왕이 되어야 한다고 주장한 것이다. 이에 합스부르크 왕가의 지배를 싫어했던 자포여와 헝가리 귀족들이 오스만 제국에 지원을 요청했고, 술레이만은 결국 헝가리뿐만 아니라 빈까지 시야에 넣고 대원정을 시작한다.

이것이 오스만 제국과 합스부르크 제국의 길고 긴 싸움의 시작이었다.

빈 포위

1529년 5월, 술레이만은 15만 명으로 추정되는 대군을 직접 이끌고 오스트리아의 수도 빈으로 진군했다. 외부 환경은 술레이만에게 유리했다. 신성 로마 제국의 황제 카를 5세가 숙적인 프랑스 왕 프랑수아 1세(재위 1515-1547)와 싸우느라 동생 페르디난트를 도울 수 없었던 것이다.

그러나 악천후가 오스만 군의 발목을 잡았다. 게다가 이스탄불에서부터 4개월 동안 행군하여 9월에 빈에 도착해보니 페르디난트는 이미 빈을 빠져나가고 없었다. 술레이만은 때를 놓친 것을 알고도 빈을 3주일간 포위하지만, 더는 물자를 보급받을 수 없게 된 것을 깨닫고 결국 철수 명령을 내렸다.

빈을 정복하지는 못했으나 술레이만은 자신이 원하는 대로 자포여를 즉위시키는 데에 성공했다. 그리고 3년 후인 1532년에 다시 한번 빈을 공략하려고 하지만 이번에는 빈에 이르기도 전에 철수하고 말았다. 그후 한동안 소강상태가 이어지다가 1540년에 자포여가 죽은 이후 페르디난트와의 전투가 다시 시작되었고 그 결과 오스만 제국이 헝가리 남부를 직접 지배하게 되었다.

한편 바다에서는 합스부르크 왕가를 비롯한 서양 국가들과의 전투가 벌어졌다. 로도스 섬을 정복하여 크레타 섬과 키프로스 섬을 제외한 지중해 동부 대부분을 "오스만의 내해(內海)"로 만든 술레이만은, 제해권(制海權)을 더욱 굳히기 위해서 "바르바로사(붉은 수염)"라고 불리는 해적 하이레딘을 해군 제독으로 임명했다. 본명이 "키즈르"인 에게 해 출신의 이 해적은 셀림 1세 때부터 오스만 제국의 원조를 받아서 알제리 주변의 지중해 일대에서 활동하고 있었다. 이번에도 술레이만의 지원을 받게 된 하이레딘은 카를 5세 휘하에 있던 이탈리아의 해군 제독 안드레아 도리아와의 전투를 개시했다. 그리고 1538년, 이오니아 해 연안의 프레베자에서 벌어진 해전에서 도리아 함대와 싸워서 완승을 거두었다.

"세계의 왕"을 둘러싼 다툼

술레이만이 질리지도 않고 원정을 계속할 수 있었던 것은 자신을 "세계의 왕"이라고 여기는 강한 자의식 덕분이었다. 그것은 "천운의 주인"이라는 칭호에서도 엿볼 수 있다.

술레이만 1세
재위 1520-1566

　"천운의 주인"이란 토성과 금성이 일직선이 되어 합을 이룰 때에 탄생한 인물로, 아주 특별한 행운을 타고난 사람이라고 여겨졌다. 당시 오스만 제국에는 세계의 정복자, 즉 지극히 높은 세계의 왕만이 이 칭호를 쓸 수 있다는 관념이 있었다. 그래서 한 오스만 역사가는 칭기즈 칸과 티무르가 천운의 주인이었으며 셀림 1세도 단명하지만 않았다면 이 칭호를 얻었을 것이라고 말했다. 술레이만 1세 역시 이 칭호에 걸맞은 세계의 왕이었다.

　"세계의 왕" 혹은 "보편 군주"에 관한 이념은 세상이 끝날 때에 하늘에서 내려와서 세계의 질서를 바로잡을 구세주로서의 자의식과 무슬림 전체를 이끌 지도자인 칼리프로서의 자의식이 뒤섞여서 생겨난 것으로 보인다. 유일한 종교를 기반으로, 유일한 지배자가 다스리는 세계를 실현하겠다는 신념은 술레이만의 정책을 강하게 뒷받침했다. 셀림 1세 때와 술레이만 2세 때 오스만 제국이 인도양에 진출하여 "오스만 대항해 시대"를 열었던 것도 이런 자의식이 발현된 결과라고 할 수 있다.

역사가는 또한 술레이만이 페르디난트와 카를 5세에게 격노했다고 말했다. 그들이 스스로를 "천운의 주인"이라고 칭했기 때문이다. 물론 기독교 문화권에 있던 페르디난트와 카를이 "천운의 주인"이라는 이슬람적인 칭호를 썼을 리는 없다. 그러나 합스부르크 제국의 황제도 자신을 다른 왕들과는 격이 다른 존재라고 생각했다. 이것이 "세계의 왕"이라고 자부하는 술레이만의 심기를 건드렸을 것이다.

이브라힘도 카를이 1530년에 볼로냐에서 정식으로 황제 대관식을 거행한 것을 매우 민감하게 받아들인 듯하다. 그래서 1532년 두 번째로 빈 원정을 떠났을 때, 술레이만을 위해서 알렉산드로스 대왕의 것을 본뜬 관을 만들고 로마풍 개선문을 준비하여 행군을 실시했다. 이탈리아 미술사가인 교타쿠 요시노리에 따르면, 르네상스 유럽에서는 고대의 풍속이 재평가되는 가운데 왕과 제후의 입성식에 개선문을 활용하는 것(일회용 소품도 자주 쓰였지만)이 유행이었다고 한다. 베네치아의 유력자와 친교가 깊었던 이브라힘이 술레이만의 위신을 높여주기 위해서 최신 유행을 따라서 입성식을 행한 것이다.

술레이만과 카를은 둘 중에서 누가 더 세계의 왕에 어울리는지를 경쟁했던 셈이다.

프랑스와 카피툴레이션

오스만 제국의 술탄이 세계 최상위의 군주라는 의식은 오스만 제국이 서양 제국으로 보낸 외교문서에서도 여실히 드러난다.

이 무렵에 술탄이 서양 군주에게 보낸 친서에는 "이하의 사실을 알라"라는 문구가 사용되었는데, 이것은 제국 내 총독이나 태수에게 보내는 명령서에 항상 쓰이는 문구였다. 문서를 작성할 때, 오스만 제국의 군주를 나타내는 "제왕"이라는 말을 서양 군주에게 쓰는 것도 원칙적으로 금지되었다. 즉 이 시기의 술탄은 서양 군주들을 자신과 대등한 존재로 인정하지 않았다.

다만 합스부르크 왕가를 공통의 적으로 둔 프랑스 왕만은 대등한 군주로 인정하여 친서에서도 "제왕"이라고 칭했다. 과거에 서양 제국이 오스만 제국에 대항하기 위해서 백양 왕조 및 사파비 왕조와 손을 잡은 적이 있었는데, 이번에는 오스만 제국이 종교를 뛰어넘은 동맹을 시도한 것이다.

오스만 제국과 프랑스는 일찍이 1525년경부터 가까워지기 시작했으나 정식 사절 교환은 1534년에야 시작되었다. 이런 과정을 거쳐서 오스만 정부는 1569년 프랑스에 카피툴레이션(capitulation)이라는 통상 특권을 부여했다. 이것은 상대국 국민에게 오스만 영내의 안전을 보장해주고 교역의 자유를 주는 조치이다(이어서 1580년에는 영국, 1612년에는 네덜란드에 카피툴레이션이 주어졌다). 카피툴레이션은 오스만 제국의 전성기에 우호의 증표로 하사된 특혜 가운데 하나였다. 그러나 18세기 이후 유럽 제국의 국력이 오스만 제국보다 강해지자, 카피툴레이션은 열강과의 불평

등 조약으로 변하여 오스만 제국의 경제적 종속을 심화하는 족 쇄가 되었다.

사파비 왕조와의 항쟁

합스부르크 제국과의 전투가 일단락되자 술레이만은 동쪽으로 눈을 돌렸다.

사파비 왕조에서는 1524년 이스마일 1세가 사망한 뒤 아들 타흐마스프 1세(재위 1524-1576)가 즉위해 있었다. 그러나 즉위할 당시 타흐마스프의 나이가 겨우 열 살밖에 되지 않았던 탓에 그는 오랫동안 국내의 부족 간의 항쟁에 농락당하고 있던 상황이었다. 또한 동쪽에서는 수니파 우즈베크족이 세운 샤이반 왕조가 사파비 왕조를 위협하고 있었다. 혼란이 계속되는 가운데 사파비 왕조를 받들던 바그다드 성주가 오스만 제국 쪽으로 돌아서자, 술레이만은 그것을 계기 삼아서 사파비 왕조의 정벌에 나섰다.

그 이전 해에 아브라힘이 시리아 북부의 거점인 알레포로 들어가서 원정 준비를 끝내놓았으므로, 1534년에 술레이만 역시 이란으로 출발했다. 그러나 타흐마스프는 직접적인 대결을 철저히 피하며 오스만 군의 보급을 차단하려고 했다. 술레이만은 한때 타브리즈를 점령했지만 사파비 군에 심각한 타격을 입히지는 못했다. 술레이만이 타흐마스프에게 모욕의 편지를 보내서 그를 도발하기도 했으나 부왕의 전철을 밟지 않기로 결심한 타흐마스프는 도발에 결코 걸려들지 않았다. 정면 대결로는 화포를 갖춘 오스만 군을 이길 수 없다는 사실을 알았던 것이다.

그러나 이 원정으로 오스만 제국은 아나톨리아 동부의 지배력을 강화할 수 있었다. 사파비 왕조와의 분쟁지들 가운데 한곳이었던 바그다드를 확보하는 데에 성공했으며 근교의 시아파 성지 카르발라와 나자프도 점령했다. 또한 바그다드에서는 사파비 왕조 때보다 세금을 덜 수 있도록 하는 법을 공포하여 오스만 제국의 지배에 대한 정당성을 호소하기도 했다.

술레이만은 이후에도 사파비 왕조로의 원정을 시도하지만 역시 타흐마스프가 정면 대결을 철저히 피한 탓에 큰 성과가 없었다. 오스만 제국과 사파비 왕조의 항쟁은 1555년에 아마시아 조약이 체결되면서 일단락되었다. 양국의 기본적인 경계가 정해진 이 조약의 골자는 후대의 다른 조약에까지 영향을 미쳤다.

이브라힘의 처형

술레이만 1세가 사파비 왕조 원정에서 돌아온 직후인 1536년, 오스만 제국 사람들을 경악하게 만드는 사건이 일어났다. 13년 동안 술레이만의 총애를 한몸에 받으며 신하로서 최고의 자리에 올랐던 대재상 이브라힘이 갑자기 처형된 것이다.

술레이만의 총애를 등에 업은 이브라힘의 행동이 사람들의 비난과 시기를 불러일으킨 것은 사실이지만 처형의 이유는 정확히 알려지지 않았다. 한 가지 이야기에 따르면 이브라힘과 마찬가지로 술레이만의 총애를 받으며 왕위를 노리고 있던 총비(寵妃) 휘렘이 이브라힘을 모함했다고 한다. 이브라힘과 그의 당파가 술레이만의 첫째 부인인 마히데브란의 아들 무스타파 왕자를 지지했으므로, 휘렘으로서는 자신의 아들을 즉위시키는 데에 이브라힘이 위협이 된다고 판단했을 것이다.

생전에 "총애받는 자(Makbûl)"라고 불렸던 이브라힘은 처형 후에는 "살해된 자(Maktûl)"라고 불리게 되었다. 그의 유해는 이름 없는 무덤에 묻혔고 이브라힘 파샤 궁의 문을 장식했던 청동 조각상은 분노한 군중들이 쓰러뜨렸다.

화려한 원정과 정복으로 채워졌던 술레이만 1세 시대의 전반인 "이브라힘의 시대"가 이렇게 저물었다. 베네치아인과 교제했으며 유럽 예술품과 조각상을 좋아했던 이브라힘은 이탈리아에서 르네상스 화가를 초빙했던 메흐메드 2세를 떠올리게 한다. 이브라힘의 처형은 오스만 왕조 초기부터 이어진 혼합주의적 경향, 즉 종교들 사이의 경계가 흐릿하고 다른 문화권의 문물을 융통성 있게 받아들였던 사회적인 경향이 사라졌음을 상징했다. 또한 술레이만이 품었던 "세계의 왕"으로서의 자의식도 이브라힘의 죽음 이후 원정이 정체되는 사이에 서서히 희미해져갔다.

총비 휘렘

이브라힘이 죽은 후에는 우크라이나 출신의 노예, 휘렘이 술레이만의 총애를 독차지하게 되었다. 그녀는 아름답다기보다는 재기 넘치는 여성으로, 첫째 부인 마히데브란을 제치고 술레이만의 사랑을 독차지했다고 한다.

술레이만은 휘렘을 지극히 이례적으로 대우했다.

휘렘
(티치아노 공방 작)

술탄과 후궁들이 지내는 하렘은 원래 톱카프 궁전이 아닌 옛 궁전에 있었다. 그래서 술탄은 그들을 만나기 위해서 정무 공간인 톱카프 궁전과 옛 궁전을 오가는 것이 보통이었다. 그러나 술레이만은 톱카프 궁전의 하렘을 증축하여 휘렘이 그곳에 들어와서 살 수 있게 했다. 그 결과 1550년경부터 톱카프 궁전의 하렘은 현왕의 왕비를 위한 공간으로, 옛 궁전의 하렘은 선왕의 왕비를 위한 공간으로 나뉘어 쓰이게 된다.

1534년에 술레이만은 노예 신분에서 해방된 휘렘과 정식으로 결혼하고 이를 경축하는 연회를 개최했다. 과거의 술탄들도 비잔틴 제국과 세르비아, 혹은 아나톨리아의 튀르크계 후국의 왕녀와 정식으로 결혼한 역사가 있다. 그러나 제국이 커지면서 정략결혼이 필요 없어지자 왕의 정식 결혼식이 개최되는 일도 줄어들었다. 더구나 노예와 정식으로 결혼한 사례는 전무했다. 술레이만과 휘렘의 결혼은 그런 의미에서 매우 이례적이었다.

또한 휘렘이 술레이만의 왕자를 여러 명 낳은 것, 그중에서 장남이 태수로 임명되었을 때 그녀가 계속해서 이스탄불에 머물렀던 것도 이례적이다. 오스만 왕가의 관습에 따라서 한 명의 여성은 한 명의 왕자밖에 낳지 못했으며, 아들이 지방 태수로 부임할 때 그의 어머니 역시 지방으로 함께 가야 했는데, 휘렘이 이 관행을 한번에 깨뜨린 것이다.

오스만 제국은 관습을 매우 중시했다. 특히 "오랜 관습"을 따른다는 것은 그것이 옳은 행동이라는 뜻이었다. 그러므로 휘렘에게 일어난 수많은 이례적인 사건들이 당시의 오스만 제국 사람들에게 얼마나 불쾌감을 주었을지 상상이 간다. 그래서인지 술레이만과 휘렘의 성대한 결혼식에 대한 내용은 유럽의 사료에만 기록되어 있고 오스만의 사료에는 그것에 대한 언급이 전혀 없다. 오스만 제국 연대기 작가들의 침묵은 술레이만이 관습을 깨뜨린 것에 대한 사회적인 당혹감을 여실히 드러낸다.

휘렘은 딸 미흐리마와 사위 술레이만의 치세 후반에 오랫동안 대재상을 역임한 뤼스템 파샤와 손을 잡고 당파를 형성함으로써 국정에 특히 큰 영향을 미쳤다. 뤼스템 파샤는 재산을 관리하는 능력이 뛰어난 인물로, 그가 죽은 후에 남긴 재산의 규모가 제국의 연간 수입을 웃돌았다고 한다.

술레이만의 상속자들

"휘렘의 시대"에 술레이만은 별다른 원정을 실시하지 않았다. 이 때는 오히려 내정에 힘을 기울였다고 할 수 있다. 술레이만이 나이가 들고 그의 길었던 치세도 후반으로 접어들자 후계자 문제가 사람들의 입에 오르내리기 시작했다.

술레이만에게는 5명의 왕자가 있었다. 첫째 부인 마히데브란의 아들이자 장자인 무스타파가 그중에서도 유능했으며, 따라서 군과 민중의 신망을 받았다.

나머지 4명의 왕자인 메흐메드, 셀림, 바예지드, 지한기르는 모두 휘렘의 아들이었다. 그 가운데 가장 연장자인 메흐메드는 재능이 많아서 술레이만의 총애가 깊었으나 1543년에 천연두에 걸려서 요절했다. 유력한 후계자였던 메흐메드 왕자가 죽자 예니체리 군단은 무스타파의 즉위와 술레이만의 은둔을 요구하며 시위에 나섰다.

그러나 무스타파는 1553년에 갑자기 처형되었다. 이란 원정을 떠나는 길에 술레이만의 부름을 받았는데, 이에 수상쩍음을 느낀 측근들이 말렸음에도 무스타파는 부왕에게 달려갔고 결국 그곳에서 교살당했다. 당시 30대 후반의 나이였던 무스타파뿐만 아니라 그의 아들들, 측근들까지도 이때 전부 처형당했다. 술레이마은 셀림 1세가 반역하여 바예지드 2세를 폐위한 것처럼, 유능하고 인기 있는 무스타파가 자신을 밟고 일어설 것을 두려워한 듯하다.

병약했던 지한기르도 머지않아서 세상을 떠났다. 지한기르는 이복 형 무스타파와 친했는데 형이 갑작스럽게 처형당하자 그 충격을 이기지 못하고 죽었다고 한다.

그래서 셀림과 바예지드만이 남았고, 둘 중에서 바예지드의 능력이 더 뛰어났다. 후계자로 유력한 후보였던 형들이 갑자기 세상을 떠나면서 자신에게 기회가 오자 바예지드는 적극적으로 행동을 개시했다. 1555년에 발칸에서 "왕자 무스타파"를 사칭한 자들이 반란을 일으켰는데, 뒤에서 이를 사주한 사람이 바예지드였다. 이 무렵 술레이만은 통풍 때문에 잘 걷지도 못했고 종교에 심취하여 염세적인 상태에 빠져 있었다. 이 시기를 틈타서 바예지드가 사회적인 혼란을 야기함으로써 노쇠한 부왕이 죽기 전에 자신이 왕좌를 차지하려고 한 듯하다. 그러나 왕자 무스타파를 사칭한 난은 큰 문제없이 진압되었다. 배후였던 바예지드가 책임을 지는 것이 마땅했으나 휘렘의 중재로 벌을 면했다.

셀림과 바예지드의 다툼

술레이만과 왕자들 사이에서 사태가 파국으로 치닫는 것을 막고 있었던 휘렘이 1558년에 죽자 술레이만, 셀림 그리고 바예지드를 둘러싼 긴장 관계가 수면 위로 드러나기 시작했다. 반란을 두려워한 술레이만은 아들들을 수도에서 멀리 떨어진 곳으로 보냈다. 큐타야에 있던 바예지드는 아마시아로, 마니사에 있던 셀림은 코니아로 보낸 것이다. 동시에 술레이만은 자신에게 충성하는 고위 관리들을 두 왕자 곁에 붙여두었다. 그중 셀림 곁에 있던 고위 관리가 나중에 소개할 소콜루이다. 왕자들에게 고위 관리들을 보낸 이유는 정보를 수집하고 왕자들을 통제하기 위해서였다. 그러나 술레이만의 뜻과는 반대로 상황은 점점 더 긴박해졌다. 특히 아마시아는 부왕에게 암살된 무스타파의 임지였기 때문에 술레이만에게 불만을 품은 사람들이 바예지드에게로 모여들기 시작했다.

사태의 심각성을 깨달은 술레이만은 1559년에 바예지드를 죽이기로 결심하고 셀림에게 정규군을 붙여주었다. 그 결과 정규군을 거느릴 수 있는 권력을 쥔 셀림이 승리했고, 패배한 바예지드는 사파비 왕조로 망명했다가 결국 이란 땅에서 처형되었다. 그의 유해는 왕가의 묘소가 있는 부르사도 이스탄불도 아닌 시바스 외곽에 매장되었다.

연구자들 중에는 늙고 판단력이 흐려진 술레이만이 왕자들을 다툼으로 내몰았다고 보는 이들이 많다. 그러나 다른 관점에서 보면 자신이 살아 있을 때 후계자를 미리 정해놓음으로써 사후에 발생할지도 모를 더 큰 혼란을 방지했다고 평가할 수도 있을 것이다.

마지막 원정

1564년에 술레이만의 숙적이었던 합스부르크 왕가의 페르디난트가 사망했다. 페르디난트는 1556년 카를 5세(카를도 머지않아서 1558년에 사망했다)에게 왕위를 물려받아서 신성 로마 제국의 황제가 되어 있었다(재위 1556-1564). 직접 원정에 나섰던 기억조차 까마득해진 만년의 술레이만이었지만, 1566년에는 페르디난트의 뒤를 이은 막시밀리안 2세(재위 1564-1576)가 오스만 제국에 대한 공납을 소홀히 했다는 이유로 친히 원정에 나섰다. 그리고 헝가리 남부의 시게트바르를 포위하고 공성전을 벌이던 9월 7일에 71세의 나이로 전사했다.

술레이만을 보좌했던 대재상 소콜루는 장엄왕의 죽음을 숨긴 채 시게트바르를 함락시키고 나서 군사를 돌려보냈다. 당시 42세였던 셀림 왕자가 소콜루의 밀사에게서 부왕의 부고를 전달받고 임지 큐타야에서 급히 달려와서 셀림 2세로 즉위했다.

5. 셀림 2세와 대재상 소콜루의 시대

대재상 소콜루 메흐메트 파샤

셀림 2세의 치세는 어떤 의미에서 술레이만 치세 후반이 연장된 것이라고 해도 좋을 것이다. 술레이만 치세 말기부터 왕의 곁을 지켰던 대재상 소콜루 메흐메트 파샤와 이슬람 장로 에부수드 에펜디(이슬람 장로에 관한 내용은 159쪽 참조)가 쌍벽을 이루며 셀림을 보좌했기 때문이다.

오스만 제국의 역사에서 명재상으로 이름을 떨친 소콜루는 1505년에 보스니아의 작은 마을에서 태어나 수도원에서 교육을 받던 중에 데브쉬르메로 징용되었다. 이후 그는 술레이만이 종종 겨울을 보냈던 에디르네 궁에서 일하게 되었고, 군주의 근위 대장과 군주의 식사에 독이 들어 있지 않은지 먼저 시식해보는 시식 시종을 맡는 등 엘리트 코스를 밟으며 순조롭게 출세했다.

소콜루는 술레이만 치세 말기에는 해군 제독과 총독을 역임했고, 1552년에 헝가리의 핵심 지역인 테메스바르를 공격할 당시에는 말이 총에 맞아 쓰러진 후에도 말을 갈아타며 분투하는 등 용맹한 군인으로서의 면모도 보여주었다. 그는 술레이만의 아들들이 왕위를 놓고 서로 다툴 때 셀림의 편에 서서 다른 경쟁자를 제거하는 데에 큰 역할을 했다. 그후 셀림은 자신의 딸 이스미한을 소콜루와 결혼시켰다. 소콜루는 정교의 성직자였던 자신의 형제를 세르비아 관구의 총 주교로 만들 정도로 힘이 있었다.

1565년에 대재상으로 취임한 그는 술레이만이 직접 나선 마지막 원정에 참여하여 그의 죽음을 지켜보았고, 혼란을 통제하면서 정권을 셀림에게로 무사히 이행했다. 또한 이후 셀림 2세가 나라를 다스리는 8년 동안 유일한 대재상으로서 수완을 발휘했다. 그뿐만 아니라 고위 관리를 자신의 생각대로 임명함으로써 국제 교역에서도 막대한 이익을 거두어들였다고 한다.

소콜루는 대국적, 전략적 안목을 갖춘 정치가이기도 했다. 셀림 2세 시대에 러시아와 사파비 왕조를 견제하고 오스만 제국의 지리적 한계를 남북으로 돌파하기 위해서 볼가 강과 돈 강을 잇는 운하, 그리고 지중해와 홍해의 항로가 될 운하를 건설하려고 한 것이 그 증거이다. 소콜루는 술레이만 1세가 실현한 "세계의 왕"의 이념을 후대에 계승시키려고 했는지도 모른다. 그러나 지리적, 기술적 한계 탓에 실제로 운하를 건설하지는 못했다.

셀림 2세의 치세

그런 소콜루의 보좌를 받은 셀림 2세는 나중에 "주정뱅이 왕"으로 불리게 되었다. 그는 정무를 전부 소콜루에게 맡기고 향락에 빠져 지내느라 오스만 사상 최초로 한번도 직접 원정에 나서지 않은 매우 인기 없는 술탄이었다. 그러나 이런 평가를 조금은 바로잡을 필요는 있다. 셀림 2세는 결코 소콜루의 꼭두각시가 아니었기 때문이다.

당시에 소콜루와 대립되는 위치에 있던 사람이자 셀림의 스승(왕자의 양육자)이었던 랄라 무스타파 파샤, 그리고 소콜루와 랄라 무스타파보다 젊고 유능한 정치가인 코자 시난 파샤가 이미 새롭게 등장하고 있었다. 그들이 자신의 영향력을 키우기 위해서 소콜루의 정책과 반대되는 정책을 셀림에게 제안할 때가 많았는데, 셀림은 그것을 종종 받아들였다. 자신의 왕위 계승을 도운 은인이자 사위이기도 한 소콜루에게 신하로서 최대의 권력을 위임하면서도 그외의 재상들에게 신임을 나누어줌으로써 신하들 사이의 권력 균형을 꾀한 것이다.

소콜루가 볼가 강과 돈 강 사이에 운하를 파려다가 실패한 이듬해인 1570년에, 셀림이 키프로스 섬 원정을 실시한 것이 그 좋은 예이다. 소콜루가 원정에 반대했음에도 불구하고 셀림은 랄라 무스타파 파샤를 사령관으로 임명하고 원정을 강행했다. 오스만 제국은 지중해 동부의 안정된 제해권을 확보하기 위해서 당시 베네치아의 지배를 받던 키프로스 섬을 반드시 확보해야 했다. 오스만 군의 공격에 다급해진 베네치아가 유럽 제국에 원조

셀림 2세
재위 1566-1574

를 요청했으나, 카를 5세의 서자가 이끄는 스페인, 베네치아, 로마 연합함대는 키프로스 섬이 이미 오스만 제국의 땅이 된 후인 1571년에야 출격했다.

　연합함대는 키프로스 섬을 구할 기회는 놓쳤지만, 펠로폰네소스 반도 연안의 레판토에서 오스만 함대와 격돌하여 오스만 군에게 파멸적인 패배를 안겨주었다. 이것은 기독교 세계가 오스만 제국과 대결하여 거둔 최초의 큰 승리로, 유럽에 큰 반향을 일으켰다. 일개 병사로 이 해전에 참전했던 『돈키호테』의 작가 세르반테스 역시 이때 입은 총상으로 왼팔을 쓰지 못하게 되었는데도 그때의 경험을 평생의 자랑으로 여겼다고 한다.

　그러나 기독교 세계가 아무리 열광했다고 해도 전략적으로는 키프로스의 정복이 훨씬 더 중요했다. 게다가 이듬해에 오스만 함대는 보란 듯이 재건되었다(다만 선원을 확보하기가 어려웠던 듯하다). 반면 연합함대는 레판토 승리의 기회를 살리지 못한 채 해산했고, 베네치아는 공납을 지불한다는 조건으로 오스만 제국과 평화조약을 맺었다.

위대한 건축가 미마르 시난

키프로스 정복으로 얻은 막대한 전리품은 위대한 건축가 미마르 시난에게 전해져 에디르네에 셀리미예 모스크를 세우는 데에 쓰였다.

시난은 아나톨리아 중부의 카이세리 출신으로, 데브쉬르메로 징용된 후에 예니체리 군단에서 공병으로 근무하던 중에 두각을 드러냈다. 그리고 1537년에 궁전 건축의 책임자로 임명받은 이후 1588년에 죽기 전까지 3대의 술탄을 섬겼으며 총 400개나 되는 모스크와 이슬람 학교, 수로, 다리 등을 건설했다. 또한 술레이만 치세 말기인 1557년에는 술레이만의 명에 따라서 이스탄불 언덕에 자신의 대표작인 쉴레마니예 모스크를 완성했다.

나이가 들어서 만든 작품인 셀리미예 모스크는 그의 최고 걸작으로 잘 알려져 있다. 아야 소피아 모스크에 필적하는 거대한 돔을 갖춘 이 모스크는, 에디르네에 우뚝 서서 유럽과의 성전에 출전하는 신앙 전사들을 지켜보며 셀림 2세의 위신을 크게 높여주었다.

이슬람적 통치의 발전 : 일미예 제도

소콜루와 마찬가지로 술레이만 1세와 셀림 2세를 보좌하여 오스만 제국을 정통적인 수니파 이슬람 제국으로 발전시키는 데에 이바지한 사람이 이슬람 장로 에부수드 에펜디이다. 이슬람 장로란 오스만 제국 최고의 무프티, 즉 정치나 생활 등 다양한 문제에 대해서 이슬람법에 의거한 파트와를 낼 권한을 지닌 울라마를 말한다. 이들은 15세기 전반기였던 무라드 2세 때에 처음 임명되어 16세기 내내 오스만 제국의 종교적 최고 권위자로 활약하면서 그 존재감을 점차 키워나갔다. 그리고 16세기 후반에는 에부수드가 앞장서서 오스만 제국의 일미예 제도와 이슬람법을 정비했다.

일미예(ilmiye)란 오스만 제국 특유의 울라마 위계 제도를 말한다.

이슬람 세계의 울라마는 언제나 국가권력으로부터 독립된 존재였다. 그들은 국가의 경계를 넘어서 이동하고, 교류했으며 때로는 압제에 저항하는 지방 주민들의 지도자로 활약했다.

과거 무슬림 왕조들보다 훨씬 더 중앙집권화된 오스만 제국에서는, 울라마 조직이 더욱 체계화된 형태로 지배체제에 편입되어 국가의 교육, 사법, 민정을 담당하는 관료 조직으로 활약했다.

일미예 제도에서는, 맨 꼭대기에 위치한 이슬람 장로를 비롯해서 발칸을 관할하는 군 법관, 아나톨리아를 관할하는 군 법관, 주요 도시의 이슬람 법관, 이스탄불의 주요 모스크에 부설되어 있는 이슬람 학교 교수 등이 피라미드 형태로 계층을 이루었다.

카프쿨루

술 탄

일미예

대재상

이슬람 장로

재상

군 법관

베일레르베일릭 총독

주요 도시의 법관

산작 태수

고위 학교의 교수

티마르 기병

예니체리 상비 기병

지방 도시의 법관 일반 학교의 교수

집권적 제국 시대의 계층도

집권적 제국 시대에 술탄을 우두머리로 한 계층형 권력 구조가 완성되었다. 이 그림은 피라미드 형태의 구성을 대략적으로 보여준다. 신하들은 카프쿨루와 일미예(울라마)로 나뉘어서 각각 질서정연하게 조직되었다.

여기에서 언급한 엘리트층 외의 계층에 속하는 울라마는 지방 도시의 이슬람 법관이나 일반 모스크에 부설된 이슬람 학교의 교수 등이 되었다.

"유연한 이슬람법"의 발전

이처럼 울라마를 지배체제에 편입시킨 오스만 제국은 이슬람법의 운영 면에서도 상당한 발전을 이룩했다. 이 대목에서도 에부수드가 큰 역할을 했다.

물론 오스만 제국에서는 예전부터 이슬람법이 시행되고 있었다. 다만 그때그때의 필요에 따라서 술탄이 내린 명령, 새로 정복한 지역의 관습법 등이 카눈(kanun)이라는 이름으로 동시에 운용되었기 때문에 때때로 이슬람법과 카눈이 서로 충돌했다. 그런데 제국이 변경 국가 수준에서 벗어나서 정통 수니파 이슬람 제국으로 발전해나감에 따라서 두 법의 모순을 해결할 필요가 생겼다.

에부수드는 이런 필요를 해결하기 위해서 제국 내의 법 통치를 일원화하는 작업을 서둘렀다. 그는 수니파의 4대 법학파(하나피 학파, 말리키 학파, 샤피 학파, 한발리 학파) 중에서 오스만 제국의 공식 학파로 선택되었던 하나피 학파의 유연한 법리론을 바탕으로, 이전의 제국 각지에서 운용되었던 카눈을 이슬람법 아래에 통합하는 일에 힘썼다. 제국의 관습을 최대한 보존하는 형태로 추진된 이 작업에는 때때로 이슬람법에 대한 대담한 재해석이 따르기도 했다.

그 대표적인 예가 와크프를 현금처럼 사용하는 현금 와크프의 합법화이다.

오스만 제국의 실질적 금융은 관습적인 종교 기부금인 와크프를 통해서 운용되었다. 그중에서도 현금 와크프는 경우에 따라서 수익을 내는 데에 쓰였다. 이슬람의 경전 『코란』은 이자를 엄격하게 금지하므로, 본래 이슬람법에 따르면 현금 와크프는 위법 행위이다. 그러나 현금 와크프 제도는 오스만 제국에 깊이 뿌리내린 채 사회, 경제에 중요한 역할을 담당하고 있었으므로 그것을 폐지하는 것은 현실적인 대안이 되지 못했다.

현실과 이슬람적 이념의 모순을 해결할 필요가 있었던 에부수드는 관습을 존중하여 현금 와크프를 합법화하는 것이 옳다고 판단했다. 물론 합법화에 반대한 울라마도 있었지만 결국은 현실적인 결정이 받아들여진 것이다.

이처럼 오스만 제국이 운용한 이슬람법은 오가와라 도모키의 말처럼 "유연한 이슬람법"이라고 불릴 만한 것이었다.

칼리프로서의 술탄

술레이만 1세 후반부터 시작된 이슬람적인 제도와 이념의 발전은 무슬림의 지도자인 칼리프에 관한 인식에도 영향을 미쳤다.

오스만 제국의 술탄은 일찍이 15세기 전반의 무라드 2세 시대부터 비문 등에서 칼리프라는 칭호를 써왔다. 연구자인 휘세인 일마즈에 따르면, 이 시대의 오스만 제국의 문인과 사상가들은 이븐 아라비, 수라와르디 등 탁월한 중세 이슬람 사상가들의 영향을 받은 독자적인 신비주의적 칼리프론을 차근차근 다듬어서 오스만 제국의 술탄에게 적용하고자 했다고 한다. 오스만 제국의 술탄은 "세상 끝까지 이어질 칼리프의 봉인"이라고까지 불렸다. 이슬람의 예언자 무함마드가 "예언의 봉인"이라고 불린 것을 본뜬 말이다. 그런 의미에서 오스만 제국의 군주는 자타공인된 틀림없는 칼리프였다.

그러나 수니파의 법에 따르면 누구나 칼리프가 될 수는 없다. 이슬람 세계에서는 울라마들이 논의를 통해서 어느 정도 합의한, 칼리프 취임을 위한 조건이 마련되어 있었다. 그중에서도 혈통이 가장 중시되었다. 즉 예언자 무함마드가 속한 쿠라이시족 출신이 아니면 칼리프가 될 수 없다는 조건이 있었던 것이다. 이전에 취임한 정통 칼리프들과 우마이야 왕가, 그리고 아바스 왕가는 모두 쿠라이시족이었다.

그러나 오스만 제국의 군주는 쿠라이시족이 아니었다. 이를 약점으로 인식한 오스만 왕가는 무라드 2세 시대에 계보를 조작하여 튀르크계 오구즈족의 카이 씨족이라는, 튀르크계로서는 유서 깊은 혈통임을 사람들에게 주지시키는 데까지는 성공했다. 그러나 오스만 왕가를 아랍의 쿠라이시족으로 만드는 일은 도저히 불가능했다. 시도해보지 않은 것은 아니지만 계보를 조작하는 것으로도 민심이 동하지 않았던 것이다.

그러나 16세기 이후 이슬람 세계의 핵심인 아랍 지역이 통합되는 동안 오스만 제국의 지식인들은 오스만 제국의 술탄이 "법적으로 정당한" 칼리프라고 주장하게 되었다. 그 지식인들 가운데 한 명이 술레이만 1세의 치세 말기에 대재상을 역임했던 당대의 일류 문인 루트피 파샤였다. 그는 공정하고 뛰어난 군주라면 쿠라이시족 출신이 아니더라도 칼리프로 취임할 수 있다는 주장을 담아 논문을 썼다. 또한 이슬람 장로 에부수드는 술탄이 칼리프라는 것을 기정사실로 삼고 그 전제하에 법을 운용해나갔다.

노력한 보람이 있었는지, 오스만 제국의 술탄이 칼리프라는 인식은 이후 제국 사람들 사이에서 널리 받아들여지게 된다.

"황금시대"의 끝

1574년, 셀림 2세는 지중해로 원정군을 파견하여 이전 해에 스페인에게 빼앗겼던 튀니지를 탈환하는 데에 성공했다. 그리고 그 여세를 몰아서 스페인을 정벌하려고 했다. 이것 역시 "세계의 왕"을 자처했던 술레이만 1세 시대의 영향 때문이었는지도 모르겠다. 그러나 셀림은 튀니지를 탈환한 직후 병으로 사망하여 원정을 실현하지 못했다. 목욕탕에서 넘어져 입은 부상 때문이라고도 하고 양고기 소시지를 너무 많이 먹었기 때문이라고도 하는데, 어찌되었든 예기치 못한 죽음이었다.

술레이만 1세 이전의 오스만 제국의 역사는 분명 영웅들의 역사였다. 비록 "주정뱅이 왕"이라고 불리며 후대 역사가들의 비웃음을 사고 있지만, 셀림 2세는 틀림없이 아버지 술레이만의 후광을 입고 자신의 치세에 "후기 술레이만 체제"를 완성한 왕이었다. 그러나 셀림 2세의 죽음으로 오스만 제국의 영웅들의 시대는 막을 내리게 된다.

제3장

조직과 당파의 술탄

분권적 제국 시대 : 1574-1808

튤립 시대의 축제

오스만 제국 미술사에 이름을 떨친 세밀화가 레브니의 『축제의 서』에서, 아흐메
드 3세의 왕자들이 할례를 받은 것을 축하하기 위해서 이스탄불에서 열린 축제
의 모습을 그렸다. "튤립 시대"의 원숙한 도시 문화를 생생하게 보여주는 그림
이다(레브니 작, 톱카프 궁전 박물관 소장).

Semra Germaner, Zeynep İnankur, *Oryantalistlerin İstanbulu*, Istanbul, 2002.

17세기부터 18세기까지의 오스만 제국

▨	1683년 이전에 획득한 땅
■	카를로비츠 조약(1699)으로 잃어버린 땅 (단, 펠로폰네소스 반도는 1716년에 탈환)
■	파사로비츠 조약(1718)으로 잃어버린 땅
■	쿠츠크 카이나르지 조약(1774)으로 잃어버린 땅
⋰	사파비 왕조 및 나디르 샤와의 격전지
☐	속국

아조프

조지아

카스피 해

아마시아 · 트라브존 · 예레반
시바스 · 카르스
에르주룸 · 타브리즈
디야르바키르
알레포 · 모술 · 카즈빈 ·
레바논 · 티그리스 강
다마스쿠스 · 바그다드 · 이스파한 ·
유프라테스 강
바스라 ·
메카, 메디나 · 페르시아 만

출처 : 『이와나미 이슬람 사전』. 대폭 첨삭하고 수정했다.

1. 새 시대의 개막 : 분권화의 진전

무라드 3세의 즉위

왕자들 가운데 장자였던 무라드는 자신의 임지 마니사에서 부왕 셀림 2세의 갑작스러운 부고를 접했다. 그때 나이가 28세였다. 동생 5명은 태수로 임명받지 못할 만큼 어렸으므로 실질적으로 그가 유일한 왕위 계승자였다. 그는 또한 제국의 왕자에게 걸맞은 수준 높은 교육을 받았다고 한다. 그의 스승은 에부수드의 제자이자, 나중에 이슬람 장로가 되어 무라드의 책사 역할을 하고 역사가로서도 이름을 떨치게 될 사데딘이었다.

대재상 소콜루는 마르마라 해안의 무단야 항구에 무라드가 탈 배를 준비해놓았다고 전했지만, 무라드가 항구로 달려가보니 아무것도 없었다. 그래서 어쩔 수 없이 직접 배를 구해서 거친 바람을 맞으며 이스탄불에 도착하여 톱카프 궁전에 들어갔다. 그러나 여기에서도 소콜루와 연락이 잘 닿지 않았는지 궁전 호위가 그의 입성을 거절했다. 이때 무라드의 머릿속에는 톱카프 궁전에 있는 어린 동생들 가운데 한 명이 이미 왕으로 즉위했을지도 모른다는 생각이 스쳤을 것이다. 그렇다면 형제 살해의 관습에 따라서 무라드는 죽임을 당하게 된다. 이런 어려움 끝에 가까스로 소콜루를 만난 무라드는 하마터면 그에게 입을 맞출 뻔했다고 한다.

그후 충성의 맹세(신하가 새로운 왕에게 충성을 다짐하는 무슬림 왕조들의 전통 의식), 대검식, 선대 술탄들의 묘소 참배, 그리고 동생들의 처형 등 술탄의 즉위에 관련된 일련의 의례가 무사히 집행되었고 무라드 3세의 치세가 시작되었다.

소콜루 시대의 종말

무라드가 즉위한 후에도 소콜루는 대재상으로서 정무를 관장했다. 그러나 젊은 왕은 그의 권세를 못마땅히 여기고 그를 냉대했다. 그래서인지 무라드는 소콜루의 반대를 무릅쓰고 당시 군주의 암살로 혼란스러웠던 사파비 왕조를 향해 원정을 단행하기로 결정했다. 사령관으로는 셀림 2세 시절부터 중요한 자리를 맡아왔던 랄라 무스타파 파샤와 코자 시난 파샤가 임명되었다. 그리고 소콜루는 원정이 어느 정도 성과를 거둔 1579년에 암살당했다. 티마르 토지를 삭감한 것에 원한을 품은 자가 소콜루에게 보고를 하러 가면서 단검을 숨겼다가 그를 찌른 것이다. 표면적으로는 개인적인 원한에 의한 암살이었지만 무라드 3세가 사주한 일이라고 보는 사람도 많았다.

무라드는 소콜루처럼 강한 권력을 가진 대재상이 다시 나타나지 않기를 바랐다. 그래서 무라드 시대에는 실제로 대재상이 10회 이상 교체되었다. 비록 짧은 기간이었지만 대재상 자리가 공석이었을 때도 있었는데, 이것은 오스만 제국 역사상 이례적인 일이었다. 또한 무라드는 자신을 중심으로 궁전의 권력을 확고히 다지기 위해서 새로운 정책을 내놓았다. 하렘을 총괄하는 흑인 신관장을 새로 임명하고 자신의 어머니 누르바누에게 "모후"라는 칭호를 하사하여 궁전을 하나의 강력한 당파로 만든 것이다.

무라드 3세
재위 1574~1595

그 당시 술탄과 왕조의 권위를 강화하기 위해서 바예지드 2세 시대보다 더 많은 역사서를 편찬한 것을 두고 일부 연구자들은 "역사 서술의 폭발적인 발전"이라고 말했다. 무라드 3세의 왕자 메흐메드의 할례 역시 대대적으로 경축을 받았는데 『축제의 서』에 그 모습이 기록되어 있다. 이 책은 여러 기술자들과 도시민이 어우러진 축제의 모습을 묘사한 세밀화를 다수 포함하고 있어, 당시 이스탄불 사람들의 생활상을 생생하게 떠올리는 데에 도움을 준다.

집권화와 분권화

무라드의 결정으로 이러한 정책들이 실시되었는지에 대해서는 의

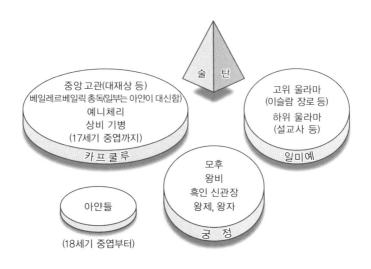

분권적 제국 시대의 주요 인물들(개념도)

군주의 권위는 술탄에게 있었지만 정권 운영은 이스탄불의 다양한 세력이 이끄는 당파가 주도했다. 17세기 중엽에는 상비 기마병이 주요 세력에서 탈락했다. 18세기 후반부터는 지방의 아얀들이 정권에 끼어들기 시작했다.

견이 분분하다. 고전적인 연구자들은 모후와 신관이 술탄을 조종하여 국정을 농단한 결과 궁전의 세력이 강해졌다고 여겼다. 반면 최근의 한 연구자는 술레이만 1세 말기부터 왕권이 조금씩 느슨해졌던 것에 대한 반발로 이런 변화가 일어났다고 주장한다.

술레이만 치세 말기부터 군주의 충성스러운 종이었던(군주의 절대적 대리인인 대재상들을 필두로 한다) 카프쿨루들이 권력을 쥐게 되었으니 뤼스템이나 소콜루 등 대재상의 실권이 강해지는 것은 당연한 이치였다. 그 결과 절대적인 전제군주로 군림했던 술탄의 대권이 느슨해지고 있었던 것이다.

무라드의 정책들은 이런 상황에서 군주에게 권력을 되돌리기 위한 것으로 해석할 수 있다. 예전의 권력을 회복하려는 이런 시도들은 일시적으로 성과를 거두는 듯했다. 그러나 술탄 이외의 사람들이 등장하여 권력이 분할되는 것은 피할 수 없는 역사적인 흐름이었다. 이와 같은 상황이 계속되자 이후 오스만 2세 시대에는 집권화와 분권화의 긴장이 최고도로 높아지게 된다.

무라드 3세 이후, 제국의 주도권을 둘러싸고 대재상을 비롯한 유력 정치가들, 궁전에 머무르는 모후, 왕비, 신관장들, 이슬람 장로와 고위 울라마 등 다양한 세력들이 동맹을 되풀이하며 당파를 이루어 제국을 운영하기 시작했다. 군주는 그중 최대의 세력이자 당파의 핵이 되기에 충분한 존재였지만, 그래도 예전처럼 절대적인 권력을 행사할 수는 없게 되었다.

합스부르크 제국과의 "장기 전쟁"

소콜루가 암살당한 이후 잠시의 막간을 제외하고, 이란 원정은 화친조약이 채결된 1590년까지 12년 동안 지속되었다. 이 조약으로 오스만 제국은 타브리즈를 병합하는 등 상당한 성과를 얻었지만 이때 획득한 지역은 얼마 지나지 않아서 다시 사파비 왕조의 땅이 되고 말았다.

서쪽에서는 1593년부터 13년간 이어질 합스부르크 제국과의 "장기 전쟁"의 서막이 열렸다. 보스니아 총독의 독단적인 행동 때문에 일어난 전쟁이라고도 하고 중앙정부가 의도해서 일어난 전쟁이라고도 하는데, 발단이 무엇이든 그 전쟁이 이렇게까지 오래 이어지리라고는 아무도 예상하지 못했을 것이다. 전쟁이 이렇게 장기화된 것은 유럽의 축성술(築城術)이 발달하면서 예전처럼 오스만 군의 진격을 허용하지 않았기 때문이라는 지적이 있다. 이 일진일퇴의 싸움은 무라드의 2대 후인 아흐메드 1세 시대까지 이어졌다.

동서로 장기전을 치르는 동안 무라드는 한번도 직접 원정에 나서지 않았다. 술레이만 1세 후기부터 셀림 2세 시대까지 술탄이 직접 원정에 나선 일이 거의 없었으므로 놀랄 일도 아니다.

무라드는 처음에는 애첩 사피예만을 반려자로 삼았지만 나중에 다수의 여자 노예들을 하렘에 거느리게 되었다. 그래서 1595년에 무라드가 병사했을 때에 남은 자식이 49명이었다고 한다.

티마르 제도의 해체와 징세 청부제도의 도입

이 무렵 지방의 지배 구조와 재정 구조에 큰 변화가 일어나고 있었다. 징세 제도가 티마르 제도에서 징세 청부제도로 바뀌고 있었던 것이다.

티마르 기마병은 예니체리와 함께 오스만 군을 지탱한 양대 기둥이었지만 화포를 비롯한 군사기술의 발전으로 그 역할이 축소되고 있었다. 오스만 정부는 16세기 말부터 시대에 뒤떨어진 티마르 기마병을 대신하여 예니체리를 증원하고 총으로 무장한 비정규병을 고용하는 등 군사기술의 전환에 대응해왔다. 비정규군이란 레벤트(Levent), 세크반(Sekban) 등으로 불리는 용병 집단으로, 몰락한 티마르 기마병과 농지를 잃고 유랑민이 된 농민 등으로 구성되어, 전시에는 급여를 받으며 군무에 종사했고 전쟁이 끝나면 해고되었다. 그들은 일이 없을 때면 도둑질이나 강도질로 연명하다가 뒤에서 다룰 젤랄리 반란에 가담하기도 했다. 그럼에도 불구하고 오스만 군은 그들의 군사력에 점점 더 의존하게 되었다.

예니체리와 비정규병에게 급여를 주기 위해서는 현금 수입을 확보할 필요가 있었다. 그래서 오스만 정부는 17세기 이후 티마르 제도를 해체하고 "징세 청부제도"를 도입했다. 이 제도에 따라서 징세 청부인(유력 정치가나 군인 등)은 특정 지역의 징세권을 정부에게서 사들인 뒤에 임지에서 세금을 걷고 그중 일정한 금액을 정부에 납부했다. 정부에 상납하고 남은 수입은 자신이 가져갈 수 있었다.

티마르 제도하에서는 티마르 토지에서 나온 수입이 전부 티마르 기마병의 것이 되었으므로 정부는 현금 수입을 얻을 수 없었다. 그래서 정부는 왕의 권한 안에 있는 토지에서 나온 세금이나 광산 수입 등에 의존했다. 그러나 징세 청부제도를 도입한 이후부터는 정부가 현금 재원을 대규모로 확보할 수 있게 되었다.

징세 청부제도는 17세기에 서서히 확대되어 오스만 정부의 수입 대부분을 책임지게 된다. 그러나 규정된 금액을 국고에 납부하고 남은 것을 징세 청부인이 모두 가져가는 구조였기 때문에 종종 과도한 수탈이 발생하는 문제가 생기기도 했다.

이런 변화는 지방을 피폐하게 만들었으므로 그후 아나톨리아에서는 "젤랄리 반란"으로 총칭되는 소요가 빈번히 일어나게 되었다. 그 반란들은 지도자도 목적도 다양했지만, 몰락한 농민, 징세 청부제도 때문에 티마르 토지를 빼앗긴 티마르 기마병, 전쟁이 간헐적으로 이어져서 신분이 불안정해진 비정규병 등 당시 사회 변동의 영향을 받은 사람들이 공통적으로 참여했다. 유럽에 "17세기의 위기"를 가져온 기후 한랭화(소빙하시대)도 아나톨리아의 농촌에 큰 타격을 주어 농민들이 뿔뿔이 흩어지도록 부추긴 것으로 보인다. 젤랄리 반란은 17세기 중반까지 반세기에 걸쳐서 빈번히 발생하여 오스만 정부의 골칫거리가 되었다.

메흐메드 3세의 치세

장자였던 메흐메드는 28세에 메흐메드 3세로 즉위했다. 임지 마니사에서 부왕의 부고를 듣고 달려온 직후 이스탄불 입성과 즉위식이 순조롭게 진행되었다. 메흐메드 3세에게는 어린 동생이 19명이나 있었다. 형제 살해를 잘 모르는 동생들은 그의 즉위를 축하했지만 메흐메드는 그들의 운명을 알고 있었기 때문에 슬픔으로 얼굴을 돌린 채 인사를 받았다고 한다. 형제 살해로 희생된 19명의 어린 왕자들의 장례는 이스탄불 사람들을 큰 비탄에 빠뜨렸다.

메흐메드는 선왕에게서 합스부르크 제국과의 장기전을 이어받았는데, 이에 대해서는 친히 원정을 떠나서 헝가리의 에리를 정복하는 등 무라드 3세보다 적극적인 면모를 보여주었다. 그러나 국내에서는 오스만 제국 역사상 최초의 사태에 맞닥뜨렸다. 이후 종종 되풀이될 오스만 제국의 수도 이스탄불의 소요 사태이

메흐메드 3세
재위 1595-1603

다. 17세기 초에는 대재상과 예니체리, 이슬람 장로와 상비 기마병이 서로 대립하며 폭력을 행사한 내전이 일어났다. 결과적으로 진압되기는 했지만, 이때 상비 기마병들이 은연중에 군주의 폐위를 암시했다.

이 사건은 왕위 계승에 큰 영향을 미쳤다. 위기감을 느낀 메흐메드 3세가 혼란의 배후에 자신의 장자 마흐무드가 있다고 의심하여 1603년에 그와 그의 어머니, 그리고 측근들을 처형한 것이다. 그래서 같은 해에 메흐메드 3세마저 병을 얻어 37세의 나이로 죽은 후에는, 아직 열세 살밖에 되지 않은 아흐메드와 아흐메드보다 몇 살 어린 무스타파만 남게 되었다.

2. 왕위 계승과 왕권의 변화

아흐메드 1세의 즉위와 "형제 살해"의 종말

메흐메드의 남은 두 아들 중에서 형인 아흐메드가 아흐메드 1세
로 즉위했다. 역대 술탄 가운데 메흐메드 2세 다음으로 어린 나
이에 즉위한 것이다. 또한 그는 지방의 태수를 경험하지 않고 즉
위한 첫 번째 술탄이기도 했다. 이것은 메흐메드 3세가 자신이
젊은 나이에 급사할 줄 모르고 장자 마흐무드를 처형했기 때문
에 일어난 불의의 사태였다.

그러나 아흐메드 1세가 즉위했을 때, 그의 동생 무스타파는
관행대로 처형되지 않았다. 새로운 술탄에게 아직 아들이 없었기
때문인지 고위 관리들이 무스타파를 처형하지 않기로 결정한 것
이다(나이를 고려했을 때 아흐메드 1세가 직접 결정한 것 같지는
않다). 메흐메드 3세가 즉위할 당시 19명의 왕자들이 처형되어 제
국 사람들이 비탄에 빠졌던 것도 무스타파를 죽이지 않은 이유
들 중의 하나였다. 다시 말하면 이때부터 이스탄불의 여론이 정
치가의 결정에 영향을 미치기 시작한 것이다. 심지어 아흐메드 1
세가 즉위한 이듬해에 2명의 왕자가 태어나 무스타파가 "쓸모가
없어졌는데도" 처형은 집행되지 않았다. 무스타파에게 정신적인
문제가 있었기 때문에 그냥 넘어간 것이라고도 한다.

이 선례는 이후 오스만 왕가의 왕위 계승 관행에 큰 변화를 가
져왔다. "형제 살해"의 관행이 폐지된 것이다. 이후 형제 살해가
완전히 사라진 것은 아니지만 술탄이 즉위하자마자 바로 처형

이 집행되는 일은 없어졌다. 술탄으로 즉위한 후에 기회를 보아서 형제를 처형하려고 할 때에도 그것에 이의를 제기하는 사람들이 생겨났다. 이슬람 장로를 필두로 한 고위 울라마들이 종종 그 중심에 있었다(물론 그들이 언제나 한데 뭉쳐 있었던 것은 아니다). 이슬람법상 형제 살해가 불법이라는 사실도 그들의 행동에 영향을 미쳤을 것이다.

살해당하지 않은 현 술탄의 형제는 궁전의 한구석에 격리되어 외부와의 접촉을 끊은 채 지내야 했다. 이것을 "새장(Kafes) 제도"라고 한다. 그러나 현 술탄의 결정에 따라서 얼마간의 자유가 주어지기도 했고, 그들 중에서 왕위 계승 후보로 지목된 왕자가 있을 경우 그에게는 충분한 교육이 이루어졌다. 그러나 제한 없이 남자 왕족이 늘어나는 것을 막기 위해서 새장 안의 왕자는 아들을 낳지 말아야 했다. 이 규제는 몇몇 예외를 제외하고는 19세기 후반의 압둘아지즈 시대에야 해제되었다.

형제 살해가 폐지된 후, 현 술탄이 사망하거나 퇴위하면 현존하는 왕족들 중에서 장자가 왕위를 잇는 관행이 자리잡았다. 그 때부터는 오히려 현 술탄과 같은 세대의 왕족이 이스탄불에 있는 것은 언제나 "예비 군주"가 있어서 안심할 수 있다는 의미로 여겨졌다. 반란이 일어나서 군주가 갑자기 폐위되는 일이 잦아졌기 때문이다. 권력의 주체가 이처럼 자주 교체되는 현상은 17세기 이후 제국의 당파 항쟁에 큰 영향을 미쳤다.

"형제 살해"가 왕위 계승의 경쟁자를 줄이기 위한 관행이었던 데에 반해, 새장 제도는 이스탄불 정계에 많은 당파들을 만들어

아흐메드 1세
재위 1603-1617

서 서로 대립시키는 등 다양한 세력 관계를 형성하는 데에 이바
지했다.

아흐메드 1세의 치세

아흐메드 1세가 즉위한 1603년에는 동서로 전쟁이 진행되고 있
었으나 1606년에 지트바토록 조약이 체결되면서 합스부르크 제
국과의 장기전은 종결되었다. 한편 동쪽에서는 무라드 3세 때에
빼앗은 이란 서부 지역을, 사파비 왕조를 다시 일어나게 한 아바
스 1세에게 또 한번 빼앗기는 사태가 벌어졌다. 사파비 왕조에
대항하기 어렵다고 판단한 오스만 정부는 1555년의 아마시아 조
약을 기본적으로 답습하는 형태로 1612년에 사파비 왕조와 화친

조약을 맺었다.

이로써 대외적인 안정은 되찾았지만, 젤랄리 반란이 계속 발발하는 탓에 이 무렵 아나톨리아는 매우 혼란했다. 장기전의 비용을 조달하느라 무거운 세금이 부과되어 사회가 불안해졌기 때문이다. 이때 일어난 젤랄리 반란은 대재상 쿠유즈 무라드 파샤의 철저한 섬멸전으로 진압되었지만, 반란을 낳는 구조적인 문제는 여전히 남아 있었다.

1617년, 아흐메드 1세는 2개월 가까이 위통에 시달리다가 27세의 젊은 나이로 사망했다. 그의 명령으로 아야 소피아 모스크의 맞은편에 건설된 블루 모스크는 지금 이스탄불의 명소가 되었다.

"어린 왕" 오스만 2세의 도전

"형제 살해"를 피한 아흐메드의 동생 무스타파가 요절한 아흐메드 1세의 뒤를 이어서 무스타파 1세가 되었다. 이전 술탄의 아들이 아닌 형제가 즉위한 것은 오스만 제국 역사상 최초였다. 당시 이슬람 장로 에사드 에펜디와 대재상 대리인 소푸 메흐메드 파샤가 부자 상속의 관례를 깨뜨리고 그를 즉위시킨 것이다.

그러나 무스타파 1세는 정신적으로 유약하여 술탄의 임무를 감당하지 못하고 겨우 96일 만에 퇴위하고 말았다. 지극히 짧은 치세였으니 왕위 계승의 관례를 깨뜨렸다는 점에서 획기적인 사건이었다.

무스타파 1세의 뒤를 이어서 아직 열세 살이었던 아흐메드 1세의 아들이 1618년에 오스만 2세로 즉위했다. 오스만은 아흐메드

무스타파 1세
재위 1617−1618,
1622−1623

1세 때에 이미 왕위 계승자로 지목되어 후계자 교육을 받고 있었다.

어려서 즉위하여 후대에 "어린 왕"이라고 불리는 오스만이지만 유력자들의 꼭두각시가 될 생각은 전혀 없었다. 그는 일단 숙부인 무스타파 1세를 즉위시킨 대재상 대리를 파면했다. 그리고 고위 울라마들을 견제하기 위해서 이슬람 장로 에사드의 권한을 줄이고 봉급을 삭감했다. 또한 자신의 당파를 형성하기 위해서 자신의 스승과 백인 신관장을 중요 자리에 임용했다.

그다음 도전은 폴란드 원정이었다. 흑해 북안에 살던 자유민인 카자크들이 종종 무장 상태로 흑해로 내려와서 아나톨리아 북안을 노략하더니 나중에는 보스포루스 해협에 침입하여 이스탄불 근교를 습격했기 때문이다. 오스만 2세는 이 꺼림칙한 카자크 집단의 배후에 폴란드가 있다는 정보를 듣고 1621년에 폴란드로 직접 원정을 나가겠다고 선언했다. 여기에는 원정을 성공으로 이끌어 자신의 권위를 높이려는 의도도 있었을 것이다. 유럽 측의 어느 사료에는 오스만 2세가 발트 해 진출을 노렸다고 되어 있지만 그것은 과장인 듯하다.

오스만 2세는 원정에 앞서서 반란을 일으킬 우려가 있는 동생 메흐메드를 처형했다. 이슬람 장로 에사드가 반대했지만, 이슬람 장로 다음으로 높은 직위를 가진 울라마인 발칸 군 법관에게서 처형을 인정하는 파트와를 얻어냄으로써 자신의 행동에 정당성을 부여했다.

예니체리 군단의 변질

오스만 2세는 원정길에 오를 즈음 예니체리 군단의 인원을 엄격하게 점검했다. 이 무렵, 군단에는 등록되어 있지만 전쟁에는 참여하지 않는 예니체리가 다수 존재했다.

이렇게 된 것은 예니체리 군단이 변질되었기 때문이다.

앞에서 말했다시피 전쟁에서 화포가 중요해지면서 티마르 제도는 쇠퇴하고 예니체리 군단은 확대되었다. 그래서 술레이만 1세 초기에는 약 8,000명, 셀림 2세 때에는 1만 2,000명 정도이던 예니체리 군단이 17세기 들어서 급속히 팽창하여 1609년에는 약 4만 명 규모가 되었다. 원래는 데브쉬르메로 인원을 충당했으나 이때는 자유인 무슬림이 다양한 연줄을 타고 밀려들어와 예니체리 군단을 차지했다. 데브쉬르메 자체도 17세기 들어서는 거의 실시되지 않는 형편이었다(따라서 이전에 데브쉬르메의 선발로 공급되던 고위 관료 후보도 점차 연줄을 통해서 선발하는 것으로 변질되었다).

예니체리 군단원은 군사적인 이유에서만 늘어난 것이 아니었다. 전투와 직접 관련이 없는 사람들에게도 예니체리의 특권은 충분히 매력적이었기 때문이다. 급여 자체는 그다지 많지 않았지만 군단원은 지배자층의 일원으로 간주되어 면세 특권을 얻었고 연금과 다양한 일시금을 받을 수 있었다. 또한 군단은 "계(契 : 민중의 상호 부조 단체)"로도 기능했으므로 군단원 전체가 모은 자금에서 융자를 받을 수도 있었다. 그러다 보니 도시의 길드(상공업 협동조합) 구성원들도 예니체리 군단에 깊이 발을 담근 채 예니체리의 신분이 주는 특권과 연줄을 이용하여 경제활동에 종사하는 경우가 많았다. 이 무렵 예니체리 군단은 이스탄불 사회에 뿌리내린 일종의 중간 단체로 기능했다고 볼 수 있다.

이런 이유로 예니체리에 등록은 되어 있으나 실제로 군무에는 종사하지 않는 "유령 군단원"이 많아졌다. 오스만 2세는 원정에 앞서서 그 기강을 바로잡으려고 했던 것이다. 그러나 오스만 2세의 이런 정책은 예니체리의 충성심과 사기를 떨어뜨리는 부작용만 낳았다.

어린 왕의 실수

오스만 2세는 폴란드 원정을 승리로 이끌어 자신의 권력을 강화

오스만 2세
재위 1618-1622

하려고 했으나 전쟁에서 별 성과를 얻지 못했다. 직접 원정에 나
서는 것은 성공할 경우 영광을 가져다주지만 실패하면 체면이 크
게 손상되는 양날의 검과 같기 때문이다. 실의에 빠진 채 귀환한
오스만 2세는 승리를 한 것처럼 가장했지만 그 효과는 미미했다.

　원정에서 귀환한 이후 갓 태어난 왕자를 사고로 잃기까지 한
오스만 2세는 유력 정치가 페르테브 파샤의 딸, 그리고 이슬람
장로 에사드의 딸과 결혼함으로써 영향력을 회복하고자 한다.
군주와 자유인 무슬림 여성의 정식 결혼은 오랜만이었던데다가
신하의 딸에게 구혼하는 일은 지금까지 없었던 일이므로 에사드
는 딸의 출가에 완강히 저항했다고 전해진다.

　그리고 1622년, 오스만 2세는 메카 순례를 선언한다. 조금 갑

작스러운 이 선언의 본래 의도는, 레바논에서 오스만의 지배에 계속 저항하던 호족인 마아노을루 파흐레딘을 토벌하는 것이었다고 한다. 그러나 이 선언은 오스만 2세를 죽음으로 몰고 갔다. 오스만 2세가 시리아에 가서 예니체리 군단을 대신할 새로운 군단을 창설하고 수도를 카이로로 옮기려고 한다는 소문이 퍼졌기 때문이다. 비정규병 세크반이 처음으로 활동한 지역이 시리아였으므로 이 소문을 사실로 믿는 사람이 많았다.

고위 울라마들뿐만 아니라 대재상과 흑인 신관장도 오스만에게 순례를 중단하라고 호소했지만 어린 왕의 의지는 확고했다. 이에 사태가 점점 더 급박해지면서 예니체리 군단이 봉기했다. 오스만 2세는 혼란 속에서 반란군에게 처형당했고 무스타파 1세가 다시 즉위하게 되었다.

폐위의 의미

반란군이 술탄을 폐위하고 시해한 일은 오스만 제국의 역사에서 처음 있는 일이었다. 그런데 이 뜻밖의 불행이 17세기에는 일상적으로 반복된다. 17세기에 9명의 술탄이 즉위했으나 총 6번의 폐위가 일어났다(2번 즉위하고 2번 폐위된 무스타파 1세, 1703년에 폐위된 무스타파 2세를 포함한다). 총 6번 중에서 예니체리 군단의 반란으로 일어난 폐위가 4번이었고 그중 2번은 술탄 시해가 동반되었다.

과거의 연구자들은 이처럼 예니체리 군단이 반란을 일으킨 원인을 군율이 해이해진 탓으로 돌렸고 제국이 쇠퇴한 증거라고 간주했다. 그러나 연구자 바키 테즈잔이 예리하게 지적했듯이, 이 반란들은 분권화의 진전과 사회구조의 변화 속에서 이해관계자들이 왕권 남용에 반발하면서 일어난 것으로 파악해야 한다. 앞에서 이야기했듯이, 이 시대의 예니체리 군단은 도시민과 깊이 결부되어 이른바 이스탄불의 여론을 대표하는 존재로 자리잡고 있었다. 따라서 17세기에 거듭된 술탄 폐위는 영국의 청교도혁명(1649)이나 명예혁명(1688)과 같은 의미로 이해하는 것이 적절하다.

17세기 후반에 이스탄불을 방문한 베네치아 대사는 오스만 제국을 군주제나 귀족제가 아니라 민주제 국가라고 부르는 것이 타당하다고 말했다. 18세기의 한 영국인도 오스만 제국을 페테르부르크나 빈보다 "공화국의 성격을 띤다"라고 평가했다.

절대 권력자인 군주를 우두머리로 한 피라미드형의 경직된 조직이 여러 당파들의 동맹을 통해서 굴러가는 유연한 조직으로 전환되고 있었던 것이다. 오스만 2세의 시해 역시 그 과도기에서 일어난 사건이었다.

또한 현 군주를 폐위할 때에 일정한 절차를 따랐다는 점에도 주목할 만하다. 이때 수행된 절차, 즉 대안이 될 만한 남자 왕족의 옹립, 여러 세력들의 지지 확보, 이슬람 장로의 파트와를 통한 권위 부여(1648년 이브라힘이 폐위될 당시 제출된 것이 시초였다) 등은 이후 계속 지켜질 "폐위의 관례"로 정착하게 된다.

무라드 4세와 "가장 위대한 모후"

다시 왕의 자리에 오른 무스타파 1세의 치세는 첫 치세보다 훨씬 긴 1년 3개월 22일 동안 지속되었다.

그러나 술탄의 시해라는 전례 없는 흉사가 제국에 안긴 충격은 너무나도 컸다. 그래서 오스만 2세의 복수를 구실로 에르주룸 주 총독이 중앙정부에 반란을 일으켰고 이스탄불에서는 큰 혼란이 발생했다. 이 사태를 수습하느라 이슬람 장로와 대재상은 무스타파 1세를 또 한번 폐위하고, 1623년에 당시 11세였던 아흐메드 1세의 아들을 무라드 4세로 즉위시켰다. 폐왕 무스타파는 이후 15년을 더 살았다고 하는데, 어떻게 지냈는지는 구체적으로 알려지지 않았다. 그는 아들을 낳지 않은 유일한 군주였다.

무라드의 치세 전기에는 모후 쾨셈의 영향력이 매우 강했다. 그녀는 투양, 즉 싸움판의 양을 의미하는 "쾨셈"이라는 이름처럼 아주 강인한 성격을 가진 여성으로, 역대 하렘의 여성들과는 비교도 되지 않을 만큼 큰 권력을 휘둘러서 "가장 위대한 모후"라고 불린다.

무라드는 1632년에 상비 기마병들이 대재상들의 처형을 요구하며 이스탄불에서 소요를 일으킨 후에야 쾨셈의 수렴청정에서 벗어나서 실권을 잡을 수 있었다. 다행히 예니체리 군단의 지지를 받아서 소요를 진압했고 그 사건을 계기로 어머니의 영향력에서 벗어나 직접 원정에 나서기 시작했기 때문이다. 이후 무라드는 자신의 권력을 강화하는 정책을 적극적으로 펼쳤다. 그중의 하나가 엄격한 계율을 강조하는 종파인 카드자데파의 힘을 빌려서 사회 규율 강화하는 것이었다.

카드자데파

울라마인 카드자데 메흐메드 에펜디는 이스탄불의 모스크에서 1620년대부터 설교를 시작하여, 달변으로 아야 소피아 모스크의 최고 설교자 자리에 오른 인물이다.

그의 종파는 "선행을 명하고 악행을 금한다"는 『코란』의 문구(이므란 일가 110절)를 목표로 삼고 종교적 엄격주의를 신봉했다. 그리고 『코란』의 가르침을 철저하게 해석하여 거기에서 조금이라도 벗어난 행위, 즉 춤과 노래 및 수피 교단이 종종 실천했던 성자의 묘 참배 등을 규탄했다. 또한 커피와 담배처럼 그 당시에 도입되기 시작한 기호품도 공공질서를 어지럽히는 악습이라며 비난했다.

그들의 사상에는, 이슬람의 가르침을 엄격히 해석하고 그것을 따라야 한다고 주장한 16세기 후반의 울라마 비르기비 에펜디가 큰 영향을 미쳤다. 여기에서 더 거슬러올라가면 13~14세기 맘루크 왕조에서 활약한 울라마 이븐 타이미야의 사상이 후대에 이어진 것으로 볼 수도 있다. 이븐 타이미야는 초기 이슬람 시대의 관행에서 벗어나는 것을 엄히 경계하며, 이슬람법을 등지는 자는 설사 무슬림의 지배자라고 할지라도 성전으로 징계하는 것이 마땅하다고 주장했다.

이런 엄격주의는 이전의 오스만 제국에서는 찾아볼 수 없었던 이슬람 사상이었다. 오스만 제국은 원래 융통성 넘치는 혼합주의적인 이슬람교를 받아들였고, 아랍 지역을 정복하면서 정통 수니파의 교의가 우세해진 16세기 이후에도 현금 와크프를 용인

하는 등 이슬람법을 유연하게 운용해왔기 때문이다. 그래서 카드자데파의 대두에 눈살을 찌푸리는 사람들도 많았다. 17세기의 오스만 제국을 대표하는 문인 카팁 첼레비는 카드자데파를 "위선적이고 광신적인 집단"이라며 비난했다.

그러나 카드자데파는 이런 비판을 뒤로 한 채 모스크의 설교를 통해서 일반 민중의 마음을 사로잡아 사회에 큰 영향력을 행사했다. 설교자는 원래 오스만 제국의 울라마 서열 중에서 하위집단에 속한다. 그러나 민중에게 직접 호소할 수 있었으므로 수완만 좋으면 큰 영향력을 행사할 수 있었다. 무라드 4세는 군주의 권력을 억누를 만큼 힘이 커진 고위 울라마를 견제하기 위해서, 사회 규율을 강화하는 동시에 민중 동원력을 가진 설교자의 힘을 이용하기로 한 것이다.

이슬람 사상의 발전

카드자데파는 이후 17세기의 4분의 3에 해당하는 긴 세월 동안 세력을 유지했다. 그래서 이 시대의 오스만 사회를 "광신이 승리한 시대"로 평가하는 연구자도 있다. 그러나 한편으로는 보수파의 주류인 에부수드가 확립한 유연한 이슬람법의 운용체제도 여전히 유지되고 있었다.

그뿐만 아니라 17세기 오스만 제국은 오늘날 지적 활동이 착실하게 발전한 시대로 주목받고 있다. 이전의 이슬람 사상 연구자들은 대개 사상과 철학 등 지적 영역의 전성기는 11세기부터 12세기 사이였으며 오스만 제국 시대에는 정체되었다고 말했다.

그러나 연구자 칼레드 루아이헤브에 따르면, 17세기에 마그레브 지방(아프리카 북서부)의 학자들과 아제르바이잔계 혹은 쿠르드계 학자들이 정치적인 혼란을 피해서 오스만의 영토로 이주했으며, 그들과의 학문적 교류가 오스만 제국의 지식인들에게 자극을 주었다고 한다. 그런 가운데 모방보다 입증을 중시하는 풍조가 강해져서 철학, 자연과학, 논리학, 형이상학 분야에 새로운 발전이 일어났다는 것이다.

학습의 방법론에도 혁신이 일어났다. 이전의 이슬람 세계에서는 전통적인 사제 관계에 기초하여 구두로 지식을 전달하는 방식을 중시했고 글을 암기하고 음독하는 행위에 가치를 두었다. 그러나 이 시대 이후 토론과 논쟁에 무게가 실리게 되었고, 글 역시 단순히 암기하는 것뿐만 아니라 묵독으로 더 깊은 이해를 얻는 방식이 요구되기 시작했다.

이처럼 학문의 새로운 방법론을 논한 지식인으로는 역사가로도 잘 알려진 뮈네짐 바쉬 아흐메드와 솔라크자데 메흐메드를 들 수 있다. 17세기 후반부터 18세기에 걸쳐 이슬람 학교(마드라사)와 도서관이 급증한 덕분에 이런 지적인 활동이 한층 활발해졌다는 점도 간과해서는 안 된다(도서관에 대한 내용은 220쪽 참조).

그런데 흥미롭게도 이슬람 철학과 논리학을 발전시킨 학자들 사이에 카드자데파 지식인도 끼어 있었다. 이슬람 사상에 대한 최종적인 평가는 아직 내려지지 않았지만, 카드자데파는 단순한 광신도나 복고주의 집단이 아니라, 어떤 의미에서 보면 시대에 적응하기 위한 사람들의 노력이 종교의 형태로 나타난 것으로도

무라드 4세
재위 1623-1640

생각할 수 있다.

무라드 4세의 원정

무라드 4세의 정책 이야기로 다시 돌아가보자.

무라드는 오스만 사회의 새로운 세력인 카드자데파를 이용하며 권력을 확립한 다음 동쪽으로 눈을 돌렸다. 이 무렵 사파비 왕조가 아나톨리아의 동부를 반복적으로 침입하고 있었기 때문이다. 서쪽의 경쟁자인 합스부르크 제국은 한창 30년전쟁을 치르는 중이어서 배후를 공격할 우려가 없었다.

1635년, 무라드가 친히 인솔한 오스만 군이 예레반(레반)을 정복하는 데에 성공했다. 그리고 무라드는 이 승리의 여세를 몰아서 동생 바예지드와 술레이만을 처형했다. 그 당시 형제 살해는 현 술탄이 전쟁에서 승리해서 권위를 확립한 후에야 비로소 실행할 수 있는 행위가 되어 있었다. 무라드는 이 승리를 기념하는 의미로 톱카프 궁전의 내정에 산뜻한 정자 '레반 키오스크'를 짓기도 했다.

그러나 무라드는 그 이듬해에 사파비 왕조에게 에레반을 다시 빼앗겼다. 그리고 1638년에 다시 원정에 도전하여 바그다드로 진군했다. 이 원정을 떠나기 전에는 동생 카슴이 처형당했다. 무라드는 원래 사파비 왕조의 수도 이스파한을 정복하려고 했지만 행군 중에 병이 나서 평화 교섭을 대재상에게 맡기고 이스탄불로 귀환했다. 1639년에는 사파비 왕조와 카스레 시린 조약을 맺었는데 이 조약의 내용이 이후 터키, 이란 국경의 기초가 되었다.

무라드의 죽음과 왕위 계승

이스탄불로 돌아온 무라드는 병든 몸으로 베네치아 원정을 위한 함대 편성을 명하지만 원정을 실현하지 못하고 1640년에 사망했다.

그의 아들 5명은 모두 어려서 죽었고 남은 왕족은 무라드의 막냇동생 이브라힘뿐이었다. 한 이야기에 따르면 무라드가 죽기 지전에 이브라힘의 처형을 명했으나 모후 쾨셈이 이를 방해했다고 한다. 또한 무라드는 술탄의 자리를 측근이나 크림한국의 왕족에게 물려주려고 했다고 한다. 이것이 사실이라면 오스만 왕가의 정통은 이때에 끊어질 뻔했다는 이야기가 된다.

오스만 왕가의 시대가 끝나고 칭기즈 칸의 혈통인 크림한국의 왕족이 그 뒤를 잇는다는 소문이 항간에 퍼진 것도 이 무렵이었다. 술탄의 폐위가 거듭되던 17세기에 비로소 오스만 일가가 아닌 다른 가문의 누군가가 군주로 즉위할 수도 있다는 가능성이 거론된 것이다. 다만 그런 논의가 공식화된 적은 없으며 기본적으로는 오스만 왕가의 존속이 최우선으로 고려되었다. 크림한국의 왕가가 오스만 제국의 왕위를 계승할 수도 있었다는 주장은 단순히 지나가는 이야기로 다루는 것이 좋겠다.

"광인 왕"의 허와 실

구사일생으로 목숨을 부지한 이브라힘이 무라드에 이어서 24세의 나이로 즉위했다.

아흐메드 1세의 아들 이브라힘은 형들이 차례로 처형된 후에도 오랫동안 톱카프 궁전의 새장에서 살아남았지만 그런 경험이 그의 정신적인 균형을 무너뜨렸다고 한다. 그래서인지 그는 다양한 기행들을 저질러 20세기 초의 역사가들에게 "광인 왕"이라고 불렸고, 17세기 오스만 제국을 쇠퇴의 길로 이끈 주범으로 간주되었다. 잘 알려진 것만 이야기하자면, 이브라힘은 자신의 아들을 연못에 던지려고 했으며 로도스 섬에 유배시키려고도 했다고 한다.

그러나 이브라힘이 정말로 "광인 왕"이었는지에 대한 평가가 최근에 다시 이루어지고 있다. 그의 필적에서는 흐트러진 글씨를 하나도 찾을 수 없고, 높은 교양 수준 또한 느껴진다. 일찍이 술

이브라힘
재위 1640-1648

레이만 1세 역시 자신의 아들을 죽인 것을 생각하면, 이브라힘의
끔찍한 행동도 왕위의 잠재적인 위협이 될 수도 있는 요소들을
배제하여 정권의 안정을 꾀하고자 한 것으로 해석할 수 있다.

　이브라힘은 엄격한 규율을 추구했던 무라드 4세와 달리 규율
을 완화하여 사람들의 숨통을 틔웠다. 특히 치세 전반기에는 대
재상 케만케쉬 카라 무스타파 파샤의 보좌를 받아서 국내외 정
세를 안정시키는 데에 성공했다.

이브라힘 치세 후반의 위기

그러나 머지않아서 이브라힘의 운명을 바꾸는 사건이 일어났다.
1644년에는 정쟁(政爭) 끝에 케만케쉬가 처형당했고(그의 위세를

못마땅해하던 쾨셈이 사주했다는 말도 있다), 1645년에는 크레타 섬에 대한 원정이 실패로 돌아간 것이다.

에게 해를 가로막듯이 놓여 있는 크레타 섬은 베네치아의 영토였으므로 이미 "오스만 내해"가 된 지중해 동부에서 유일한 기독교의 보루였다. 그런데 크레타 근해에서 활동하던 몰타 기사단이 해적 행위를 일삼았던 탓에 골치를 썩이던 이브라힘이 결국 크레타 원정을 선언한 것이다. 오스만 군은 크레타에 상륙하자마자 섬의 대부분을 점령했지만 핵심 지역인 칸디아(이라클리오)는 좀처럼 무너뜨리지 못했다. 그러자 베네치아는 육지에서는 오스만 군을 이기지 못한다는 것을 깨닫고 1646년에 다르다넬스 해협으로 함대를 파견하여 해협을 봉쇄해버렸다. 이것으로 크레타 섬과 이스탄불 사이의 연락과 보급이 끊어졌고 이스탄불은 큰 혼란에 빠졌다.

이 무렵 이스탄불의 정국은 모후, 유력 정치가들, 이슬람 장로, 예니체리 군단의 싸움으로 매우 불안해져 있었다. 다르다넬스 해협까지 봉쇄되면서 이 혼란이 더욱 가중되었다. 결국 1648년, 자신들에게 세금을 징수하려던 대재상을 공격한 예니체리 군단원들이 그대로 반란군이 되어서 이브라힘의 왕자 메흐메드에게 충성을 맹세하는 일이 벌어졌다. 군단원들은 그를 메흐메드 4세로 즉위시킨 다음 이브라힘을 교살했다.

이브라힘은 치세 말기에 휘마샤라는 노예와 사랑에 빠져 오스만 왕가의 관례를 깨뜨리고 정식으로 결혼했으며, 그후 다른 여성을 하렘에 들이지 않았다고 한다. 이것도 그의 "기행" 중의 하나로 꼽히는데, 술레이만 1세와 휘렘의 결혼이 동시대인들의 빈축을 샀던 것처럼 이브라힘의 결혼도 그러했을 것이다. 따라서 그에 대한 악평이 왜곡된 것일 가능성 또한 고려하는 것이 좋을 듯하다.

그의 아들들은 어려서 죽은 6명을 제외한 모두가 왕위를 계승했다. 차례대로 나열하면 메흐메드 4세, 술레이만 2세, 그리고 아흐메드 2세이다.

지속되는 위기 상황

혼란 중에 아직 할례조차 받지 못한 메흐메드 4세가 여섯 살의 나이로 즉위했고 위기는 오스만 제국의 안팎으로 이어졌다.

궁전에서는 새로운 술탄의 조모 쾨셈이 여전히 은근한 권력을 행사했다. 카드자데파의 지도자 위스퀴바니("바니"라는 약칭으로 종종 불린다/옮긴이) 역시 쾨셈과 궁전에 강한 영향력을 미치고 있어 "설교하는 술탄"이라고 불릴 정도였다. 한 울라마는 이 상황에 대해서 "카드자데파가 이 나라 구석구석에 나무처럼 뿌리를 뻗고 있다. 나무의 어떤 가지는 보스탄즈 군단(톱카프 궁전의 경호병)으로, 어떤 가지는 궁전으로, 또 어떤 두꺼운 가지는 여러 시장의 길드로 뻗어나가서 튼튼하게 자랐다. 이를 어떤 방법으로 제거하면 좋을까?"라며 한탄했다.

한편 쾨셈에게 대항하는 사람들은 새로운 왕 메흐메드 4세의 어머니 투르한에게로 모여들었다. 그러자 쾨셈은 투르한보다 메흐메드 4세의 동생인 술레이만의 어머니 쪽이 다루기 쉽다고 판단했는지, 메흐메드 4세를 폐위하고 술레이만을 즉위시키려고 했다.

그러나 투르한이 이를 눈치채고 하렘에 자객을 보내어 쾨셈을 교살했다. 이것이 "가장 위대한 모후"라고 불렸던 쾨셈의 최후이다.

하렘의 암투가 끝난 뒤에 대재상 타르훈쿠 아흐메드 파샤의 재정 개혁과 해군 제독 카라 무라드 파샤의 활약 덕분에 다르다넬스 해협의 봉쇄가 일시적으로 풀렸다. 그래서 잠시 사태가 호전되는 듯했지만 해협은 1656년에 다시 봉쇄되었다. 오히려 베네치아 함대에 맞선 오스만 함대가 싸움에서 대패하여 이스탄불까지 위험해지자, 이스탄불의 해안 마을에는 집들을 철거하라는 명령이 떨어졌고, 이 명령은 사람들을 공황에 빠뜨렸다. 이스탄불은 1453년 메흐메드 2세가 입성한 이래로 한번도 외적에게 노출된 적이 없었으므로 당연한 일이었다.

그 와중에 메흐메드의 동생 술레이만을 즉위시키려는 음모가 발각되었고 그 주모자인 이슬람 장로가 유배되었다가 처형되는 등의 혼란이 이어졌다. 결국 투르한은 1656년 9월에 당시 나이 80세 전후였던 노정치가 쾨프륄뤼 메흐메드 파샤를 대재상으로 임명했다.

3. 대재상 쾨프륄뤼의 시대

대재상 쾨프륄뤼 메흐메드 파샤

17세기 후반은 "쾨프륄뤼의 시대"라고도 불린다.

한 시대를 풍미한 쾨프륄뤼 일가의 창시자인 쾨프륄뤼 메흐메

쾨프륄뤼 메흐메드 파샤

드는 만약 이런 혼란이 없었다면 정치 무대 위로 오르지도 못하고 여생을 마쳤을 것이다. 그는 알바니아 출신이자 데브쉬르메로 징집된 마지막 세대였다. 처음에는 궁전으로 들어가서 요리사로 일하다가 지방으로 임명되어 궁전을 떠났고, 그후에는 지방과 중앙의 관직에 두루 종사하며 경력을 쌓았다. 1647년에는 아나톨리아의 흑해 연안의 중심지인 트라브존 총독으로 임명되었으나, 반란 진압에 실패하여 포로가 되는 등의 실책을 저지르기도 했다.

모후 트라한의 지인 중에서 쾨프륄뤼와 동향인 사람이 그를 대재상으로 추천했는데, 이 무렵 그는 아내의 고향인 아마시아 근교의 쾨프뤼 마을(쾨프륄뤼라는 이름은 여기에서 왔다)에서 조용히 지내고 있었던 듯하다. 전권을 위임받는 조건으로 위험을 무릅쓰겠다고 마음먹은 노년의 쾨프륄뤼는 충분한 성과로 투르한의 기대를 충족시켰다.

쾨프륄뤼는 일단 이스탄불의 치안을 복구하고 자신의 권력을 확립하기 위해서, 소요를 일으켰던 상비 기마병을 예니체리 군단의 힘을 빌려서 소탕하는 등 철저한 숙청을 실시했다. 원래 데브쉬르메 출신자로 이루어진 엘리트 집단이자 예니체리보다 격이 높았던 상비 기마병 군단은 이 일을 계기로 오스만 제국의 정치 무대에서 사라지고 말았다. 쾨프륄뤼는 또한 민중을 선동한 카드자데파의 지도자 위스튀바니 등 설교자들을 유배형에 처하고 왈라키아 공국과 공모한 이스탄불의 그리스 정교회 초대 주교를 처형했다.

그는 이렇게 수도에 위협을 가한 세력을 모조리 무찌른 이후에 베네치아의 다르다넬스 해협 봉쇄를 해제했고 불온한 움직임을 보이던 트란실바니아에 군대를 보내서 불만을 진정시켰다. 또한 모후 투르한의 재산으로 다르다넬스 해협의 요새를 강화했다.

한편 아나톨리아에서는 알레포 총독인 아바자 하산 파샤가 반란을 일으켰다. 쾨프륄뤼의 강압적인 정책에 불만을 품은 자들이 운집하여 터뜨린 이 마지막 젤랄리 반란을 쾨프륄뤼는 철저한 섬멸전으로 진압했다. 이렇게 제국을 다시 안정시킨 쾨프륄뤼는 동시대 역사가들에게 "검의 주인"으로 칭송받는 동시에 가혹한 숙청을 반복했다는 비판을 받았다.

관료 제국

이처럼 쾨프륄뤼가 재량껏 강압적인 정책을 펼칠 수 있었던 것은 투르한에게서 전권을 위임받았기 때문이다. 또한 그가 대재상으로 취임하기 직전인 1654년에 바브알리가 톱카프 궁전에서 독립한 것도 큰 도움이 되었을 것이다.

이전에는 대재상과 그 휘하에서 행정 일을 보던 이들이 톱카프 궁전 내에서 일했다. 그러나 문서 행정 조직이 해야 할 일이 점점 많아짐에 따라서 공간이 비좁아져 이 무렵부터 대재상은 사저에서 업무를 보게 되었다. 이것이 후대에 오스만 정부와 거의 동일시될 만큼 거대해진 바브알리의 시초였다. 바브알리는 이곳저곳을 옮겨 다니다가 지금의 이스탄불 시청이 있는 곳에 둥지를 틀었다.

행정 조직 내에는 업무별 칼렘(Kalem : "연필"이라는 뜻), 즉 업무별 부서가 만들어져 제국의 방대한 행정과 재무를 관할했다. 관료제가 발달할수록 하급 관리인 서기관장의 실무 수장으로서의 역할과 존재감 역시 커졌다. 또한 바브알리가 분리되면서 대재상의 개인 비서도 중요한 역할을 맡게 되었다. 19세기 이후 서기관장은 외무 장관, 비서는 내무 장관으로 직위와 역할이 바뀌었다.

17세기 이후 크게 발전한 관료제 덕분에 이 시기의 오스만 제국은 무슬림 왕조 중에서도 두드러지게 많은 공문서를 사료로 남겼다. 이전에 "군인 제국"이었던 오스만 제국은 이처럼 "관료 제국"으로 변모하고 있었다.

파질 아흐메드 파샤

대재상 파질 아흐메드 파샤

쾨프륄뤼는 반대 세력을 한번에 모두 없애고 안정된 정권을 구축한 다음 아들인 파질 아흐메드 파샤를 후임으로 앉히고 1661년에 사망했다. 이후 쾨프륄뤼 일가는 반세기에 걸쳐서 고위 관료들을 배출했다. 그후 두드러진 정치가를 배출하지는 못했지만 명문의 지위는 계속 유지했다. 터키 공화국 초기에 역사가로 이름을 떨친 푸아트 쾨프륄뤼도 그 후손 중의 한 명이다.

아버지의 뒤를 이어서 대재상이 된 파질은 이슬람 학교를 졸업한 후 울라마로서 경력을 쌓았다. 중견 정치가의 아들이 울라마가 되는 것은 나쁘지 않은 선택이었다. 아버지가 대재상으로 취임한 후에는 정치가로 전향하여 오스만 제국 역사상 오랜만의,

그리고 최후의 울라마 출신 대재상이 되었다.

파질은 취임한 다음, 자신의 출세가 아버지의 후광에만 힘입어서 이루어진 것이 아님을 증명해 보였다. 오스트리아와 몇 차례 전쟁을 치른 뒤인 1664년에는 오스만 제국에 유리한 조건으로 바스바르 조약을 체결했고, 1669년에는 크레타 섬의 중심지인 칸디아를 정복하여 25년간 이어졌던 크레타 섬의 공략을 마무리했다. 이때 오스만 제국은 1672년에 점령한 포돌리아까지 포함하여 오스만 제국 역사상 가장 넓은 영토를 가지게 되었다.

메흐메드 4세의 "개종 시대"

파질이 대재상이 되어서 성과를 올리는 동안 성인이 된 메흐메드 4세는 대부분의 시간을 에디르네에서 보내며 취미인 사냥에 몰두했다고 한다. 그는 그래서 "사냥왕"이라고도 불린다. 그러나 메흐메드 4세는 단순히 유흥에 빠져 있지 않았다.

메흐메드가 주로 에디르네에 머물렀던 이유는 수도 이스탄불의 다양한 압력으로부터 자유로워지기 위해서였다. 그가 수도에서 멀리 떨어진 곳에 머무름으로써 이스탄불 시민과 결탁한 예니체리나 톱카프 궁전의 유력자의 영향력에 휘둘리지 않은 덕분에 정권이 안정되었던 것으로 보인다. 다만 메흐메드의 에디르네 장기 체류는 이스탄불 사람들의 불만을 사서 이후 반란의 원인이 되기도 했다.

또한 메흐메드 4세는 사냥을 하러 마을을 들를 때마다 비무슬림을 이슬람으로 개종시키려고 노력했다. 그러나 강제 개종은 이슬람법상 원칙적으로 금지되어 있었으므로 어디까지나 자발적인 개종을 권유하고 개종한 사람에게 축하금을 주었을 뿐이다. 이런 행적은 그의 종교적인 위업으로 칭송받았다.

사실 메흐메드 4세는 적극적인 종교 정책을 펼친 군주였다. 일례로 그는 1660년 이스탄불에서 발생한 대화재 이후 도시를 재건하면서, 골든 혼의 현관에 해당하는 에미뇌뉘 지구에 있던 유대교도의 주거지를 교외로 이전시켰다. "이스탄불 도심 경관의 이슬람화"를 추진한 것이다. 또한 당시 스스로를 구세주라고 칭하며 오스만 제국뿐만 아니라 유럽 유대교도의 큰 반향을 불러일으켰던 살로니카의 유대교 랍비(종교 지도자) 사바타이 체비를 위험인물로 간주하여 이슬람교로 개종시켰다. 그러나 체비 일파는 표면적으로 개종한 뒤에도 된메(Dönme)라고 불리는 은거 유대교도로 존속했다.

이런 사실로 미루어볼 때, 메흐메드 4세의 시대를 "개종 시대"라고 불러도 좋을 듯하다. 이 시대는 오랜 오스만 제국의 역사에서 이슬람교로의 개종이 장려된 유일한 시대이다(왕조 초기에 어땠는지는 알 수 없지만 말이다). 연구자 마크 베어는 메흐메드 4세를 "사냥왕"이 아니라 "개종왕"이라고 부르는 것이 더 적합하다고 말했다.

이 "개종 시대"의 배후에는 카드자데파의 영향력도 있었다. 그들은 한때 대재상 쾨프륄뤼 메흐메드 파샤에게 탄압을 받았지만, 새로 취임한 파질 파샤는 이들의 이용 가치를 인정하고 세력을 회복시켜주었다. 카드자데파의 지도자 위스튀바니 메흐메드

메흐메드 4세
재위 1648-1687

에펜디는 메흐메드 4세의 왕자 무스타파(이후 무스타파 2세가 된다)의 첫 스승으로 영향력을 행사했으며, 앞에서 말한 사바타이 체비를 오스만 제국의 논란거리로 만들기도 했다.

제2차 빈 포위

대재상 파질 아흐메드는 1676년에 마흔 전후의 나이로 사망했다. 과도한 음주로 인해서 생긴 부종 때문이었다고 한다. 이슬람 학교를 졸업하고 한때 울라마로 일했으며, 카드자데파의 지도자 위스튀바니와 가까이 지낸 데다가 이스탄불의 술집을 없애라고 2번이나 명령했으면서도 본인에게는 종교적으로 그다지 엄격하지 않았던 모양이다.

그의 뒤를 이어서 쾨프륄뤼 메흐메드의 사위인 메르치폰루 카라 무스타파 파샤가 대재상으로 임명되었다.

파질만큼이나 유능한 정치가였던 메르치폰루는 1683년에 빈 공략을 결의했다. 150년 전에 술레이만 1세가 시도했던 거사를 완료하고자 한 것이다. 이 원정을 결의하는 데에 카드자데파가 영향을 미쳤다는 설도 있다. 메흐메드 4세는 처음에는 원정을 꺼렸지만, 파질의 사후에도 군주의 총애를 받았던 위스튀바니가 그를 설득했을 뿐만 아니라 스스로도 종군 설교자로 원정에 참여하여 병사들의 사기를 돋우었다.

그렇다고 하더라도 제2차 빈 포위는 광신에 빠져서 저지른 폭동이 아니라 충분히 승산 있는 원정이었다. 동시대의 서양인도 메르치폰루의 탁월한 군사적 능력을 증언했다.

오스만 군은 20만 명 규모로 빈을 포위했으나 속국인 크림한국이 제공한 기마병 군단이 비협조적이었던 탓인지 점점 지쳐갔다. 그러다가 결국 폴란드 왕인 얀 3세 소비에스키(재위 1674-1696)의 급습으로 패배하고 말았다. 술레이만 1세의 제1차 빈 포위가 군대를 질서정연하게 철수하면서 끝난 것과 달리 이번 철수는 파괴적인 형태로 흩어지면서 마무리되었다. 메르치폰루는 패전에 대한 책임을 지고 처형당했고 위스튀바니는 좌천되었다가 몇 년 후에 실의에 빠진 채 죽었다고 한다.

신성동맹과의 오랜 싸움

제2차 빈 포위 실패 후에 이어진 신성동맹과의 긴 싸움은 오스만 제국에 심각한 타격을 주었다. 신성동맹이란 오스트리아, 폴란드, 베네치아, 러시아가 오스만 제국에 대항할 목적으로 맺은 동맹을 말한다.

16년이나 지속된 이 전쟁에서 오스만 군은 국지적인 승리를 제외하고는 줄곧 고전을 면하지 못했다. 그 결과 술레이만 1세 때부터 오스만의 땅이었던 헝가리, 그리고 "성전의 집"으로 불렸던 베오그라드를 잃었을 뿐만 아니라 에게 해 방면에서 쳐들어온 베네치아 해군에게 아테네까지 빼앗겼다.

오스만 제국은 왜 그토록 군사적 열세에 몰린 것일까?

일단 오스만 제국 측에 문제가 있었다. 유럽이 군사기술을 혁신할 동안 그들은 그 변화를 따라가지 못했다. 예니체리 군단을 비롯한 오스만 군의 규율이 느슨해져서 군사력이 열등해졌다는 의견도 있는데, 이 의견 또한 일정한 지지를 얻고 있다.

그러나 연구자 로즈 머피는 더 결정적인 원인을 제시했다. 유럽 국가들이 이전에는 상상도 하지 못했던, 신성동맹이라는 군사동맹을 장기적으로 유지하며 오스만 제국을 다방면에서 지속적으로 도발했기 때문이라는 것이다. 오래 전이기는 하지만 과거에도 니코폴리스 십자군, 레판토 해전 등 유럽 제국이 단기적으로 연합군을 조직하여 오스만 제국에 맞선 적이 있다. 그러나 복잡한 이해가 결부된 유럽 제국이 10년 넘게 공통의 적 오스만에게 대항하는 동맹을 맺고 전선을 유지한 적은 한번도 없었다. 오스만 제국도 이때처럼 헝가리, 흑해 북안, 에게 해로 전선이 각각 나뉜 상태에서 장기간 전쟁을 치른 경험은 없었다. 오스만 제국이 이

술레이만 2세
재위 1687-1691

만큼 열세에 몰린 것은 매우 이례적인 일이었고, 오스만 제국이 이처럼 일방적으로 패전을 거듭한 역사는 1768년 러시아-튀르크 전쟁이 일어나기 전까지 두 번 다시 반복되지 않았다.

　이런 대외적인 위기 속에서 수도에서도 술탄에 대한 반란이 일어났다. 그 결과 1687년, 메흐메드 4세가 40년 가까이 지켰던 왕좌를 동생 술레이만 2세에게 물려주게 되었다. 메흐메드는 그후에도 처형되지 않고 톱카프 궁전의 한쪽에서 1693년까지 살았다고 한다.

무스타파 2세의 성전

술레이만 2세(재위 1687-1691)와 그 뒤를 이은 아흐메드 2세(재

아흐메드 2세
재위 1691-1695

위 1691-1695)의 짧은 치세(둘 다 병사했다) 중에도 이스탄불의
혼란은 여전했고 신성동맹과의 전쟁은 끝날 줄을 몰랐다. 1689
년에 파질의 동생 쾨프륄뤼 무스타파 파샤가 대재상으로 취임한
직후에는 크림한국의 군주인 셀림 기라이 칸이 총력전을 펼친 끝
에 오스만 군이 일시적으로 승기를 잡았다. 그러나 쾨프륄뤼 무
스타파가 전사한 이후 열세를 만회하기가 어려워지면서 영국의
중개를 통해서 신성동맹과 화친조약을 맺기로 방침을 정했다.

그러나 1695년에 즉위한 무스타파 2세가 그 방침을 거부했다.
그는 이전의 군주들이 겉치레에 빠진 것을 비판하고 알라 신이
자신을 칼리프로 임명했다고 주장하며, 1526년 모하치 전투에서
헝가리를 무찌른 술레이만 1세의 지략을 본떠서 성전에 나서겠다

고 선언했다.

무스타파 2세는 왕자 시절부터 카드자데파의 지도자 위스튀바니, 그리고 그의 사위인 페이줄라 에펜디에게 가르침을 받았다. 제2차 빈 포위가 실패한 이후 위스튀바니는 자리에서 물러났고 페이줄라 역시 불만 세력에 의해서 지방으로 좌천되었는데, 무스타파 2세가 즉위하면서 이들을 이슬람 장로로 불러들였다. 그러므로 무스타파의 성전 선언에는 카드자데파가 큰 영향을 미쳤을 것이다. 무스타파는 평소에도 화려함을 경계하고 일반 병사들과 같은 음식을 먹으며 소박하게 지냈다고 한다.

무스타파는 즉위 직후 오스트리아로 직접 원정을 떠나서 상당한 성과를 거두었다. 그는 직접 원정에 나섬으로써 신앙 전사의 칭호를 얻은 최후의 술탄이 되었다. 그러나 1697년 젠타 전투에서는 합스부르크 군의 명장 외젠의 기습으로, 대재상 이하 20명의 고위 관리와 군단의 8분의 1을 잃는 파멸적인 패배를 맛보았다.

카를로비츠 조약

젠타 전투에서 쓰라린 실패를 맛보고도 무스타파 2세는 전쟁을 지속하려고 했다. 그러나 대재상으로 새로 취임한 쾨프륄뤼 암자자데 휘세인 파샤 등이 화친을 주장했고 무스타파도 결국 그 의견을 받아들였다. 그래서 1699년에 영국 대사의 중개로 베오그라드 근교의 카를로비츠에서 회의가 열렸고 드디어 16년간 이어진 전쟁이 끝이 났다.

무스타파 2세
재위 1695-1703

이 조약으로 헝가리, 트란실바니아, 크로아티아는 오스트리아의 땅이 되었고 펠로폰네소스 반도와 크로아티아 연안의 일부는 베네치아의 땅이 되었으며 포돌리아는 폴란드의 땅이 되었다. 러시아에는 1700년에 맺은 이스탄불 조약에 따라서 흑해 북동쪽 기슭 안쪽에 위치한 중심지 아조프가 주어졌다.

오스만 제국의 영토가 이렇게까지 줄어든 것은 1402년 앙카라 전투 이래로 처음이었다. 카를로비츠 조약은 오스만 제국이 대외정책에서 외교의 비중을 크게 늘리는 계기가 되었다. 이 회의에 참석하여 오스만의 핵심적인 역할을 담당했던 서기관장 라미는 나중에 제국 최초의 서기 출신 대재상이 되었다.

오스만 제국의 혹독한 17세기는 이렇게 막을 내렸다.

4. 18세기의 번영

사건 전야

오스만 제국은 대외적으로 1699년 카를로비츠 조약과 함께 17세기를 마무리하고 새로운 시대를 맞았다. 한편 제국 내에서는 그보다 조금 후인 1703년에 에디르네 사건으로 새로운 시대를 열게 되었다.

신성동맹과의 긴 싸움은 오스만 제국의 국내 정세에도 심각한 영향을 미쳤다. 전쟁에 필요한 비용이 새로운 세금으로 민중에게 전가되었기 때문이다. 징집되어 병사로 활동했던 사람들이 귀환한 후에 무리를 지어 도적단이 되면서 지방의 혼란을 초래하기도 했다. 종전 이후 무스타파 2세는 이들을 소탕하고 재정 상황을 개선하기 위해서 기호품에 부과되는 세금을 늘렸다. 이런 정책으로 이스탄불은 잠시 안정을 되찾는 듯했지만, 사람들 사이에서는 무스타파 2세에 대한 두 가지 불만이 계속 쌓여갔다.

하나는 메흐메드 4세와 마찬가지로 무스타파 2세가 에디르네에 장기 체류하고 있다는 것이었다. 메흐메드는 처음에 대(對)유럽 전쟁과 외교를 원활하게 수행하기 위해서 에디르네에 머물렀고, 전쟁이 끝난 후에는 구세력의 압력으로부터 자유롭다는 이유로 그곳에 머물렀다. 심지어 하렘을 톱카프 궁전에서 에디르네로 옮기면서, 군주가 이스탄불로 돌아올 생각이 없다는 여론이 우세해졌다. 소비의 중심이 될 왕과 측근들이 이스탄불에 없으니 경제도 충분히 활기를 띠지 못했고, 따라서 상인과 기술자까지 불만을 품게 되었다.

또다른 불만은 이슬람 장로 페이줄라가 전횡을 일삼았다는 것이다. 무스타파 2세의 스승 페이줄라는 나랏일에 개입하여 자신과 관련이 있는 사람을 고위직에 앉혔을 뿐만 아니라 자신의 아들을 차기 이슬람 장로로 취임시키겠다는 약속을 술탄에게서 받아내는 등 전대미문의 독재 권력을 휘둘렀다.

에디르네 사건 : 오스만 제국의 "명예혁명"

조지아에 파견될 예정이었던 200명의 갑옷 기사단이 급여 미지급을 이유로 봉기했다. 이것이 1703년 에디르네 사건의 시작이었다. 그들이 에디르네에 장기 체류하던 무스타파 2세를 만나겠다며 이스탄불을 나서자, 군주에게 불만이 쌓여 있던 예니체리 군단, 유력한 직책에서 소외된 고위 관리와 울라마, 상인과 기술자 등 수많은 시민들이 가세하여 순식간에 6만 명 규모의 대집단이 만들어졌다. 이들은 페이줄라의 파면을 요구했을 뿐만 아니라 새로운 이슬람 장로를 직접 선출하기까지 했다.

이스탄불에서 온 시위자들과 에디르네의 수비병이 일촉즉발의 분위기로 대치했지만, 결국 에디르네 수비병도 시위대에게 동조했다. 무스타파 2세는 어쩔 수 없이 자신의 퇴위와 페이줄라의 파면을 인정함으로써 충돌을 피했다. 페이줄라는 도망치다가 시위대에 붙잡혀서 맞아 죽었다고 한다.

봉기한 군중 가운데 일부는 크림한국의 왕가와 이브라힘 칸 일가의 즉위를 요구했다고 한다. 이브라힘 칸 일가란 대재상 소콜루의 후손들을 말하는 것으로, 두드러진 정치가를 배출한 적은 없어도 오랫동안 명문으로 꼽혔던 집안이다. 소콜루는 술탄의 사위였으므로 이브라힘 칸 일가 역시 오스만 왕가의 혈통이라고 할 수 있다.

그러나 당시 스물아홉 살이었던 무스타파 2세의 동생 아흐메드가 결국 무스타파 2세의 뒤를 이어서 아흐메드 3세로 즉위했다. 혼란이 가라앉자마자 시위 주모자들이 서서히 제거되었고 사회는 질서를 되찾았다. 카드자데파 지도자 위스튀바니의 두 아들도 처형당하면서 17세기 내내 강한 영향력을 미친 카드자데파의 세력 역시 쇠퇴하게 되었다.

큰 유혈 사태를 부르지 않으면서 군주와 이슬람 장로가 교체된 이 사건은 예로부터 연구자들의 관심을 끌었다. 이 사건은 17세기에 빈번하게 일어난 수도의 군사적 시위를 실질적으로 종결시켰기 때문이다. 오스만 2세부터 무스타파 2세까지 6번이나 일어났던 군주 폐위는, 에디르네 사건을 제외하고 18세기에는 1730년에 단 한번 일어났다. 이것은 수도에 있는 다양한 집단들에 이익이 골고루 돌아가게 함으로써 소요를 일으킬 만한 마찰을 미연에 방지하는 구조가 제대로 작동하기 시작했다는 뜻이다. 나중에 설명하겠지만 1730년에 일어난 파트로나 할릴의 난은 권력이 특정 인물(대재상 네브셰힐리)에게 집중되었을 때, 크고 작은 시위가 일어나면서 사회적 균형이 회복된 대표적인 사례이다.

그리하여 오스만 제국은 왕권 및 그 지지세력의 관계가 안정되고 성숙한 근대국가로서 18세기의 3분의 2를 보내게 된다.

파사로비츠 조약과 서쪽 국경의 안정

카를로비츠 조약 체결 이후, 오스만 제국은 대외적인 충돌을 피했다. 그러나 러시아의 표트르 1세(재위 1682–1725)와 북쪽에서 전쟁을 치렀던 스웨덴 왕 카를 12세(재위 1697–1718)가 오스만 영내로 망명한 것이 계기가 되어서 오스만 제국은 1711년에 프루트 강에서 러시아와 격돌하게 되었다. 오스만 군은 표트르 1세를 사로잡기 직전까지 몰아붙이는 등 전투를 우세하게 이끌어 영국과 네덜란드의 중개로 조약을 맺음으로써 아조프를 돌려받는 성과를 냈다.

한편 1716년 오스트리아를 상대로 한 전쟁에서는 열세에 몰려서 대재상까지 잃은 결과, 1718년 파사로비츠 조약에서 세르비아의 대부분을 빼앗기고 말았다. 이로써 오스만 제국은 카를로비츠 조약에서처럼 또다시 유럽 땅을 잃었지만 그후 20년 이상 서쪽의 국경에서 별다른 전쟁 없는 안정된 시대를 맞게 되었다.

아흐메드 3세와 "튤립 시대"

에디르네 사건으로 즉위한 아흐메드 3세는 형 무스타파 2세와 마찬가지로 페이줄라 에펜디의 가르침을 받았다. 그러나 아흐메드는 소박하고 금욕적인 태도로 성전의 의무를 완수하려고 했던 형과는 달리 세속 문화에 관심이 많았다.

그는 파사로비츠 조약 체결을 주도한 자신의 사위 네브셰힐리 이브라힘 파샤를 대재상으로 임명하여 풍요로운 치세를 실현했다. 1730년까지 이어진 그의 치세하에서는 도시의 소비문화가 무르익고 문화와 예술이 꽃피었을 뿐만 아니라 서양 문화에 대한 사람들의 관심도 높아졌다.

그중에서도 가장 유명한 업적은 대사 이르미세키즈 첼레비를 프랑스에 파견한 것이다. 이전에도 외교상 필요에 따라서 서양 제국에 사절을 파견하기는 했다. 그러나 이전과 달리 이번에는 사절에게 프랑스 문화와 제도를 자세히 관찰할 임무를 부여하여 보냈다. 서양 문명의 유용성을 인정하고 그 우수성을 배우려고 하는 군주의 태도는, 이슬람 세계의 정점에 오랫동안 군림했던 오스만 제국의 세계관이 크게 달라졌음을 보여준다.

이르미세키즈는 귀국 이후 프랑스 사정을 소개한 『사절의 서』를 집필하여 제국에 헌정했다. 개종한 헝가리인 이브라힘 뮈테페리카가 이르미세키즈의 아들 사이드의 도움을 받아서 활판 인쇄소를 개설한 것도 사절 파견의 큰 성과였다. 15세기 독일의 구텐베르크가 실용화한 활판 인쇄 기술은 비무슬림을 통해서 오스만 제국에 이미 전파되어 있었다. 그러나 아라비아 문자를 활용한 무슬림 문서를 인쇄하는 데에는 아직 활판 인쇄 기술이 활용되지 않고 있었다. 필사본의 전통이 뿌리 깊게 자리하고 있었기 때문이다. 그러나 이스탄불 사람들의 독서 수요가 많아짐에 따라서 이때 비로소 무슬림이 아라비아 글자로 된 서적을 활판 인쇄로 생산하기 시작했다. 이 뮈테페리카 인쇄소는 사전과 역사서, 지리서 등을 인쇄하여 시장에서 호평을 얻었다.

이 시대는 다수의 뛰어난 아라비아어 역사서가 오스만 튀르크어로 번역된 시대이기도 했다. 네브셰힐리의 주선으로 번역작업

아흐메드 3세
재위 1703-1730

을 진행한 사람들은 모두 당대 일류의 오스만 지식인들이었다. 14세기의 아랍 지식인 이븐 할둔이 쓴 『역사서설』도 이때 부분적으로 번역되었다. 이슬람 사상사에서 최고의 역사 이론서이자 최고의 사회학 서적으로 꼽히는 『역사서설』은, 아랍 지역에서는 잊혔으나 오스만 지식인들 사이에서는 계속 읽혔으며 17세기에는 이것의 국가론을 본뜬 다른 책이 저술되기도 했다.

아흐메드 3세와 네브셰힐리는 많은 역사가들을 후원한 것으로 잘 알려져 있는데, 덕분에 공식적인 제국 역사관 제두가 이때 성립되었다. 역사관은 이후 제국이 멸망할 때까지 존속하며 전임자의 역사서를 이어받아서 제국의 역사를 기록하는 일을 했다. 오스만 세밀화 역사상 최고의 화가로 평가받는 레브니와 페르시아 시(詩)의 영향에서 벗어나서 오스만 시의 새로운 시대를 연 네딤도 이 시대에 활약했다.

무르익은 도시 문화에 대한 이야기도 빼놓을 수 없다. 아흐메드 3세와 네브셰힐리는 골든 혼 안쪽에 이란 궁전을 본뜬 사다바드 별궁을 지어놓고 그곳에서 종종 술자리를 즐겼다. 군주나 고위 관리들뿐만 아니라 이스탄불 시민들도 이런 유흥과 오락을 즐겼다고 한다.

아흐메드 3세는 튤립을 좋아한 것으로도 유명하다. 그는 네덜란드에서 들여온 품종이 개량된 고가의 튤립을 특히 좋아했기 때문에 20세기 초의 한 역사가는 이 시대를 "튤립 시대"라고 불렀다.

동쪽의 혼란과 파트로나 할릴의 난

이처럼 안정된 "튤립 시대"에 동쪽에서 한 그림자가 드리워졌다.

오랫동안 오스만 제국의 적수였던 사파비 왕조이다. 사파비 왕조는 이 무렵 아프간족 아슈라프 칸의 침략으로 멸망할 위기에 처해 있었다. 수도 이스파한이 함락되고 군주가 포로가 되는 와중에 무사히 달아난 왕자 타흐마스프 2세(재위 1722–1732)가 과거에 수도였던 카즈빈에서 즉위하여 왕조의 명맥을 가까스로 이어 가고 있었을 뿐이다. 오스만 제국은 이 혼란을 틈타 군대를 보내서 이란 서부를 손에 넣었으나 같은 수니파인 아프간족을 공격한 것이 국내 여론의 반발을 샀다. 전쟁 경비를 조달하기 위해서 새로운 세금을 부과한 것도 사람들의 불만을 샀다.

군사적인 재능을 과시하며 아프샤르 왕조를 구축한 나디르

샤의 등장으로 동쪽의 국면이 순식간에 바뀌었다. "이란의 나폴레옹"이라고 불린 나디르는 타흐마스프 2세를 도와서 아프간족을 쫓아내고 오스만 제국이 점령한 이란 서부를 탈환했다. 한편 1730년, 이스탄불에서는 이 일을 계기로 해군 병사인 파트로나 할릴이 반란을 일으켰다.

이 반란에는 12년간 대재상 자리를 독점했던 네브셰힐리에 대한 사회적인 불만도 영향을 미쳤다. 그 결과 네브셰힐리는 처형되고 아흐메드 3세는 폐위되었으며 아흐메드의 조카 마흐무드 1세가 서른네 살에 즉위했다. 그러나 퇴위한 아흐메드 3세는 처형되지 않은 채 1736년까지 살았다.

이 파트로나 할릴의 난은 27년 전 에디르네 사건의 연장선상에서 일어난 일로 이해할 수 있다. 그후에는 네브셰힐리처럼 오랫동안 대재상의 자리를 독점하는 사례가 없어졌고 누구든 짧은 임기를 다한 후에는 교체되었다. 이처럼 임명과 해임이 빈번해진 이유와 그 영향은 앞으로 더 연구를 해야겠지만 아마도 특정 당파에 이익이 쏠리지 않게 하려는 의도였을 것이다. 어찌되었든 네브셰힐리의 처형으로 대재상이 존재감을 과시하던 시대가 완전히 끝이 났다.

동서의 전쟁과 평화

마흐무드 1세가 즉위한 직후에는 파트로나 할릴의 난을 꾸민자들이 살아 있었지만 1년도 되지 않아서 모두 처형되었으므로 당파 구조는 이전과 크게 달라지지 않았다. 반란의 폭풍이 수습되자 소란을 꾸민 자들이 곧 제거되고 나라가 과거의 모습으로 돌아가는 패턴은 에디르네 사건 때와 마찬가지였는데, 바로 여기에서 오스만 제국의 탄력성을 엿볼 수 있다.

동쪽에서는 나디르가 아프가니스탄 원정을 나간 사이에 오스만 군이 타브리즈를 정복했다. 그러나 귀환한 나디르가 다시 타브리즈를 탈환하고 바그다드까지 장기간 포위하는 등의 일진일퇴가 1746년에 화친이 맺어지기 전까지 반복되었다. 그러는 사이에 나디르는 1736년에 허수아비로 세워두었던 사파비 왕조 최후의 군주 아바스 3세(재위 1732-1736)를 폐위하고 스스로 즉위(재위 1736-1747)하여 아프샤르 왕조를 열었다. 200년 동안 오스만 제국의 동쪽의 적수였던 사파비 왕조가 이렇게 멸망한 것이다.

1736년, 북쪽과 서쪽에서는 아조프와 베오그라드를 둘러싸고 러시아 및 오스트리아가 분쟁을 시작했다. 오스만 제국은 여기에 새로운 수단으로 대항했다. 유럽 제국의 힘의 균형을 이용하기 위해서 프로이센, 스웨덴과 조약을 맺은 것이다. 이 외교정책 덕분에 오스만 제국은 1739년에 베오그라드 조약을 유리한 조건으로 체결하고 이후 30년 가까이 평화를 누릴 수 있었다.

이 평화의 시대에 튤립 시대 못지않은 도시 문화가 다시 번영했다. 특히 흥미로운 것은 건축 문화의 발전으로, 이스탄불 각지에 공공 도서관이 다수 설립되었다는 점이다. 이스탄불뿐만 아니라 베오그라드와 비딘에도 도서관이 설립되어 이스탄불에서 귀중한 서적을 보내주기도 했다. 술탄뿐만 아니라 국가의 고위 관리들도 도서관 정비 사업에 가세한 덕분에 그 당시 이스탄불은

마흐무드 1세
재위 1730–1754

흡사 도서관으로 장식된 도시처럼 보였다고 한다.

유럽의 바로크 양식을 적용하여 "오스만 바로크"의 걸작으로 꼽히는 누루오스마니예(Nuruosmaniye : "오스만의 빛"이라는 뜻) 모스크가 건설된 것도 바로 이때였다.

오스만 3세의 반동 정책과 경제의 호조

1754년, 마흐무드 1세는 금요 예배에서 돌아오다가 톱카프 궁전 앞에서 급사하고 만다. 그의 뒤를 이어서 당시 쉰다섯 살이었던 마흐무드 1세의 동생이 오스만 3세로 즉위했다. 그는 앞에서 말했듯이 새장에서 가장 오래 살았던 군주이다. 그러나 왕자 시절에는 군주의 행차를 수행하기도 했으므로 완전히 갇혀 지내지는 않았던 듯하다. 이처럼 오스만이 하렘에서 오래 살았던 탓에 오스만 3세의 정책은 하렘 감독자인 흑인 신관장의 영향을 많이 받았다고 한다.

그가 나라를 다스린 짧은 시간 동안, 선왕 시대에 번영했던 도시 문화에 반발하는 것처럼 보이는 정책이 다수 시행되었다. 부녀자는 유행하는 복장으로 돌아다니지 말 것, 일을 하기 위해서만 시장에 갈 것(즉 유흥을 위해서는 가지 말 것), 군주의 금요 예배를 구경하지 말 것, 대재상 이외에는 타고 다니는 말에 은장식을 달지 말 것, 비무슬림은 정해진 의복만 입을 것 등등 사회 규율을 강화하는 명령이 내려진 것이다.

그러나 이 명령은 실제로는 큰 영향을 미치지 않았다고 한다. 17세기였다면 배후의 카드자데파가 맹렬하게 활동하며 사람들을 엄격하게 단속했을 것이다. 그러나 튤립 시대부터 이어진 반세기 동안의 경제 발전과 소비문화의 정착은 이런 명령을 시대착오적으로 보이게 했다.

실제로 1760년대까지 오스만 경제는 착실히 발전했다. 18세기에 오스만 제국은 점점 더 많은 면화와 커피를 유럽에 수출했고 인도에서 직물과 사치품을 수입했다. 나중에 러시아-튀르크 전쟁이 발발하여 전쟁 경비와 패전 배상금을 충당하느라 경제가 피폐해지기 전까지 견실한 성장을 이어간 것이다. 비록 18세기 이후 아시아와 아프리카 제국이 서유럽을 비롯한 세계적인 단일경제 구조에 종속되었다고 하지만, 이 시기의 오스만 제국은 아직 유럽 경제에 종속되지 않았다.

오스만 3세
재위 1754-1757

    오스만 제국의 신민들 중에서 경제와 상업 발전을 이끌고 있던 이들은 특히 기독교도 상인층이었다. 그들은 경제적 발전의 혜택을 받으며 자본을 축적함으로써 무슬림보다 부유한 계층으로 서서히 올라섰다. 이런 부유층이 지원을 아끼지 않은 덕분에 정교 및 아르메니아 교회의 신도들은 이스탄불에 있는 교회의 수장(총주교)을 중심으로 종교 공동체의 집권화를 추진했다. 또한 오스만 정부가 인정한 각각의 종교 공동체의 수장들은 제국 내에 있는 자신들의 종파에 속한 신도들을 집권적으로 관리하기 시작했다. 한편 유대교도 공동체는 변화에 한발 늦어서, 19세기 전반의 마흐무드 2세 시대가 되어서야 집권화의 흐름에 동참했다.

번영의 끝 : 러시아-튀르크 전쟁과 퀴취크 카이나르자 조약

1757년, 오스만 3세는 위통으로 금요 예배를 중단한 지 이틀 만에 사망했다. 그런데 남자 왕족 중에서 장자인 메흐메드가 이미 1년 전에 불의의 죽음을 당했기 때문에(오스만 3세가 독살했다는 말이 있다) 메흐메드보다 좀더 젊었던 아흐메드 3세의 아들 무스타파가 마흔 살에 무스타파 3세로 즉위하게 되었다.

무스타파 3세가 즉위한 이후 첫 10년은 튤립 시대부터 간헐적으로 이어진 평화가 유지되었다. 그러나 폴란드의 정세를 계기로 1768년에 시작된 러시아-튀르크 전쟁이 그 긴 번영에 종지부를 찍고 만다. 오스만 군은 전쟁을 시작하고 초반의 몇몇 전투에서는 승리했지만 그후 일방적으로 열세에 몰려서 크림 반도를 내주고 도나우 강 전투에서도 대패하고 말았다.

이런 위기 상황 속에서 무스타파 3세가 1774년에 사망했다. 뒤를 이어서 압둘하미드 1세가 즉위했고, 같은 해에 오스만 제국과 러시아 사이에 퀴취크 카이나르자 조약이 체결되었다. 이 조약으로 오스만 제국은 아조프와 흑해 북안을 잃었을 뿐만 아니라 오스만 제국의 보호하에 있었던 크림한국의 독립을 인정해야만 했다. 한편 러시아는 왈라키아와 몰다비아에 대한 영향력을 확대했고 이전에 프랑스 등에게만 주어졌던 카피툴레이션(통상 특권)도 얻게 되었다.

이 조약은 오스만 제국에 카를로비츠 조약 못지않은 충격을 가져다주었다. 메흐메드 2세 시대부터 300년 동안 오스만 제국을 따랐던 무슬림 국가인 크림한국이 오스만 제국의 지배를 벗

무스타파 3세
재위 1757-1774

어났기 때문이다.

　그러나 이 조약에는 오스만 제국의 술탄이 칼리프로서 크림한국에 종교적인 영향력을 계속 행사하겠다는 내용이 포함되었다. 이미 여러 번 언급했듯이, 술탄은 스스로를 16세기부터 수니파 이슬람 세계의 우두머리인 칼리프라고 칭했는데 외부에서 그 권위를 공식적으로 인정해준 것은 이때가 처음이었다. 술탄의 이런 종교적인 권위는 후대 오스만 제국에서 더욱 적극적으로 강조되었다.

아얀들

퀴췩크 카이나르자 조약이 체결된 후에도 압둘하미드 1세와 제

압둘하미드 1세
재위 1774-1789

국을 둘러싼 상황은 녹록치 않았다. 그 원인은 제국의 내부, 그 중에서도 지방에 있었다.

17세기 말, 안정된 세수 확보와 경제력 안정화를 목적으로 징세 청부제도에 종신제가 도입되었다. 임기가 있는 징세 청부인은 임기 내에 최대한 이익을 올리려고 과도한 수탈로 민중을 괴롭히기 일쑤였다. 그래서 임기를 종신화하여 탐관오리가 생기는 것을 막고 장기적인 관점에서 징세가 이루어지도록 한 것이다. 이 종신 징세 청부제도가 도입된 이후 제국 각지에서는 현지 유력자들이 성장하기 시작했다.

"아얀(지방에서 망명이 높은 사람)"이라고 불리는 그들은 지방의 명사나 부족장, 혹은 중앙에서 파견된 베일레르베일릭 총독

등으로 그 배경이 다양했다. 그들은 징세 수입을 통해서 서서히 재력을 쌓아 사병을 길렀고 18세기 중엽부터 오스만 정부의 요청에 따라서 대외 전쟁에서 중요한 부분을 담당하게 되었다. 한편 오스만 정부의 통제에 반발하여 외국의 원조까지 받으며 반란을 일으키기도 했다.

여기에 대표적인 2명의 아얀을 소개하겠다.

불가리아 루세의 티르시니클리올루 이스마일은 지역 유력자들의 합의로 아얀이 된 인물이었다. 그는 주변 지역의 다른 아얀들과 동맹을 맺고 아르메니아 금융 상인의 후원을 받아 발칸에서 가장 강력한 아얀으로 활약하고 있었다. 그는 뒤에서 다룰 니잠 제디드 개혁을 완강히 반대했다.

프랑스의 침공에 대항하기 위해서 1801년에 이집트로 파견되었고 그곳에서 수완을 발휘하여 이집트 총독의 자리에까지 오른 메흐메드 알리(무하마드 알리)도 강력한 아얀들 중의 한 명이다. 알바니아계로 알려진 메흐메드는 제국 중앙정부의 맨 앞줄에 서서 이집트의 근대화를 추진함으로써 나중에 메흐메드 알리 왕조라고 불리는 준독립 정권을 수립하기도 했다.

이처럼 지방 경제가 발전하고 아얀들이 대두한 것은 이스탄불을 중심으로 한 이전의 지방 통치 구조가 효력을 잃었다는 뜻이다. 18세기 후반에는 오스만 정부가 아얀들에게 군사적으로 의존하게 되었고 19세기 초에는 아얀들이 중앙 정치에까지 개입하게 되었다. 아얀으로 대표되는 지방 세력을 어떻게 제압하느냐 하는 것이 이후 오스만 정부의 커다란 과제가 되었다.

5. 근대 제국이 될 준비 : 셀림 3세와 니잠 제디드 개혁

셀림 3세의 즉위

퀴취크 카이나르자 조약의 충격이 채 가시지 않은 1787년, 오스만 제국은 어쩔 수 없이 러시아 및 오스트리아와 전쟁을 시작했다. 1783년에 크림한국이 러시아에 완전 합병되었기 때문이다. 러시아의 예카테리나 2세는 이때 이스탄불을 정복하여 비잔틴 제국을 재건할 계획까지 세웠다고 한다.

오스만 군이 열세를 회복할 기미가 보이지 않는 가운데, 1788년에 흑해 북안의 중심지인 오즈가 함락되었다는 소식을 들은 압둘하미드 1세는 정신을 잃고 쓰러져서 앓아누웠고 이듬해에 사망했다. 전쟁이 한창일 때 스물일곱 살이던 셀림 3세가 그의 뒤를 이어서 즉위했다.

셀림은 무스타파 3세의 둘째 아들로 1761년에 태어났다. 셀림이 태어나기 직전에 누이 히베툴라가 태어났으나 요절했다. 오스만 왕가에 30년 동안이나 아들이 태어나지 않은 데다가 탄생일이 목성과 금성이 겹치는 길한 날이었으므로 셀림은 (과거에 술레이만 1세 등 명군에게 주어진 칭호인) "천운의 주인"이라고 불리며 많은 사람들의 기대를 모았다.

셀림은 "천운의 주인"에 걸맞은 후계자 교육을 받았다. 아버지 무스타파 3세도 포병대를 방문할 때나 외국 대사를 맞이할 때에 어린 셀림을 동반했다. 무스타파 3세가 사망한 후에는 셀림의 숙부인 압둘하미드 1세가 즉위했는데 처음에는 그도 조카 셀림

셀림 3세
재위 1789-1807

에게 친절했다. 새장에 갇힌 생활은 그 당시의 셀림과는 거리가
먼 이야기였다.

　그러나 1785년부터 모든 것들이 달라졌다. 대재상과 일부 고
위 관리가 이 영리하고 비범한 왕자를 즉위시킬 계획을 세웠다가
발각되어 처형당했기 때문이다. 그후 셀림은 철저한 감시를 받
게 되었다. 예를 들면, 나중에 해군 제독이 될 친구 퀴췩크 휘세
인 파샤와 새장의 창문을 통해서 종종 대화를 나눈 사실이 발각
되자 압둘하미드는 창문을 막아버렸다. 압둘하미드가 여자 노
예를 시켜서 셀림을 독살하려고 했지만 그 노예가 셀림을 아껴서
명령을 어겼다는 진위를 알 수 없는 일화도 전해진다.

　셀림이 음악을 배운 것이 이 무렵이다. 그는 장성한 후에 서양에서 쓰는 것과 똑같은 악보를 오스만에 도입하는 등 오스만 고전 음악의 개량에 힘써서 제국 음악사에 이름을 남겼다. 또한 셀림은 프랑스 대사의 중재로 프랑스 왕 루이 16세와 편지를 주고받기도 했다. 서양의 훌륭한 왕에게서 국정을 배우기 위해서였다.

재정-군사 국가로의 전환

셀림 3세가 즉위한 1789년에 공교롭게도 프랑스 혁명이 발발했다. 그리고 혁명의 혼란 중에 그가 스승으로 우러러보던 루이 16세가 처형당하고 만다.

셀림 3세가 즉위한 후에도 오스만 군은 러시아 및 오스트리아와의 전쟁에서 패배를 거듭했다. 앞에서 말했다시피 예니체리 군단은 적군의 상대가 되지 않았다. 1789년에는 도나우 강 부근에서 예니체리 군단 12만 명이 러시아 군 8,000명에게 굴욕적인 패배를 당하기도 했다.

당시 예니체리는 도시의 직공, 기술자 등 사회집단을 대변하는 중간 단체로서 오스만 제국의 도시에서 큰 역할을 수행하고 있었지만 군사적인 개혁이 늦었던 것이 분명하다.

이처럼 18세기 후반부터 오스만 제국의 군사적 쇠퇴가 계속된 것을 단순히 예니체리 군단의 낮은 숙련도와 열악한 장비 탓으로 돌리기보다는 오스만 제국의 구조적 문제로 보아야 할 것이다.

영국을 비롯하여 나중에 열강으로 불리게 될 유럽의 주요 국가들은 17세기부터 18세기 동안 이른바 "재정-군사 국가(fiscal-military state : 전쟁에서 이기기 위해서 세금 등 자원을 총동원할 수 있는 국가/옮긴이)"의 체제를 수립했다. 구조 개혁이 늦은 오스만 제국으로서는 끊임없는 군사활동을 목적으로 정치, 재정, 군사가 합리적이고도 유기적으로 맞물려 돌아가는 그들의 체제에 저항할 수 없었다. 18세기 오스만 제국의 체제에 대해서는 앞으로 연구가 더 진행되어야 하겠지만, 어찌되었든 지금부터 살펴볼 셀림의 개혁은 늦게라도 오스만 제국을 재정−군사 국가로 전환하기 위한 노력의 일환이었다고 볼 수 있다.

니잠 제디드 개혁

1792년, 프로이센의 중재로 불리한 조건으로나마 평화조약을 체결한 셀림은 만반의 준비를 갖추고 국내 개혁에 착수했다. 우선은 신하들과 외국의 학자들에게 제국을 개혁할 방안을 담은 의견서를 제출하도록 했다. 이것이 셀림 3세의 개혁 방안인 "니잠 제디드(Niẓām-ı Cedīd)", 즉 "새로운 질서"의 시초이다.

제출된 의견서는 대부분 술레이만 1세의 황금시대로 회귀하자는 복고적인 내용을 담고 있었지만, 일부는 러시아를 본떠서 군사 개혁을 해야 한다거나 티마르 토지를 거두어들이고 신규 화폐를 주조해서 재정을 건전화해야 한다고 주장했으며, 일부는 당시 정부가 고위 관리들의 재산을 종종 몰수한 것을 비판하면서 이후에 실제로 시행될 개혁의 방식을 제안하기도 했다. 셀림은 개혁의 입안과 실천을 위해서 10명의 "통치 후견인"이라는 전략가 조직을 두고 대재상 등 고위 관리를 거치지 않고 직접 개혁을 실천했다. 이 조치는 개혁의 신속한 실천을 도왔지만 한편으로는 기존 관료들의 불만을 샀다.

또한 셀림은 1793년에 런던 대사관을 개설한 이후 파리, 베를린, 빈 등 열강의 수도에도 연달아 대사관을 개설했다. 유럽 제국이 오래 전부터 이스탄불에 대사관을 둔 것에 비해서 오스만 제국은 이때까지 외교상 필요할 때에만 사절을 파견했는데, 셀림의 개혁 이후에는 오스만 대사가 각국에 상주하며 정보를 수집하고 외교 교섭에 임하게 되었다.

셀림은 "예술 외교"도 개혁에 포함시켰다. 그는 아버지 무스타파 3세와 숙부 압둘하미드 1세처럼 유럽의 예술가들을 초빙하여 자신의 초상화를 그리게 하고 나폴레옹에게 그 그림을 보냈다고 한다.

니잠 제디드 군

그러나 개혁의 진정한 핵심은 군사 개혁이었다.

1793년, 유럽식 군사훈련을 받고 통일된 제복을 입은 질서정연한 군대이자 이름부터 "새로운 질서"를 뜻하는 니잠 제디드 군이 설립된 것이다. 그 재원은 티마르 토지 혹은 징세 청부권의 일부와 술과 양모, 비단 등의 거래에서 걷힌 새로운 세금으로 충당했으며, 병사들은 주로 아나톨리아의 농민들 중에서 징용했다. 아나톨리아의 아얀들도 여기에 힘을 많이 보탰다. 이렇게 창설된 니잠 제디드 군은 1806년에 2만 명 이상의 규모로 성장했다.

유럽식 군사기술을 받아들였다고 해서 니잠 제디드 군이 전통적인 가치관을 배제했느냐 하면 전혀 그렇지 않았다. 오히려 니잠 제디드 군을 관리하는 관청은 "성전국"이라고 불렸고, 니잠 제디드 군의 병사들에게는 고전적인 이슬람의 가르침에 기초한 정신 강화 교육이 실시되었다. 그들을 교화하는 데에는 16세기 후반의 종교 지도자이며 카드자데파의 사상적 원류였던 비르기비의 책이 활용되었다. 셀림 본인도 이슬람 신비주의 교단인 메우레위 교단과 밀접한 관계를 맺고 있어서 개혁을 추진할 때에 그들의 인맥을 활용했던 것으로 알려져 있다.

니잠 제디드 군의 첫 상대는 나폴레옹 군이었다. 프랑스의 청년 장교 나폴레옹이 인도와 영국의 연결을 차단하기 위해서 1798년 이집트 정복을 감행한 것은 오랫동안 친프랑스 노선을 유지했던 오스만 정부에 청천벽력과도 같은 일이었다. 그래서 나폴레옹 군이 1799년에 시리아의 거점 아크레를 향해서 북상하자 니잠 제디드 군이 파견되었다. 니잠 제디드 군은 현지 아얀인 제자르 아흐메드 파샤와 함께 아크레를 수호하고 나폴레옹 군을 격퇴하는 공을 세웠다. 이 승리 이후 사람들은 니잠 제디드 군의 장래에 대해서 기대를 품기 시작했다.

개혁의 끝

셀림의 개혁은 언뜻 보았을 때에는 순조로워 보였지만, 이후 두 가지 사건으로 그 한계를 노출했고 이어지는 바라 속에서 결국 파국을 맞게 되었다.

첫 번째 사건은 발칸에서 군사를 철수한 사건이다. 1806년에 발칸의 병사를 징용하기 위해서 에디르네로 간 니잠 제디드 군이 아얀들의 격렬한 저항에 부딪쳤는데, 이때 셀림이 유혈 사태를 피할 목적으로 니잠 제디드 군을 철수시킨 것이다. "제2차 에디르네 사건"으로까지 불리는 이 사건은 셀림과 니잠 제디드 군의 위신을 크게 손상시켰다.

셀림은 그뿐만 아니라 약해진 자신의 세력을 만회하기 위해서 개혁에 반대하는 인물들을 대재상과 이슬람 장로 등 요직에 임명하여 그들을 회유했다. 니잠 제디드 군은 이전에 특권을 누렸던 예니체리 군단의 경쟁자였으므로, 예니체리 군단과 결탁한 도시민에게도 그들이 위협적인 존재이기는 마찬가지였다. 개혁에 대한 불만은 사람들 사이에 넓고 깊게 퍼져나갔다.

두 번째 사건은 "영국 사건"이다. 1805년 아우스터리츠 전투에서 나폴레옹이 오스트리아-러시아 연합군에 승리하자 오스만 제국은 다시 프랑스에 접근했고, 그 결과 프랑스와 적대관계였던 영국, 러시아와 전쟁을 시작하게 되었다. 이에 반응한 영국 함대가 1807년 2월 다르다넬스 해협을 순식간에 건너서 이스탄불 근해로 침투한 뒤에 톱카프 궁전 앞바다에 정박하는 사태가 일어났다. 이 함대는 10일쯤 후에 철수하지만 이 일로 이스탄불은 대혼란에 빠지고 말았다. 셀림 3세가 예니체리 군단을 섬멸하기 위해서 영국 함대를 끌어들였다는 근거 없는 소문까지 떠돌았다.

영국 사건의 여운이 채 가시지 않은 1807년 5월, 보스포루스 해협을 방어하던 예니체리 부대에 니잠 제디드 군의 제복을 입으라는 명령이 내려왔다. 그 명령에 반발하여 예니체리가 들고 일어나자, 혼란 속에서 니잠 제디드 군의 장교가 살해당했고 도시민들 사이에 큰 소요가 일어났다. 이 반란은 주모자의 이름을 따서 "카바크츠 무스타파의 난"이라고 불린다. 니잠 제디드 군이 신속하게 진압에 나섰다면 반란을 조기에 진압할 수 있었겠지만 당시 이스탄불에 주둔했던 니잠 제디드 군에는 진압 명령이 떨어지지 않았다. 이때 이스탄불에 주재하던 대재상 대리와 이슬람 장로 등 고위 관리들이 전부 반(反)개혁파였기 때문이다.

반란이 크게 확대되어 진압이 불가능해졌다는 것을 깨달은 셀림은 니잠 제디드 군의 폐지를 선언했다. 그러나 반란군은 그것으로 만족하지 않고 반개혁파 이슬람 장로에게서 셀림의 퇴위를 인허하는 파트와를 받아내서 그것을 공표했다. 셀림의 운명을 가른 순간이었다.

셀림의 외아들 아흐메드는 어려서 죽었다. 그래서인지 셀림은 어린 두 사촌 형제인 당시 스물일곱 살이었던 무스타파와 스물한 살이었던 마흐무드에게 매우 친절했다. 무스타파가 궁전 밖의 정치가들과 연락을 주고받은 사실을 알았을 때도 그를 온화하게 타이르고 넘어갔을 정도였다. 사촌 형제들을 죽여서 자신의 자리를 지킬 수도 있었지만 셀림은 그렇게 하지 않았다. 셀림은 퇴위 후에 무스타파 4세로 즉위한 사촌 형제에게 충성의 맹세를 하고 스스로 새장으로 돌아갔다.

니잠 제디드의 평가

셀림의 개혁은 이렇게 실패로 끝났다. 그러나 근대적 군대를 설립했을 뿐만 아니라 그것을 지탱할 목적으로 재정을 개혁하고

아얀들을 편입시켰던 그의 시도는 이후 이어질 오스만 제국 근대
화의 견본이 되었다.

그런데 여기에서 개혁파와 반개혁파의 싸움이 "진보적인 서양
파"와 "보수적인 이슬람파"의 대립이 아니었다는 점에 주목할 필
요가 있다. 이미 언급했듯이, 그때까지의 일련의 개혁은 이슬람적
인 가치관이 뒷받침된 상태에서 추진되었다. 어떤 모스크의 설교
자는 예니체리의 무능을 만천하에 밝힌 니잠 제디드 군을 옹호
했고, 개혁의 지지자들은 셀림을 "무즈타히드"(이슬람법에 대한
견해를 드러낼 자격을 가진 자)라고 불렀다.

물론 셀림의 개혁 세력이 이슬람의 정도에서 벗어났다며 반란
을 일으킨 예니체리 및 반개혁파는, 사실 그들의 기득권을 니잠
제디드 군이 위협했기 때문에 봉기한 것이었다. 셀림의 폐위와 니
잠 제디드의 폐지를 둘러싼 일련의 사건은, 17세기 이후 반복된
역사의 패턴에 따라서 술탄의 당파와 그 반대 당파가 대립하다가
후자의 힘이 강해지면서 균형이 무너진 결과, 왕이 폐위된 것으로
이해해야 한다. 1730년에 파트로나 할릴의 난이 일어난 이후 76
년 만에 예니체리가 그 패턴을 답습하여 왕을 폐위한 것이다.

알렘다르 무스타파 파샤

셀림이 폐위되고 무스타파 4세가 즉위한 후에도 정국의 혼란은
가시지 않았다. 반란 세력은 니잠 제디드를 지지한 자들을 숙청
하고 나서도 하나로 단결하지 못하고 내부 항쟁을 되풀이했다.
이런 혼란을 알아챈 나폴레옹이 러시아 황제와 머리를 맞대고

무스타파 4세
재위 1807-1808

오스만 제국을 분할하여 지배할 계획을 세웠다고도 한다.

　보복을 피한 니잠 제디드 지지자들은 불가리아 루세의 아얀인 알렘다르 무스타파 파샤(알렘다르 또는 바이라크타르라고 불리는데, 둘 다 "기준을 세우는 자"를 뜻한다)에게로 모여들었다. 이전에 루세에서 반(反)니잠 제디드파를 이끌었던 아얀 이스마일은 1806년에 이미 사망했다. 그를 대신하여 아르메니아 상인 등 루세의 유력자들이 합의하여 추천한 사람이 근교 소도시의 아얀이었던 알렘다르이다. 이스마일과 반대로 니잠 제디드를 지지했던 알렘다르는 당시 오스만 제국의 최고 정예병을 3만 명이나 동원할 수 있었다고 한다. 수도의 혼란을 알아챈 그는 1808년에 수하로 거느린 군사들과 함께 진군하여 별다른 저항도 없이 이스탄불에 입성하는 데에 성공했다.

알렘다르 군이 이스탄불에 들어왔다는 사실과 자신이 그들에게 저항할 수 없다는 것을 깨달은 무스타파 4세는 사촌 형 셀림과 동생 마흐무드를 처형하려고 시도했다. 유일한 남자 왕족이 되면 폐위는 피할 수 있다고 생각했기 때문이다. 심지어 그는 사촌 형과 동생을 직접 살해하려고 부하들을 이끌고 하렘으로 들어갔다고 한다.

바브알리를 제압한 후에 군사를 이끌고 톱카프 궁전에 입성한 알렘다르는 교살된 셀림의 시체를 마주하게 되었는데, 그가 격렬히 저항하다가 죽은 것이 역력해 보였다. 한편 마흐무드는 여자 노예가 추격자에게 뜨거운 석탄을 던지며 시간을 버는 사이에 지붕에 숨어들어서 목숨을 건졌다.

알렘다르는 톱카프 궁전을 제압한 다음 소란이 가라앉기도 전에 내정에서 마흐무드를 알현했다. 그때 알렘다르와 그의 부하들은 궁중 예법을 알지 못해서 무기를 손에 들고 있었는데, 마흐무드는 그들을 무례하다며 꾸짖었다고 한다. 자신의 생명을 구해준 알렘다르도 마흐무드에게는 궁전의 예법을 모르는 시골뜨기에 불과했던 것이다. 이렇게 무스타파 4세는 폐위되어 새장으로 들어갔고 마흐무드는 마흐무드 2세로 즉위했다.

제4장

전제와 헌정을 오간 술탄 겸 칼리프

근대 제국 시대 : 1808-1922

셀림 3세(오른쪽)와 마흐무드 2세
하렘에서 셀림 3세와 어린 마흐무드 2세가 대화하고 있다.
오스만 제국의 근대화 사업이 이때 승계된 것일까?
최후의 칼리프 압둘메지드 에펜디가 그린 상상도이다
(압둘메지드 에펜디 작, 개인 소장).
Ömer F. Şerifoğlu (ed.). *Handedandan bir ressam Abdülmecid Efendi.*
Istanbul, 2002.

19세기부터 20세기에 걸친 오스만 제국

① 해협 위원회의 관리 ② 그리스 세력권 ③ 이탈리아 세력권
④ 프랑스 세력권 ⑤ 프랑스령 ⑥ 쿠르드 자치령
⑦ 아르메니아령 ⑧ 영국 세력권 ⑨ 러시아령
▨ 세브르 조약으로 정해진 오스만 제국령

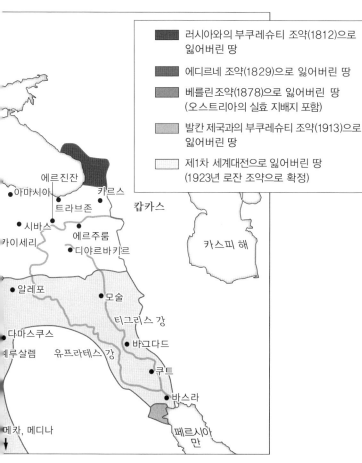

러시아와의 부쿠레슈티 조약(1812)으로
잃어버린 땅

에디르네 조약(1829)으로 잃어버린 땅

베를린조약(1878)으로 잃어버린 땅
(오스트리아의 실효 지배지 포함)

발칸 제국과의 부쿠레슈티 조약(1913)으로
잃어버린 땅

제1차 세계대전으로 잃어버린 땅
(1923년 로잔 조약으로 확정)

에르진잔
아마시아
카르스
트라브존
칸카스
시바스
카이세리
에르주룸
디야르바키르
카스피 해
알레포
모술
티그리스 강
다마스쿠스
바그다드
예루살렘
유프라테스 강
쿠트
바스라
메카, 메디나
페르시아 만

출처: 『이와나미 이슬람 사전』. 대폭 수정했다.(세브르 조약의 튀르크
분할안은 Cevdet Küçük, "Sevr Antlaşması", *Türkiye Diyanet Vakfı İslâm
Ansiklopedisi*, vol.37, 2009, p.2에 게재된
지도를 바탕으로 작성되었다)

1. 마흐무드 2세 : "대왕", "이교도의 제왕", 그리고 "이슬람의 혁신자"

"대왕" 마흐무드 2세

1785년에 태어난 마흐무드 2세는 스물세 살의 나이로 즉위했다. 왕자 시절에는 자신보다 스무 살 이상 많은 사촌 형 셀림 3세에게 사랑받으며 비교적 자유로운 분위기에서 생활했다. 또한 무스타파 4세의 짧은 치세 때는 셀림과 함께 하렘에 갇힌 덕분에 셀림에게서 많은 것을 배웠다고 한다(239쪽 참조).

마흐무드의 어머니는 나크시딜 술탄으로 알려져 있다. 당시 유럽에서는 그녀가 카리브 해 마르티니크 섬의 프랑스인 명문가의 딸이며 나폴레옹의 아내 조세핀의 사촌 자매로, 어느 날 알제리 해적에게 붙잡혀서 오스만 제국의 하렘에 팔렸다는 그럴듯한 소문이 돌았다. 그러나 이것은 헛소문일 뿐이고, 그녀는 실제로 코카서스계 노예였던 듯하다. 그러나 근대화 정책을 열정적으로 추진했던 마흐무드 2세의 어머니가 유럽 출신이라는 설명은 당시 꽤 설득력이 있었을 것이다.

마흐무드 2세는 셀림 3세가 끝내지 못한 오스만 제국의 근대화 사업을 원래의 궤도에 올려놓으면서 진정한 의미에서 오스만 제국을 변혁한 군주이다. 그다지 자주 언급되지는 않지만, 그는 러시아의 표트르 대제나 프로이센의 프리드리히 대왕을 연상시키는 "대왕"이라는 별명으로 불리기도 한다.

이처럼 오스만 제국의 역사적 개혁을 성취한 마흐무드 2세였지만 즉위 직후에는 실권이 없었으므로 개혁의 주도권을 쥐기까지 10년 이상의 준비 기간이 필요했다.

동맹의 서약

무스타파 4세를 폐위할 당시 알렘다르는 이슬람 장로(셰이휠이슬람)의 파트와를 받지 않았다. 17세기 이후 술탄이 폐위될 때마다 이슬람 장로의 허가를 받았다는 파트와를 제출하는 것이 "폐위의 관례"가 되어 있었으므로 알렘다르의 행위는 애초에 정통성이 없었다고 할 수 있다.

술탄의 폐위를 둘러싼 혼란 가운데, 무스타파 4세의 누이인 에스마 술탄의 즉위를 바란 자들도 있었다고 한다. 에스마는 재기넘치는 여성으로, 셀림 3세 때부터 무스타파와 아주 친했고 무스타파가 즉위한 후에도 그의 치세를 적극적으로 도왔다. 가능성은 낮았지만, 행운이 따랐다면 그때 오스만 제국 최초의 여제가 탄생했을지도 모를 일이다. 어찌되었든 에스마는 동생인 마흐무드와도 마음이 잘 통해서 마흐무드가 즉위한 후에는 그의 상대가 되어주었다. 그녀는 서양식 생활을 좋아했으며, 옷을 잘 차려입고 거리를 걷는 모습이 이스탄불 여성들의 본보기가 되었다고 한다.

소란이 얼마쯤 가라앉자 대재상으로 취임한 알렘다르는 니잠제디드의 부활을 선언하고 신식 군단을 다시금 개설했다. 그리고 1808년 10월에 각지의 유력한 아얀들을 이스탄불 교외로 소집하여 "동맹의 서약"이라는 협정을 맺었다. 이것은 군주가 아얀

마흐무드 2세
재위 1808-1839

들의 재산과 안전을 보장하고, 아얀들은 오스만 정부를 지지하
겠다고 약속하는 절차로, 오스만 제국에서 발전시킨 왕권 견제
체제의 한 형태라고 할 수 있다.

동맹의 서약은 모든 제후의 권리를 왕이 인정한다는 측면에
서 영국의 마그나카르타(1215)와 비슷하다는 이야기가 있다. 그
러나 영국뿐만 아니라, 18세기 후반에 일반 법전(1791)을 편찬한
프로이센을 비롯하여 러시아와 스웨덴 등 당시 유럽의 다른 나
라들에서도 신하에게 일정한 권리를 명문화하여 인정한 사례를
찾을 수 있다. 연구자 알리 아이지오글루가 지적했듯이, 오스만
제국의 동맹의 서약도 이런 동시대적 흐름 속에서 이해해야 한다.

마흐무드 2세 역시 아얀의 권리를 인정하는 동맹의 서약에 서

명했다. 그러나 마흐무드는 군주의 대권을 제한하는 이 서약에 진심으로 동의하지는 않았을 것이다.

알렘다르의 몰락

알렘다르의 영광은 길지 않았다.

알렘다르는 대재상으로 취임한 지 3개월 반 만에 자신의 본거지인 루세가 이웃 아얀들에게 위협당하고 있다는 소식을 듣고 이스탄불로 따라온 정예부대를 루세로 돌려보냈는데, 이때 사저의 경비가 잠시 허술해진 틈을 타서 예니체리 군단이 쳐들어온 것이다. 알렘다르와 사병들은 격렬히 저항한 끝에 수많은 예니체리들과 함께 자폭했다. 한편 이때 마흐무드 2세는 알렘다르를 적극적으로 돕지 않아서 결과적으로 반란 세력을 도와준 꼴이 되었다. 그래서인지 반란의 배후에 마흐무드 2세가 있었다는 소문도 돌았다.

반란이 일어났다는 보고를 받은 마흐무드 2세는 새장에 갇힌 선왕 무스타파 4세를 신속히 처형하고 오스만의 유일한 남자 왕족이 됨으로써 왕좌를 지켰다. 이리하여 알렘다르 천하는 막을 내렸고 오스만 정부의 주도권은 예니체리 군단을 비롯한 수구파에게 돌아갔다. 신식 군단은 또다시 폐지되었고 개혁은 멈추었다.

그래도 마흐무드는 개혁의 뜻을 굽히지 않았다. 그의 적은 둘이었다. 예니체리로 대표되는 제국 수도의 수구파와 지방의 아얀들이다.

마흐무드는 지방의 아얀들부터 물리치려고 했다. 중앙의 수구파 역시 지방의 준독립 세력을 없애기를 바랐기 때문이다. 아얀 세력을 정비하는 과정은 강경책과 유화책을 함께 쓰는 방식으로 진행되었다. 먼저 영향력 있는 아얀에게 세습을 허용하는 등으로 특권을 부여하는 한편 소규모 아얀을 토벌했다. 또한 군사력으로 토벌하기 어려운 강력한 아얀의 경우 임지를 교체하거나 주인이 죽었을 때에 재산을 몰수하는 등의 방법으로 세력을 약화시켰다. 이리하여 마흐무드 2세의 치세가 후반으로 접어들 무렵에는 발칸에든 아나톨리아에든, 오스만 정부에 저항할 수 있는 아얀이 거의 남아 있지 않게 되었다.

그러나 지방에 자리잡은 아얀의 친척들은 그후에도 지방의 명문으로서 세력을 유지했으며, 메흐메드 알리가 있는 이집트 등 거리가 먼 아랍 지역은 여전히 정부의 손길이 닿지 않은 상태로 남아 있었다. 또한 경제 발전으로 활력을 축적하여 아얀의 대두를 가능하게 한 지방 사회를 어떻게 제국의 일부로 유기적으로 받아들이느냐 하는 문제가 이후 세대의 과제로 남겨지게 되었다.

예니체리 군단의 폐지

마흐무드는 아얀 세력을 정비해나가는 한편, 셀림 3세의 전철을 밟지 않기 위해서 중앙 개혁을 위한 주도면밀한 계획을 추진했다. 그는 시간을 들여서 자연스럽게, 예니체리 군단의 사령관 등의 요직에 자신의 지지자들을 배치했다. 또한 불평분자를 지방으로 보내거나 배제했고, 필요에 따라서는 기회를 보고 이유를 붙여서 처형했다.

마흐무드는 이런 조심스러운 준비를 통해서 자신의 기반이 완성되었다고 판단되자 1826년에 행동을 개시했다. 신식 군단을 창설하겠다고 선언한 것이다. 신식 군단의 구성원들은 예니체리 군단 내의 지지자들이 협조한 덕분에 예니체리 군단에서 징용할 수 있었다.

그러나 1826년 6월, 신식 군단이 첫 훈련을 마친 지 며칠 되지 않았을 때 예니체리 군단 내의 반개혁파들이 반란을 일으켰다. 반란을 예상했던(일부러 반란을 유도했다는 말도 있다) 마흐무드는 이슬람 장로에게서 예니체리 군단을 없앨 것을 허가하는 파트와를 받은 다음, 오스만 왕가에 대대로 전해져 내려온 예언자 무함마드의 깃발을 들고 가서 반란을 진압할 것을 신식 군단에게 명했다. 이스탄불 한가운데에 있는 광장에 임시 방벽을 치고 농성했던 예니체리 시위대는 마흐무드가 쇄신한 포병대의 좋은 표적이 되었다. 반란은 7시간 만에 진압되었고 많은 예니체리들이 처형당했다.

이리하여 예니체리 군단이 정식으로 폐지되었다. 신비주의 교단 중에서 예니체리 군단과 밀접했던 벡타쉬 교단도 해산되어, 자신들의 수행 장소를 마흐무드와 밀접했던 낙쉬반디야 교단에 넘겨주었다.

14세기에 성립된 이래 오스만 제국의 기둥으로 활약했으며 17세기 이후 이스탄불 도시민의 대변자로서 강한 영향력을 행사했던 예니체리 군단은 이렇게 사라졌다.

조직의 근대화

예니체리 군단을 폐지한 마흐무드 2세는 중앙 행정 개혁을 신속히 추진했다.

우선 군사 면에서는 무하마드의 승리하는 군이라는 이름의, 유럽을 본뜬 신식 군대를 창설했다. 나중에 육군의 원수가 될 사령관직도 개설하여 여러 군단의 지휘 계통을 일원화했다. 또한 유명무실해진 티마르 제도를 폐지하고 해군과 지방의 군사제도를 정비했다. 이렇게 재출범한 오스만 군에 인재를 공급하기 위해서 이미 있었던 육군 학교와 해군 학교를 확대했고 신식 군대 학교, 군악 학교를 개교했다. 또한 도나우 강변의 도시 루세와 실리스트라를 최신 축성술로 요새화했다. 두 도시는 이후 러시아의 침공에 저항하는 거점이 되었는데, 그처럼 과감하게 저항할 수 있었던 것은 이때의 개혁 덕분이었다.

행정 측면에서는 외무부, 내무부, 재무부 등을 설치하여 중앙 행정 조직을 크게 재편했다. 대재상의 명칭도 총리로 고치고 "군주의 절대적 대리인"으로서 권력을 제한했다(나중에 대재상이라는 명칭은 부활했다). 또한 제국 최고의 종교적 권위자인 이슬람 장로를 새로 개설된 장로부에 소속시킴으로써 그 독립성을 빼앗았다.

셀림 3세가 창시했으나 그가 폐위된 이후 업무가 중단되었던 대사관도 다시 움직이기 시작했다. 바브알리에서 번역을 담당하는 부서가 신설되어 유럽 정책 전문가를 양성함으로써 외교 및 근대화 사업에 이바지할 인재를 공급하기 시작했다. 유럽으로 유학생을 보내는 사업도 이때 시작되었다.

마흐무드 2세는 여론에도 관심을 기울이는 군주였다. 1831년에 관보(官報)를 간행하여 모스크 수도사들의 승급 소식을 알렸고 치안 활동, 식량 가격 안정화 등 자신의 정책을 홍보했다. 이외에도 인쇄소, 검역소, 우편국을 설치하는 등 다양한 방면에서 근대화 정책을 추진했다.

"이교도의 제왕"인가 "이슬람의 혁신자"인가

마흐무드 2세의 개혁은 복장에까지 영향을 미쳤다. 군에는 이미 유럽식 제복이 도입되었으나 1829년에는 문관에게까지 제복이 지급되었다. 관료는 유럽식 재킷과 바지를 입었고 터번을 대신하여 터키모자(페스)를 썼다. 터번 등 전통적인 복장은 종교 부서의 관료에게만 허용되었다. 개혁 이후 그려진 마흐무드 2세의 초상화를 보면 터키모자를 쓴 것 말고는 서양 제국의 군주들과 다를 것이 없는 모습이다. 그는 심지어 서양 악단이 음악을 연주하는 금요 예배에까지 참석하면서 "이교도의 제왕"이라는 비난을 받기도 했다.

마흐무드 2세는 종교에 전혀 집착하지 않아서 "우리 신민이 서로 어떤 종교를 믿는지는 모스크와 유대교 회당, 교회 안에서만 알면 된다"라고 말했다는 일화도 있다. 출처가 조금 의심스럽기는 하지만, 나중에 사람들의 입에 자주 오르내린 것을 보면 이 일화가 그의 이미지를 뚜렷이 대변한 듯하다.

그러나 이 "이교도의 제왕"은 한편으로 이슬람적인 권위를 충분히 활용하려고 했다. 그래서 『하디스』에도 기록되어 있고 일찍이 셀림 1세와 술레이만 1세처럼 위대한 군주들도 자처했던 존재이자 세기마다 등장하여 이슬람을 지탱했던 존재인 "종교 개혁자"라고 불릴 때가 많았다. 낙쉬반디야 교단의 인적 자원 역시 마흐무드의 개혁에 힘이 되었다.

마흐무드 2세의 개혁은 얼핏 서양 지향적으로 보여서 반대파에게 이교도의 소행이라는 비난을 받았지만, 어디까지나 이슬람이라는 기반 위에서 유연하게 추진된 개혁이었다.

대외 정책

마흐무드 2세는 개혁으로 국내에서 큰 성과를 거두었지만 대외적으로는 계속 어려움을 겪어야 했다.

1812년에 러시아와 부쿠레슈티 조약을 맺으며 평화를 되찾은 것도 잠시, 1815년에 일어난 세르비아의 반란에 러시아가 개입하자 오스만 제국은 세르비아에 자치권을 줄 수밖에 없었다. 이어서 1821년에 그리스에서 반란이 일어났을 때에는 "유럽 문명 요람의 땅"인 그리스를 구해야 한다는 여론에 떠밀린 서양 열강이 오스만 제국을 압박해왔고, 그 결과 1829년에 에디르네 조약을 맺어서 그리스의 독립을 인정할 수밖에 없었다.

세르비아와 그리스의 반란은 민족주의 각성의 초기 사례로 이해되기도 한다. 그러나 이것들은 압제에 저항하기 위한 전통적인 지방 반란의 성격이 강했고 열강이 개입하여 일을 크게 만든 측면이 컸으니 민족주의에만 기초한 것은 아니었다. 그러나 다양한 민족, 다양한 종교의 신도를 같은 신민으로 받아들이고자 했던 오스만 제국으로서는 매우 어려운 시대, 제국의 붕괴를 초래할 수도 있는 "민족의 시대"가 이 불길한 예고와 함께 찾아온 것이 분명했다.

1830년에는 프랑스가 알제리의 수도 알제를 침공했다(알제리 전부를 점령한 것은 1847년이다). 이처럼 명목상으로나마 오스만 제국의 통치를 받고 있던 멀리 떨어져 있는 지역들도 조금씩 제국에서 벗어나기 시작했다.

이집트 총독 메흐메드 알리도 공식적으로는 오스만 제국의 신하였지만 준독립 정권을 구축하여 오스만 본국보다 더 빨리 근대화를 추진하고 있었다. 심지어 1833년에는 이집트 군이 아나톨리아의 중서부 큐타히야까지 진군했는데도 오스만 군은 이에 전혀 저항하지 못했다. 결국은 마흐무드가 숙적인 러시아에 원군을 요청하여 난국에서 벗어났다. 오스만 군은 1839년에도 이집트 군에게 대패하여 메흐메드 알리에게 이집트 총독의 세습권을 넘기고 말았다.

1839년 6월 28일, 결핵으로 쓰러진 마흐무드 2세는 이스탄불이 비스듬히 내려다보이는 참르자 언덕 위에 있는 누이 에스마의 집에서 쉰셋의 나이로 숨을 거두었다. 그는 평소에 톱카프 궁전이 아닌 베식타시 지구의 집에서 소박하게 생활했다. 군사 개혁을 위해서 프로이센에서 잠시 파견되었던 무관 몰트케가 "마흐무드의 집보다 함부르크 부자 상인의 집이 더 호화롭다"고 전할 정도였다.

마흐무드 2세의 뒤를 이어서 그의 아들 압둘메지드 1세가 열여

압둘메지드 1세
재위 1839-1861

섯의 나이로 즉위했다. 압둘메지드는 개혁을 깊이 이해했으나 계몽적인 전제군주로 행동한 아버지와는 달리 스스로 주도권을 쥐지 않았다. 그 대신 마흐무드 2세 덕분에 신분을 보장받은 새로운 관료들에게 개혁의 주도권을 맡겼다.

2. 탄지마트 개혁

장미원 칙령

마흐무드 2세의 죽음으로부터 반년이 지난 1839년 11월 3일, 톱카프 궁전 근처의 장미원에서 압둘메지드 1세와 고위 관리들, 그리고 외국 대사들이 모여서 이른바 "장미원 칙령"을 발표했다. 외무부 장관 무스타파 레시드 파샤와 그의 참모들이 마흐무드 시대부터 준비했다는 이 칙령은 이후 제국이 실현할 개혁과 추진할 방침의 골자를 담고 있었다.

칙령은 먼저, 당시 오스만 제국이 직면한 어려움이 거룩한 경전 『코란』과 샤리아(엄격한 이슬람법)를 업신여긴 죄에서 기인했다고 단정했다. 그리고 그 어려움을 극복하기 위해서 세제를 개혁하고 공정한 재판을 실시하며 신민의 신분을 보장해야 한다고 역설했다.

버지니아 권리장전(1776) 및 프랑스 인권선언(1789)의 영향을 받은 듯한 이 칙령은 제국의 근대화와 서구화의 상징으로 여겨졌다. 그러나 한편으로 이슬람법의 준수를 강조하고 전통적인 이슬람 사상을 담은 글귀를 많이 활용한 것에도 눈길이 간다. 즉 장미원 칙령은 이슬람적인 전통과 서양화의 균형 위에서 만들어진 것이었다. 이후 오스만 제국에서는 이 장미원 칙령에 따라서 "탄지마트(tanzimat : 재정비)"라고 불리는 일련의 개혁이 진행된다.

근대적 관료제로의 전환

장미원 칙령 중에서 특히 중요한 조항 중 하나가 "신민의 신분 보장"이다.

오스만 제국의 술탄은 전통적으로 카프쿨루인 신하뿐만 아니라 모든 유력자들의 재산을 몰수하거나 목숨을 빼앗을 권리가 있었으며 실제로도 종종 그 권리를 행사했다. 왕권을 안정시키는 데에는 이 관습이 효과적이었을 것이다. 그러나 이 시대에 개혁을 맡은 정치가나 관료들은 자신들의 재산과 안전을 보장받아야만 국가를 안정적으로 운영하고 개혁을 지속적으로 수행할 수 있었다. 관료의 재산은 마흐무드 2세 때부터 어느 정도 보장받았지만, 이 장미원 칙령은 관료들을 군주의 절대적 영향력에서 공식적으로 해방시켜 자율적이고 근대적인 관료제를 발달시키는 데에 크게 기여했다.

이렇게 신분을 보장받은 관료들이 외무부 장관과 대재상 등 정권의 요직을 독점하고 개혁을 견인했다. 장미원 칙령을 작성한 레시드 파샤는 탄지마트의 전반기에, 그리고 레시드의 가르침을 받은 푸아드 파샤와 알리 파샤는 후반기에 활약했다. 한편 그들과 그들의 관계자가 고위직을 독점하여 인사 정체가 초래된 탓에 출셋길이 막힌 사람들의 불만이 쌓이기도 했다.

여기에서 주목해야 할 점은 탄지마트 시대는 "관료들이 지배한 시대"이면서도 술탄의 최종 정책 결정권은 유지된 시대였다는 것이다. 따라서 술탄이 마음만 먹으면 권력을 되찾을 수 있었다. 그래서 다음 술탄인 압둘아지즈, 그리고 압둘하미드 2세 때에는 군주가 다시 정치의 중심에 서게 된다.

사법제도와 교육제도의 개혁

탄지마트의 개혁은 법체계에도 영향을 미쳤다. 우선은 프랑스 법을 그대로 받아들여서 만든 형법, 상법이 도입되었다. 그러나 사람들의 생활과 밀접한 관계가 있는 민법의 경우에는 서유럽의 법을 그대로 가져다 쓰는 것에 저항이 따랐으므로, 수니파의 하나피 학파에 기초한 법 해석을 시대에 맞게 체계화하여 『메젤레』(오스만 민법전)를 만들었다. 원칙적으로 이슬람 법관이 아닌 사람이 이 새로운 법전을 활용하여 재판을 관장하는 제정법 재판소라는 법정도 개설되었다.

교육에서도 근대화가 진전되었다. 새로운 커리큘럼을 갖춘 신식 초등학교, 중학교가 설립되어 인재 육성과 국민교육을 담당하게 된 것이다. 1869년에 제정된 공교육법에 따라서 초등, 중등학교가 제국 전체에 촘촘히 배치되기 시작했다. 관료 양성을 위한 행정 학교뿐만 아니라 오늘날에도 명문으로 꼽히는 갈라타사라이 고등학교도 이때 생겨났다.

사법 및 교육 분야에서 근대화 개혁이 추진되는 한편, 이슬람 법관(카디)이 재판하는 전통적인 샤리아 법정과 울라마를 양성하는 이슬람 학교(마드라사) 또한 병존했다. 이처럼 전통적인 제도와 근대적인 제도가 병존하는 이중성이 오스만 말기까지 유지되었다.

크림 전쟁

마흐무드 2세 때처럼, 탄지마트 시대에도 대외 관계가 오스만 정부의 골치를 썩였다. 그중에서 가장 골치 아픈 것이 크림 전쟁이었다. 1853년, 러시아는 예루살렘의 성지 관리권을 요구하며 왈라키아와 몰다비아에 군대를 파견했다. 이를 방어하던 오스만 군의 패색이 짙어질 때쯤, 1854년 영국과 프랑스가 러시아 영토인 흑해 북안의 크림 반도에 함대를 파견했다.

장기화된 이 처참한 전쟁은 1855년에 세바스토폴리의 요새가 함락되면서 결국 러시아의 패배로 끝났는데, 이 전쟁 중에 이스탄불의 군사 병원에서 플로렌스 나이팅게일이 활약하기도 했다. 어찌되었든 이 전쟁으로 남하에 대한 러시아의 야망은 꺾였으나 오스만 정부는 영국과 프랑스에 큰 빚을 지게 되었다. 그래서 막대한 전쟁 비용을 부담하는 동시에 영국, 프랑스의 요구대로 비무슬림 신민의 대우를 대폭 개선하기로 약속했다. 그렇게 해서 발표된 것이 개혁 칙령이다.

종교적 평등과 오스만주의

1856년 2월, 오스만 정부는 비무슬림에게 무슬림과 동일한 권리를 부여한다는 개혁 칙령을 발표했다. 이 칙령으로 비무슬림도 정치에 참여할 수 있게 되었고 재판정에서 평등한 권리를 가지게 되었으며 신앙의 자유를 인정받았다. 또한 비무슬림에 대한 모욕적인 표현이 금지되었다.

이슬람이 7세기에 창시된 이래 『코란』의 계율에 따라서 무슬림과 비무슬림은 엄격히 구별되었고 후자는 권리를 제한당했다. 물론 이슬람법은 비무슬림을 보호해야 하는 대상으로 간주하여 신앙의 자유와 자치를 인정했다. 그러니 그것은 무슬림 우위의 원칙을 범하지 않는 선에서였다. 그런 의미에서 이 개혁 칙령은 1,200년에 걸친 이슬람 역사상 가장 큰 전환이라고 할 수 있다.

개혁 칙령 이전의 장미원 칙령은 이슬람적인 틀 안에서의 근대화를 지향했다. 다시 말하면 서양이 주는 자극을 받아들이면서도 스스로 개혁하려는 의지가 강했던 것이다. 그러나 개혁 칙령은 열강의 압력으로 발표된 측면이 강했다. 그래서 이 칙령은 동시대 무슬림들에게 비무슬림을 과도하게 우대하는 "특권 칙령"이라는 비난을 받았다.

그러나 개혁 칙령이 나오기 전에 비무슬림에게 권리를 부여하기 위한 준비는 이미 다 되어 있었다.

신앙의 자유를 예로 들어보자. 본래 이슬람법에서는 이슬람에서 다른 종교로 개종하는 배교 행위를 엄격히 금지하여 배교자를 사형에 처하도록 했다. 그러나 오스만 제국에서는 별다른 사회적인 영향이 없는 한 배교자에 대한 사형이 집행되지 않았고, 1844년 이후에는 극형을 가한 사례도 전혀 없었다.

이슬람법에 따라서 비무슬림에게 부과되던 인두세도 개혁 칙령이 발표되기 한 해 전인 1855년에 이미 폐지되었다. 인두세 대신 병역세가 새로 부과되었으므로 실제로 부담해야 하는 세금은 비슷했지만 인두세가 폐지된 것은 대단히 상징적인 변화였다. 그러므로 개혁 칙령이란 19세기에 서서히 실현된 비무슬림에 대한 차별 해소의 "완성판"을 명문화한 것이라고 할 수 있다.

이렇게 오스만 제국은 이전 이슬람 세계의 "불평등을 전제로 한 공존"으로부터 새로운 세계의 "평등한 공존"으로의 큰 걸음을 내디뎠다. 오스트리아가 개혁 칙령보다 11년 늦은 1867년에야 유대인의 법적 평등을 인정한 것을 보면, 오스만 제국의 개혁이 얼마나 빨랐는지 알 수 있다. 종교를 따지지 않고 오스만 제국의 신민을 다 같은 "오스만인"으로 평등하게 통합하려고 한 이러한 이념을 "오스만주의"라고 한다.

압둘아지즈의 전제와 재정 위기

1861년에 압둘메지드 1세가 아버지와 마찬가지로 결핵으로 사망한다. 서른여덟 살의 젊은 나이였다. 그의 뒤를 이어서 30세의 동생 압둘아지즈가 즉위했다.

마흐무드 2세 때에 새장이 실질적으로 폐지되었으므로 압둘아지즈는 자유로운 삶을 누리며 우수한 교육을 받았다. 1863년에 이집트로 유학을 떠났고 1867년에는 프랑스 만국박람회에 참여한 것을 계기로 영국, 오스트리아, 프로이센을 방문했다. 그는 원정 이외의 목적으로 서유럽을 방문한 최초의 술탄이었다.

형 압둘메지드가 관료들에게 개혁 추진을 맡긴 것과 달리 그는 국정의 중심을 군주로 되돌리려고 했다. 그래서 직접적인 정치 노선을 서서히 강화하다가 탄지마트를 견인한 3명의 정치가 중에서 마지막으로 남은 알리 파샤가 1871년에 사망하자 그는 총신 네딤을 대재상으로 임명하고 군주의 권력을 강화하는 작업에 돌입했다.

이 무렵에는 신(新)오스만인이라고 불리며 입헌정 도입을 주장하던 개혁파 지식인들이 정기간행물을 발간하는 등 왕성한 언론 활동을 펼쳤다. 마흐무드 2세 때부터 관보가 발행되고 있었지만 크림 전쟁을 계기로 민간 신문의 부수 또한 급속히 늘었고, 이 신문들이 카페에서 널리 읽히면서 공론이 형성되기 시작했다. 푸

압둘아지즈
재위 1861-1876

아드 파샤와 알리 파샤가 정권을 좌지우지한 1860년대 후반에
는 정부가 이런 변화를 위험하다고 판단하여 언론을 탄압했고,
이 같은 이유로 신오스만인들은 유럽으로 망명할 수밖에 없었
다. 애국적인 내용의 희곡과 논설을 집필하여 민중에게 열광적인
지지를 받았던 문인 나미크 케말도 그중의 한 명이었다.

그래서인지 압둘아지즈 시대에는 개혁이 정체되었고 경제적인
곤경까지 덮쳐왔다. 사실 오스만 제국의 경제는 크림 전쟁 때부
터 외채에 크게 의존하고 있었다. 재정 수지는 1841년부터 1876
년 사이에 단 2년을 제외하고는 전부 적자였으며, 그 규모도 처
음에 420만 쿠루쉬였던 것이 100배 이상 확대되어서 5억500만 쿠
루쉬까지 늘어났다. 정치가들이 이 사태를 잠자코 보고만 있었

던 것은 아니다. 마흐무드 2세의 탄지마트 시대에는 금화와 은화를 거듭 재발행하여 대폭 하락했던 화폐가치를 안정시키는 데에 성공했다.

그러나 1873년에 기근이 아나톨리아를 덮친 데다가 공황이 전 유럽을 석권하자 오스만 재정에도 제동이 걸릴 수밖에 없었다. 이에 오스만 정부는 1875년에 채무불이행을 선언하고 실질적인 파산 상태에 들어갔다.

쿠데타와 무라드 5세의 즉위

이런 위기 상황 가운데 이슬람 학교의 학생들이 소요를 일으켰다. 또한 그것을 계기로 개혁파 장교가 다시 쿠데타를 일으켜서 1876년 5월에 압둘아지즈를 폐위했다. 퇴위 직후 압둘아지즈는 사망한 채로 발견되었는데, 자살한 것으로 보인다며 신문에 대서특필되었다. 이슬람법에서는 자살을 금지했으므로 이 사건은 큰 스캔들이 되었으나, 압둘하미드 2세 시대에 이루어진 조사에서 그가 암살되었다는 수사 결과가 공식적으로 발표되었다.

압둘아지즈의 뒤를 이어서 압둘메지드 1세의 아들이자 압둘아지즈의 조카인 무라드 5세가 즉위했다. 젊을 때부터 신오스만인들과 교류하며 개혁에 긍정적인 태도를 보인 데다가 총명하다는 평가를 받던 그였지만 압둘아지즈의 시대에 엄격한 감시를 받은 탓에 즉위 당시 정신이상 증세를 보였다고 한다. 착란상태에 빠져서 수영장에 뛰어들고 창문을 깨고 투신자살을 시도하는 등 이상한 행동을 되풀이하여 외국인 의사도 그를 치료하기가 곤

무라드 5세
재위 1876

란하다고 판단할 정도였다. 결국 그는 역대 술탄들 중에서 가장 짧은 기간인 93일 동안의 재위를 끝내고 퇴위한 뒤에 이스탄불의 시라간 궁전에 갇혀 지냈다. 그리고 정치 무대에 다시는 나타나지 않았다. 1878년에 신오스만인 알리 수아비가 그를 구출하기 위해서 궁전을 급습했지만 실패하여 사살되었다. 무라드는 딸들과 책을 읽고 피아노를 치며 1904년까지 살았다고 한다.

1876년 8월 31일, 무라드의 뒤를 이어서 서른세 살이었던 그의 동생 압둘하미드 2세가 서둘러 즉위했다.

오스만 제국 헌법
이때 오스만 제국에는 대외적인 위기가 또다시 다가오고 있었다.

무라드 5세의 짧은 재위 기간 중에, 러시아를 비롯한 열강이 세르비아－몬테네그로 분쟁의 발단이 된 발칸 문제에 개입했기 때문이다.

오스만 정부는 이런 위기 상황에서 열강, 특히 영국과 프랑스의 지지를 이끌어내기 위해서 오스만 제국이 근대국가임을 증명할 필요가 있었다. 그 결정적인 방법이 헌법 제정이었다. 그 당시는 러시아에도 아직 헌법이 없던 시절이었다. 헌법 제정으로 오스만 제국이 진보한 문명국이라는 점을 증명하면 서유럽의 여론을 자신의 편으로 만들 수 있다고 생각했던 것이다.

쿠데타 이후에 오스만 정부의 개혁을 이끈 사람은 탄지마트 후반에 중앙과 지방의 요직을 섭렵하며 개혁파의 지도자로 높은 평가를 받았던 미드하트 파샤였다. 입헌정의 확립을 서두르는 미드하트를 필두로 신오스만인 나미크 케말과 울라마들이 가세하여 제헌 위원회를 출범시켰다. 이들은 헌법 초안을 정리하여 압둘하미드 2세의 수정을 거친 다음 인허를 받은 후에 1876년 12월 23일에 이를 발표했다. 최초의 오스만 제국 헌법이었다.

기안자의 이름을 따서 "미드하트 헌법"이라고 통칭되는 이 아시아 최초의 근대적 헌법은, 1831년에 제정된 벨기에 헌법을 모델로 삼고 프로이센 헌법 등 다양한 헌법을 오스만 제국의 현실에 맞게 조정하여 작성되었다고 한다.

총 119조로 이루어진 조문을 통해서 제국 영토의 불가분성, 칼리프직을 겸한 군주의 신성불가침성이 선언되었고 오스만 왕가의 남자 연장자가 왕위를 계승한다는 관습이 명문화되었다. 오스만 제국 역사상 최초로 왕위 계승 법칙이 명문화된 것이다. 또한 신민의 권리와 의무, 대신과 관리, 의회와 법정, 지방 등에 대한 규정이 이 헌법에 포함되었다.

특히 주목할 것은 이 헌법이 "제국의 모든 신민은 종교의 구분 없이 모두 같은 오스만인으로 자유롭고 평등하다"고 선언했다는 점이다. 이것은 오스만 정부가 개혁 칙령 이후 평등과 공존의 노력을 기울인 데에 따른 분명한 성과였다.

그러나 압둘하미드 2세의 강력한 요구에 따라서, 긴급 시에 계엄령을 선포하고 위험인물을 국외로 추방할 수 있는 비상대권 (非常大權)이 술탄에게 주어지기도 했다(제113조). 이것은 첫걸음을 내디던 오스만 제국의 입헌정에 큰 걸림돌이 되었다.

제1차 입헌정의 차질

헌법이 공포된 직후 헌법을 준수한 제국 최초의 국정 선거가 열렸고, 그 결과에 따라서 1877년 3월에 의회가 개최되었다. 제1차 입헌정이 시작된 것이다.

오스만 제국의 입헌정 성립을 비웃듯이, 1877년 4월에 러시아군이 앞에서 언급한 발칸 문제의 해결을 요구하며 오스만의 영내로 쳐들어왔다. 그러나 영국과 프랑스는 오스만 정부의 기대와는 달리 견제에 나서지 않았다. 오스만 제국의 입헌정에 관한 서유럽의 여론이 냉담했기 때문이다. 영국의 신문은 새로운 헌법을 "겉치레 헌법"이라고 단정했으며, 영국 자유당의 정치가 윌리엄 글래드스턴 또한 자신의 일기에서 이 헌법을 비웃었다.

압둘하미드 2세(오른쪽에서 두 번째)
재위 1876-1909

오스만 군이 영국과 프랑스의 개입 없이 선전했음에도 러시아 군은 1878년 2월에 이스탄불 교외(지금의 아타튀르크 국제공항 부근)까지 쳐들어왔다. 적군이 이렇게까지 수도에 근접한 것은 제국 역사상 처음 있는 일이었다.

결국 그 이듬해에 발칸의 대부분을 러시아에 넘기는 산스테파노 조약이 체결되었다. 굴욕적일 뿐만 아니라 대단히 불평등한 내용이었다. 그래서 영국과 오스트리아를 비롯한 열강이 개입하여 같은 해 7월에 러시아의 권익을 제한하는 베를린 조약을 새로 체결했다. 그러나 그 조약 역시 세르비아, 루마니아, 몬테네그로는 독립하고 키프로스는 영국령이 되고 보스니아, 헤르체고비나는 오스트리아의 실효 지배를 받는다는 등 오스만 제국에 가혹한 내용을 담고 있었다. 이 조약 이후 이들 지역에서 살던 무슬림이 박해를 피해서 이스탄불 등지로 몰려들었고, 난민의 규모가 150만 명이나 되면서 사회적인 불안 또한 매우 커졌다.

압둘하미드 2세는 이 위기 상황을 빌미 삼아서 1878년 2월 중순에 헌법 제113조의 비상대권을 발동하여 의회를 폐쇄하고 헌법의 효력을 정지했다. 헌정의 아버지 미드하트 파샤는 이미 외국으로 추방되었고, 장래에 공화제를 도입하려고 했던 미드하트는 투옥되어 1884년에 비공식적으로 처형되었다.

그리하여 제1차 입헌정의 짧은 운명이 끝이 났다.

3. 압둘하미드 2세의 전제 시대

압둘하미드 2세 : 두 얼굴의 술탄

제1차 입헌정이 막을 내리고, 이후 30년 동안 이어질 압둘하미드 2세의 전제 시대가 시작되었다. 그는 오스만 제국에서 마지막으로 전제적 왕권을 행사한 군주였다.

압둘하미드 2세와 그의 치세에 대한 평가는 양 극단으로 나뉜다.

그는 헌법과 의회를 무력화했을 뿐만 아니라 미드하트 파샤를 비롯한 정치적인 대립 세력들을 매장하고 간첩을 통한 밀고를 장려하며 엄격한 검열과 언론 탄압을 자행했다. 그래서 오랫동안 그의 치세를 오스만 제국의 민주화와 근대화를 저해한 암흑시대라고 평가하는 사람들이 많았다. 아르메니아인을 탄압했기 때문에 유럽인들은 그를 "붉은 술탄"이라고 부르기도 했다.

반면에 전제정치를 하면서도 근대화를 추진했던 유능한 군주로 그를 평가하는 사람들도 있다. 특히 최근에 신이슬람 정권이 집권한 영향 때문인지 요즘 터키 공화국에서는 압둘하미드 2세를 깊은 신앙심으로 이슬람을 보호한 위대한 군주로 여기는 사람들이 급속히 늘고 있다.

이 시대에 제국의 제도와 인프라가 정비된 덕분에 탄지마트 시대까지는 계획에 불과했던 다양한 근대화 정책이 실행에 옮겨진 것은 사실이다. 안정과 발전의 시대를 있게 한 그의 가부장적인 지배를 받은 오스만 신민들은 일종의 경애심을 담아서 그를 "바바(아빠) 하미드"라고 부르기도 했다.

양면성을 지닌 압둘하미드는 과연 어떤 인물이었을까?

왕자 압둘하미드

압둘하미드는 열한 살 때 생모를 잃고 계모 밑에서 자랐다. 아버지 압둘메지드 1세는 그에게 냉담했다. 왕위 계승 순위가 낮아서 그와 친해지려는 사람들도 없었으므로 거의 고립되어 있었다고 한다. 이런 내력이 그의 성격을 냉철하게 만들었다고 보는 연구자도 있다. 한편 그는 왕위를 이어받을 후계자로서 페르시아어, 아라비아어 등 전통적인 과목 외에 프랑스어와 서양음악을 배웠고 제국의 역사관이었던 루트피에게서 초급 역사를 배웠다. 그러나 앉아서 하는 공부에는 소질이 없었는지 성적은 좋지 않았다.

압둘메지드 1세의 뒤를 이어서 즉위했던 압둘아지즈는 조카뻘인 압둘하미드에게 호의적이었고 이집트와 유럽에 갈 때면 그를 자주 데려갔다. 그 덕분에 형인 무라드가 압둘아지즈에게 소외당하고 갇혀 지냈던 것에 비해서 압둘하미드는 자유로운 삶을 누렸다. 그리고 성장한 후에는 농지와 광산을 경영하여 많은 수익을 올림으로써 경영 수완이 있다는 것을 입증했다. 16세기 이전의 왕자들처럼 태수를 역임한 것은 아니지만 이런 경험이 국가운영에 필요한 자질을 양성하는 데에 크게 기여했을 것이다. 압둘하미드는 왕자가 더 이상 태수로 부임하지 않게 된 17세기 이후에 가장 풍부한 경험을 쌓은 왕자라고 할 수 있다.

그러나 압둘하미드의 왕위 계승 순위는 여전히 낮았다. 17세기 이후의 관습에 따르면 남자 왕족 중에서 연장자인 무라드가 다음 왕이 되어야 했다. 게다가 압둘아지즈가 자신의 장자 유수프 이제틴에게 왕위를 물려줄 계획을 세우고 있었으므로 압둘하미드가 즉위할 가능성은 크지 않았다. 그러나 뜻밖의 쿠데타로 압둘아지즈가 폐위되고 무라드가 병을 얻어서 퇴위하자 압둘하미드가 왕좌에 오르게 되었다.

압둘하미드 2세 시대의 권력 구조

조부 마흐무드 2세를 본보기로 삼은 압둘하미드 2세는 어디까지나 술탄의 주도하에 국정이 운영되어야 한다고 믿었다. 그래서 앞에서 말했다시피 술탄의 대권을 제한하려는 미드하트 파샤 등의 집단을 러시아 침공 위기를 이용하여 배제하는 데에 성공했다.

압둘하미드 2세는 의회와 헌법을 정지시켰을 뿐만 아니라 탄지마트 개혁이 실시된 이래로 커다란 권력을 행사했던 바브알리의 역할을 축소시킴으로써 정권의 주도권을 군주와 궁전으로 되돌렸다. 물론 아무리 그가 유능하다고 해도 혼자서 국가를 운영할 수는 없었을 것이다. 그래서 헌정을 지향하는 정치가들을 배제한 다음 유능하지만 야심이 없는 관료들을 등용했다. 이 시대의 체제는 간단히 말해서 가장 위에는 압둘하미드가 군림하고, 술탄의 대권을 위협할 만한 유력 정치가가 아닌 술탄의 명령에 무조건 따르는 관료들이 실무를 수행하는 구조였다. 특히 술탄 다음의 실력자인 대재상을 빈번하게 경질함으로써 특정 인물에게 권력이 집중되지 않도록 했다.

이 시대에는 교육에서나 언론에서나, 추상적인 국가 자체가 아닌 술탄 개인에 대한 충성심을 강조했다. 이런 압둘하미드 체제는 20세기 중동 제국에 나타난 권위주의적 독재체제의 첫 사례라고 할 수 있을 것이다.

압둘하미드는 치세 초기만 해도 민중 앞에 빈번하게 모습을 드러냈지만 시간이 흐르면서 금요 예배를 제외하고는 거처인 이을디즈 궁전에 틀어박혀 지냈다. 암살 시도를 방지하기 위해서 이을디즈 궁전의 담도 높이 증축했다. 19세기 말에 유럽의 각국에서 군주 암살 사건이 일어났으므로 그의 공포는 결코 기우가 아니었다. 또한 이을디즈 궁전은 제국 주변에 있는 기밀 정보망의 중심이었으므로, 최신 기술인 사진과 전신을 활용한 다양한 정보들이 제국 각지에서 모여들었다.

범이슬람주의

압둘하미드는 자신의 지배력을 확고히 하는 데에 종교를 활용하기도 했다. 이슬람적 가치관을 적극적으로 이용한 것이다. 이것은 대외적으로는 이슬람 신앙으로 아랍 세계를 통합한다는 이념인 범(汎)이슬람주의 형태를 띠었다.

앞에서 말했듯이 오스만 제국의 술탄은 전 세계 무슬림 공동체의 지도자인 칼리프 자리를 겸했다. 압둘하미드는 이 사실, 즉 술탄이 곧 칼리프임을 외부에 강조하는 데에 힘썼다. 무슬림 제국에 영향력을 미칠 수 있는 술탄 겸 칼리프로서의 권위는 대외적인 군사력 행사를 신중히 피했던 그에게 매우 중요한 외교적 무기였을 것이다.

그래서 그는 열강의 침략에 노출된 중앙 아시아와 내륙 아프리카의 무슬림 제국에 칼리프로서 사절을 보내는 것에도 적극적이었다. 일본에 군함 에르투룰 호를 파견한 것 역시 이 정책의 일환이었다. 이 군함은 일본으로 가던 중 동남 아시아의 무슬림 제국에 들러서 압둘하미드 2세의 정책을 선전했다. 비록 귀환하던 중에 와카야마 현의 구시모토 앞바다에서 폭풍을 만나서 침몰했지만, 일본을 오가며 충분히 그 역할을 다했다. 이렇게 이슬람 세계에 적극적으로 호소한 덕분에 이슬람의 성지 메카 순례를 위한 헤자즈 철도 부설에 드는 비용을 제국 내외의 무슬림의 기부로 충당한 것이 그 호소의 최대 성과였다.

무슬림 제국을 식민 지배한 열강은 압둘하미드 2세의 범이슬람주의를 경계했다. 그러나 그는 범이슬람주의가 과열되지 않도록 그 영향 범위를 신중히 제어했다. 이슬람 세계의 통일을 내건 이란인 활동가 아프가니를 초빙해놓고 나중에는 구속하여 죽을 때까지 연금한 것이 그 대표적인 예이다. 압둘하미드에게는 실제로 이슬람 세계를 통일하겠다는 생각이 전혀 없었던 것이다. 그런 생각은 그에게 그저 위험한 사상일 뿐이었다.

국내 이슬람 정책

압둘하미드 2세의 이슬람주의는 국내에서는 교육과 언론을 통해서 무슬림 신민에게 "수니파적으로 올바른" 이슬람적 가치관을 주입하는 형태로 나타났다. 오스만 제국 영내의 변경 지역에는 정통적인 수니파와는 다른 혼합주의적, 혼교주의적 성격을 띤 무슬림들이 아직도 많이 살고 있었다. 압둘하미드는 이전에 오스만 제국에 거주할 것을 두루뭉술하게 허락받은 후 완전한 제국 시민이 되지 못한 채 살고 있던 그들을 계몽하여 "올바른" 무슬림 신민으로 만들고 자신의 통치에 편입시키려고 했다.

물론 이 정책은 순수한 신앙심의 발로가 아니었다. 베를린 조약으로 잃은 영토의 대부분이 기독교도가 많은 발칸이었으므로, 그곳의 무슬림이 난민이 되어 제국으로 유입되면서 국내에는 무슬림이 점점 더 많아지고 있었다. 그래서 무슬림을 제국 신민의 중심에 모으고 그들끼리의 동질성을 높여서 하나의 집단으로 통합하는 데에 이슬람적 가치관을 이용한 것이다.

압둘하미드 2세의 이슬람주의는 종교적 반발로 일어난 것도 복고주의가 만들어낸 것도 아니었다. 종교를 위시한 전통적인 가치관을 이용하여 국가 통합을 이루려는 시도는 동시대의 러시아나 일본에서도 똑같이 일어난 일이었다.

또한 오해하기 쉬운 점이 있는데, 압둘하미드 2세의 이슬람주의 정책은 비무슬림 신민에게 결코 억압적이지 않았다. 실제로 제국 정부는 열강을 자극하지 않기 위해서 비무슬림을 조심스럽게 다루었다. 그래서 이 시대의 이슬람주의가 탄지마트 시대부터 추진되었던 오스만주의(다민족, 다종교의 공존을 지향하는 이념)와 양립할 수 있었던 것이다.

그러나 이슬람으로 국민 통합을 실현하려고 했던 시도가 탄지마트 시대부터 이어진 유럽과 미국의 기독교 선교사들의 선교 활동과 뒤섞이면서, 무슬림, 기독교 등 종교 공동체들의 종파화, 분권화를 부추긴 것은 사실이다. 또한 30년에 이르는 압둘하미드 2세의 적극적인 이슬람 정책이 아나톨리아의 무슬림과 튀르크인의 국민성을 이루는 핵심이 되었고, 나아가 후대의 터키 공화국에까지 영향을 미쳤다는 지적도 나온다.

전제하의 발전

압둘하미드 2세 시대는 물질적 근대화가 크게 진전된 시대였다. 독일의 원조로 바그다드 철도를 비롯한 철도 노선이 대폭 연장되었고 도로망과 증기선 사업 등 운송 수단이 발달했다. 그러자 사람과 물자, 정보의 이동이 용이해져서 아나톨리아 내륙에 시장이 활성화되었다.

한편 정치적인 출판물은 이 시대에 엄격한 검열을 받았기 때문에 "조국"과 "혁명" 등 민심을 어지럽힐 우려가 있는 말이 들어간 간행물은 발간이 금지되었다. 반면 학문적 혹은 비정치적 간행물의 출판 활동은 매우 융성했다. 오스만 종합도서관(현재의 바예지드 국립도서관)과 제국 박물관(현재의 이스탄불 고고학 박물관)이 개관했고 제국 박물관의 관장으로는 고고학자이자 제국 최고의 서양화가인 오스만 함디가 취임했다.

탄지마트 시대에는 충분히 확대되지 못했던 공교육도 이 시대에 대폭 확대되었다. 신식 학교의 수가 크게 증가했고, 교과에는 이전에는 없던 이슬람 역사가 도입되어 이슬람적 가치관과 술탄에 대한 충성심을 주입하는 역할을 했다. 지금의 이스탄불 대학교의 전신인 "다룰푸눈(Dar ul-Funun)"이 정식으로 개교한 것도 이 무렵이다.

압둘하미드 2세의 지배 이념은 이슬람주의만이 아니었다. 그는 유럽의 것을 본뜬 훈장과 칭호를 수여하여 민심을 장악하려고 했고, 술탄의 사진과 왕가의 문장을 각지에 내걸어서 자신의 권위를 가시화했다. 현대적인 시계탑(지금도 많이 남아 있다)이 제국의 주요 도시에 설치되었을 때는 흡사 시간까지 압둘하미드의 지배를 받는 듯했다.

건국신화를 적극적으로 활용하기 위해서 오스만 왕조의 출생지인 쇠위트에 있는 건국자 오스만의 아버지 에르두룰의 묘를 정비하기도 했다. 또한 일대 행렬을 이끌고 쇠위트에 행차함으로써 오스만 왕가의 권위를 대중에게 주지시켰다.

"역사 외교"도 이루어졌다. 1871년에 독일의 고고학자 하인리히 슐리만이 다르다넬스 해협의 아시아 방면 도시인 트로이에서 유적을 발굴한 이후로 유럽 고고학자들의 발굴 사업이 열기를 띠기 시작했기 때문이다. 특히 로마의 일부였던 아나톨리아에 고대 유적이 많았다. 압둘하미드 2세는 유적을 발굴할 권리를 고고학자에게 주면서 그것을 외교 무기처럼 활용했다.

그가 주로 거주했던 이을디즈 궁전 안의 건물은 이탈리아인 건축가가 세웠고 그 안에서 서양의 연극과 오페라가 상연되었다. 또한 궁정 화가로 초빙된 이탈리아인 파우스토 조나로는 압둘하미드를 위해서 (『코란』이 우상숭배를 엄격하게 금지했음에도) 수많은 초상화를 그렸다. 이런 이야기를 들으면 압둘하미드에게 이슬람이 무엇이었는지 확실히 알 수 있을 것이다.

압둘하미드 2세의 제국은 물질적으로나 정신적으로나 근대적으로 조직된 전제국가였다.

대외 정책과 민족주의 운동

압둘하미드 2세는 파멸적인 결과를 가져온 1877-1878년의 러시아 전쟁 이후 열강 사이에서 아슬아슬한 균형을 유지하며 전쟁을 회피하고 있었다. 그러나 멀리 떨어진 영토에서는 전쟁이 계속되었다. 1881년에 프랑스가 튀니지를 점령했고 이듬해에는 영국이 아직 명목상 오스만령이었던 이집트를 점령했다.

국내에서 압둘하미드 체제는 상대적으로 안정을 유지했다. 그러나 제국의 동쪽 끝과 서쪽 끝에서 서서히 대두된 종교 문제, 민족 문제가 그 안정된 체제를 뒤흔들기 시작했다.

우선 제국의 동쪽인 아나톨리아 동부에서는 아르메니아인 문제가 불거졌다. 오래 전부터 기독교를 믿으며 주로 아나톨리아 동부에 거주했던 아르메니아인은 오스만 제국 내에서 하나의 종교 공동체를 형성하고 상업과 경제 분야에서 활발하게 활동하고 있었다. 개혁 칙령이 공포된 후에는 그들 중에서 관료가 된 사람도 많아서 오스만 지배체제에 정식으로 편입되어 있는 상태였다. 그러나 그들은 압둘하미드의 시대에 개혁 추진과 처우 개선을 요구하는 비밀결사를 조직하여 이스탄불에서 폭동을 일으켰다. 러시아에 사는 아르메니아인들이 이 같은 과격한 활동을 사주했다는 말도 있다.

앞에서 언급한 급속하게 종파화되는 경향까지 가세하여 아나톨리아 동부가 불안정해지던 1894년, 아르메니아인이 부당한 과세에 맞서 시위를 시작하자 쿠르드인으로 이루어진 압둘하미드의 첨병 부대가 그들을 습격했다. 다수의 아르메니아인이 희생된 이 사건에 유럽과 미국의 관심과 압력이 쏠렸다.

한편 서쪽에서도 압둘하미드 체제를 뒤흔든 사건이 일어났다. 간신히 오스만령으로 남겨두었던 마케도니아가 위기를 맞은 것이다. 마케도니아는 튀르크인, 알바니아인, 그리스인, 불가리아인 등 여러 민족들로 복잡하게 구성된 지역이어서 불가리아를 비롯한 주변 제국의 간섭을 많이 받아왔는데, 1900년경에 기독교도 주민들이 폭력적인 독립운동을 일으켜서 다수의 무슬림 난민이 발생하는 지경에 이르게 되었다. 압둘하미드는 대응에 어려움을 겪었지만 사태를 간신히 진정시켰다. 그러나 마케도니아 문제는 근본적으로 해결되지 않으면서 제국의 아킬레스건으로 남았다.

청년 튀르크당 운동

압둘하미드 체제를 불안정하게 만든 또 하나의 요소는 독재에 불만을 품은 사람들, 특히 젊은 장교들의 정치 활동이었다.

압둘하미드 체제하에 제국이 강권적인 개발 정책으로 발전을 이룬 것은 분명했다. 그러나 한편으로 술탄의 정책에서 소외된 사람들의 불만이 서서히 커지고 있었다. 그러던 중에 술탄이 도입한 신식 교육을 받은 젊은이들이 오히려 술탄의 전제를 비판하는 세력으로 성장하게 되었다. 사람들은 이런 반체제 운동을 담당한 자들을 서구인들을 따라서 "청년 튀르크당"이라고 불렀다. 그러나 이름과는 달리 그들의 혈통은 알바니아인, 쿠르드인, 체르케스인 등 다양했다.

청년 튀르크당 운동을 주도한 단체는 "통일진보위원회"였다. 이 위원회는 1880년대 말부터 군의관 학교 학생들이 중심이 되어서 전제 타도와 입헌정의 부활을 요구하며 시작한 운동에서 출발했다. 이 운동에 참가한 사람들 중에서 전제를 싫어하여 파리로 망명한 사람들이 "통일진보위원회"를 새로 조직한 것인데, 위원회의 이름은 공화주의를 신봉하는 프랑스의 사회학자 오귀스트 콩트가 자주 쓴 표어인 "질서와 진보"에서 유래했다고 한다. 그들의 지지세력은 오스만 국내에도 존재했지만, 1896년에 쿠데타 계획이 탄로나면서 대규모 탄압을 받은 이후부터는 주로 국외에서 활동하게 되었다.

청년 튀르크당 운동에는 오스만 왕족도 참여했다. 압둘하미드 1세의 외손자(즉 압둘하미드 2세 여동생의 아들)인 메흐메드 사바하딘(통칭 사바하딘 왕자)이 참여한 것이다. 1899년에 자유주의자인 아버지와 함께 파리로 망명한 그는 청년 튀르크당 운동을 규합하는 데에 헌신했다. 그러나 그는 청년 튀르크당의 다수파와 대립했으며, 통일진보위원회에도 비판적이었던 탓에 세2차 입헌정에는 야당에 참여했다.

4. 제2차 입헌정

청년 튀르크당 혁명

요지부동이던 국면이 10년 후 살로니카의 한 사건으로 인해서 바뀌기 시작했다. 살로니카는 유대교도와 기독교도가 많이 살던 도시였기 때문에 오스만 제국령 중에서 유럽에 가장 개방적이었고, 나중에 터키 공화국을 건국할 무스타파 케말도 이곳에서 자랐다. 그러나 1906년, 서구의 문물과 사상이 유입되어 자유로운 분위기가 넘쳐흐르던 이 살로니카에서 우편국원 탈라트와 청년 장교 제말, 엔베르가 반체제 조직을 결성했다. 이 조직은 세력을 급속히 확대하여 에디르네 지부까지 개설하고 이듬해에 파리의 통일진보위원회에 합류했다.

그들의 혁명 의지에 불을 지른 것은 1908년에 도착한 두 가지 소식이었다.

하나는 압둘하미드 2세의 첩자가 정보를 캐내서 그들 조직을 무너뜨리려고 한다는 것이었고, 또다른 하나는 영국과 러시아가 마케도니아를 포함한 발칸의 분할에 합의했다는 것이었다. 엔베르를 비롯한 청년 장교들은 조직과 조국에 위기가 닥쳤다는 것을 깨닫고 헌정의 부활을 요구하며 군사행동을 개시했다.

소식을 접한 압둘하미드가 진압군을 파견했으나 진압군이 오히려 술탄을 배반하고 봉기에 가담했다. 이에 압둘하미드는 외국과의 긴급 교섭으로 사태를 수습하려고 했다. 불가리아와 전쟁 상황을 만들어 반란군의 눈을 다른 곳으로 돌리려고 한 것이다. 그러나 불가리아가 공모를 거부하여 실패했다. 모든 계책에 실패한 압둘하미드는 그들의 요구를 받아들여서 헌정의 부활을 선언할 수밖에 없었다. 불과 20일 동안의 혁명극이었다.

"자유, 평등, 우애, 공정"이라는 목표 아래에 전제 타도와 헌정의 부활을 실현한 이 봉기를 "청년 튀르크당 혁명"이라고 한다. 다만 이 사건이 "혁명"이라고 불리기에 적합한지에 대해서는 이론이 있다. 주도 세력이 압둘하미드 2세를 폐위한 것이 아니라, 어디까지나 헌법과 의회의 재개만을 요구했기 때문이다. 청년 장교로 이루어진 통일진보위원회의 지도자들이 혁명 후에 정권의 중추를 차지하지도 않았다.

어찌되었든 헌정의 부활은 열광적인 환영을 받았다.

같은 해에 치러진 선거에서는 통일파(통일진보위원회를 지지하는 사람들을 앞으로 이렇게 칭하겠다)가 다수 의석을 획득했다. 그러나 이처럼 통일파가 대두하자 그에 대한 반발로 1909년에 반(反)통일파가 봉기하여 "3월 31일 사건"을 일으켰다. 그 중심에는 통일파의 사관학교 출신자들에게 자신의 자리를 빼앗긴 군사 출신 군인들과 압둘하미드에게서 받은 징병 면제 특권을 회수당한 이슬람 학교 학생들이 있었다.

봉기 세력이 한때 이스탄불을 석권했으므로 통일파는 이스탄불에서 도망칠 수밖에 없었다. 그러나 장군 마흐무드 셰브케트 파샤가 통일파에 합세했다. 그는 살로니카에서 "행동군"이라고 불리는 혁명 지원 부대를 데리고 이스탄불로 진군했고, 반통일파의 봉기를 성공적으로 진압했다.

압둘하미드 2세의 퇴위와 레샤드의 즉위

반통일파의 봉기를 사주한 것으로 알려진 압둘하미드 2세가 역대 네 번째로 긴 33년 동안의 군림을 마치고 왕좌에서 물러났다.

그의 퇴위식은 오스만 제국 최후의 전제군주답게 전통과 신문물이 어우러진 가운데 치러졌다. 과거의 제국에서 술탄이 폐위될 때의 "관례"를 답습하여 제출된, 폐위를 정당화하는 파트와는 입헌정 시대답게 울라마 출신의 의원에 의해서 작성되고 의회에서 낭독되었다.

그의 뒤를 이어서 압둘하미드 2세의 동생 레샤드가 예순넷의 나이로 즉위했다.

1453년, 행동군은 레샤드에게 이스탄불을 정복한 메흐메드 2세를 본떠서 "메흐메드"라는 이름을 쓸 것을 요청했다. 행동군이

레샤드(메흐메드 5세)
재위 1909-1918

자신들을 이스탄불의 두 번째 정복자에 비유했기 때문이다. 그래서 레샤드는 메흐메드 5세로 즉위했다. 즉위식에서 레샤드는 이슬람법과 헌법, 그리고 입헌정과 국민의 이익을 지킬 것을 맹세했고 의원들도 충성의 맹세를 했다.

파트와, 충성의 맹세, 이슬람법이라는 전통적인 정통성, 입헌정과 의회라는 근대적 가치관이 주는 정통성이 한데 어우러진 이 즉위식은 재출발한 입헌군주제에 더없이 잘 어울리는 시작이었다.

레샤드는 정치적 야심이 없는 반면 학술과 문예에 깊은 관심을 보였다. 역사 애호가였던 그의 주도로 오스만 역사협회가 설립되었고 그곳에서 근대적 의미에서의 역사 연구가 최초로 이루어졌다. 레샤드는 발칸을 중심으로 제국 각지를 돌아다니며 제국의 민심 안정에도 힘썼다.

헌법 개정과 제2차 입헌정의 권력 구조

반혁명 세력이 일으킨 3월 31일 사건이 진압되고 압둘하미드 2세가 퇴위한 이후, 제국 내 군주의 위치는 완전히 달라졌다.

1909년 8월에 개정된 오스만 제국 헌법이 그것을 여실히 보여준다. 의회의 권한을 확대하고 군주의 대권을 제한한 이 헌법은 술탄을 입헌군주제하의 상징적인 존재로 다시 규정했다. 특히 군주에게 "헌법 규정을 존중하고 조국 및 국민에게 충성할 것"을 요구하는 조항이 들어간 것은 후지나미 노부요시의 말을 빌리자면 "거의 혁명적"이라고 할 수 있다. 물론 압둘하미드의 전제를 가능하게 했다는 점에서 악명이 높았던 113조도 수정되었다.

마흐무드 2세 이후에 탄지마트 시대, 압둘아지즈 시대, 제1차 입헌정, 압둘하미드 2세 시대를 차례로 거치는 동안 근대 오스만 제국의 권력은 군주(궁전)와 바브알리 사이를 시계추처럼 오가고 있었다. 그러나 헌법이 개정되면서 술탄의 권력 제한을 돌이킬 수 없게 되었다. 게다가 1909년의 내각 불신임안으로 대재상이 파면되자 의회가 대재상보다 더 큰 힘을 가졌다는 사실이 분명해졌다. 제2차 입헌정에서는 군주와 바브알리의 권력은 축소되었고 의회라는 강력한 핵심 기관이 새로 등장한 것이다.

한편으로 예니체리 군단이 폐지된 이후 오랫동안 정치적인 목소리를 내지 않았던 군부가 다시금 영향력을 강화한 것도 중요한 변화였다. 젊은 장교들이 중심이 된 통일진보위원회나 마흐무드 셰브케트 파샤 등의 고위 군인들은 음으로 양으로 영향력을 행사하면서 의회 정치와 그 건전한 발전을 저해하고 있었다.

이러한 정치적 환경은 군부 쿠데타를 일종의 정치 문화로 만들어서 터키 공화국에까지 큰 영향을 미쳤다.

제2차 입헌정의 사상적 흐름

일부 연구자들은 제2차 입헌정 때에 튀르크 민족주의, 혹은 제국의 틀을 넘어서 중앙 아시아에 거주하는 모든 튀르크계 민족들과 연대하자고 주장하는 범(汎)튀르크주의가 주류를 이루었다고 주장한다. 튀르크 민족이 오스만 제국에서 19세기 후반 이후 학문적, 문화적 관점에서 주목받기 시작했고, 제2차 입헌정 당시에 튀르크 민족이 제국에 거주하는 모든 민족들을 이끈다는 인식이 생겨난 것은 사실이다.

그러나 발칸 전쟁이 발발하기(1912) 전까지 오스만 정부는 제국령에 거주하는 다민족, 다종교의 평등과 공존을 지향하며 "여러 민족의 통일"이라는 구호를 내걸고 오스만주의를 추진했다. 이 시대에는 기본적으로, 튀르크인에게 동화시키기 위해서 다른 민족을 압박하거나 튀르크인이 아닌 민족을 차별해야 한다고 주장하는 정치사상은 없었다. 러시아에서 망명한 타타르인이 범튀르크주의를 제창하여 제국의 튀르크주의를 각성시키는 데에 영향을 미친 것은 사실이다. 그러나 범튀르크주의가 실제로 오스만 정치에 영향을 끼친 사건이라고 해도 제1차 세계대전 후에 엔베르 파샤가 감행했던 몽상적인 군사 모험 정도를 들 수 있을 뿐이다(291쪽 참조).

19세기 초 민족주의의 싹이 튼 후에 100년 동안 제국령에서 과

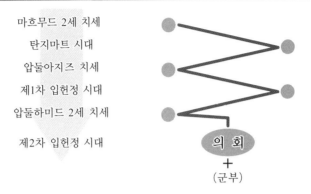

근대 제국 시대의 권력의 움직임(개념도) 마흐무드 2세의 개혁으로 아얀, 예니체리, 울라마가 주요 세력에서 탈락했으며, 술탄(궁전)과 바브알리가 주도권을 교대로 쥐게 되었다. 제2차 입헌정 시대에는 의회와 군부가 새로운 중심 세력으로 떠오른다.

거의 신민들이 차례로 "민족 독립"을 성취하는 와중에도 오스만 제국은 더더욱 오스만주의와 다민족 통합을 추구했다.

통일파는 종교적으로는 세속적인 서양주의를 지향했다. 그런 한편, 앞에서 언급한 개정 헌법에 이슬람법과 이슬람적인 문구를 사용하는 등 이슬람을 고려한 변혁을 추진하기도 했다. 이것은 그들이 마흐무드 2세 이래로 진전된 근대화 정책의 조류에 편승해가며 정책을 추진했다는 뜻이다.

압둘하미드 2세의 엄격한 검열이 없어진 이후에 폭발적으로 많아진 신문, 잡지들을 통해서 이런 정치, 민족, 종교에 대한 다양한 논의가 활발하게 전개되었다.

나라 안팎의 어려움

그렇다면 정국의 흐름을 다시 살펴보자.

반통일파는 진압되었지만 오스만 제국의 정계는 아직도 무질서했고, 통일파 이외에도 복수의 단체가 파벌을 형성해서 정치 상황을 불안하게 만들고 있었다. 1911년에는 반통일파 세력이 모여서 자유 연합당을 결성하기도 했다. 한편 통일 진보당을 이끄는 3명(나중에 육군 장관, 해군 장관, 내무 장관이 될 엔베르, 제말, 탈라트)이 그 당시 아직 젊은 장교에 불과했던 탓인지, 통일파는 전체적으로 주류파와 반주류파로 분열되어 각각 정치 활동을 전개했다. 물론 이것을 정당 정치가 정상적으로 기능했다는 뜻으로 받아들일 수도 있다.

외부 상황도 불안하기는 마찬가지였다. 혁명과 입헌정 부활에 대한 서구의 여론은 긍정적이었지만, 주변 제국은 오스만 입헌정이 성숙할 때까지 기다려야 할 이유가 없었으므로 그 과도기적인 상황을 자국의 이익 확대에 이용하기 바빴다. 명목상 자치국이었던 불가리아가 1908년 혁명 직후의 혼란을 틈타서 완전한 독립을 선언했다. 또한 오스트리아는 군사를 주둔시켰던 보스니아 헤르체고비나와, 그리스는 크레타 섬과 합병했다. 1910년에는 주민들 대다수가 무슬림인 알바니아가 반란을 일으켜서 오스만 정부에 충격을 안겼다. 또한 1911년에는 이탈리아가 리비아를 침공했다. 이에 엔베르 등 오스만 제국의 장교들이 현지로 가서 저항운동을 지휘했지만 이듬해에 발칸 전쟁이 발발하면서 철수할 수밖에 없었다. 이로써 오스만 제국은 아프리카의 영토를 전부 잃고 말았다.

발칸 전쟁의 충격과 통일파의 권력 장악

이처럼 제국의 국제 환경은 지극히 어려웠으며, 그중에서 가장 결정적인 것이 발칸 전쟁이었다. 1912년 세르비아, 불가리아, 몬테네그로, 그리스의 동맹이 오스만 제국에 선전포고를 하자 발칸 전쟁이 시작되었다. 오스만 군은 패배를 거듭한 끝에 통일파의 본거지인 살로니카를 빼앗기고 이어서 오스만 제국의 옛 수도인 에디르네까지 넘겨주었다. 불가리아군은 이스탄불 교외의 차탈자까지 진군했다.

그러나 이때 욕심 많은 불가리아가 동맹국인 그리스와 세르비아를 공격했다. 이 내부 갈등 덕분에 오스만 제국은 아슬아슬하게 파국을 면할 수 있었다. 오스만은 가까스로 에디르네를 탈환했고 1913년에 부쿠레슈티 조약을 체결하여 일시적으로 안정을 되찾았다.

통일파는 이런 대외적인 위기 속에서 권력을 거머쥐기 위하여 강경한 수단에 호소했다. 정치적인 대립 세력 체포, 집회 금지, 개표 부정 등 선거 공작으로 얼룩져 "곤봉 선거"라고 불리는 총선거(1912년 1월)를 치렀고 쿠데타(1913년 1월)를 일으켜서 육군 장관을 살해했으며, 반대파 350명을 추방하고 처형(같은 해 6월)함으로써 정권을 완전히 장악한 것이다. 그때까지 내각의 외부에서만 협력해왔던 통일파의 지도자들도 이때 전부 내각에 들어가서 국정에 직접 관여했다. 술탄의 조카와 결혼한 엔베르가 육군 장관이, 제말이 해군 장관이, 탈라트가 내무 장관이 되었으며, 친통일파인 사이드 할림 파샤가 대재상이 되어서 "통일파 내각"을 출범시켰다.

튀르크 민족주의의 대두

발칸 전쟁으로 인해서 오스만 제국은 장장 500년 동안 제국의 중추였던 유럽에 있는 영토 대부분을 잃고, 무려 40만 명에 이르는 무슬림 난민을 영내로 받아들여야 했다. 이 전쟁은 오스만 제국과 터키 공화국 사람들에게 재앙과도 같았다. 패전을 계기로 제국은 결국 오스만주의를 포기하게 된다.

　오스만 제국은 발칸 전쟁 직후까지만 해도 같은 무슬림인 아랍인을 정책적으로 배려하려고 했지만, 제1차 세계대전이 발발하자 그들마저도 영국의 사주를 받고 오스만 제국을 떠나버렸다. 물론 무슬림 중에는 쿠르드인, 체르케스인, 자자인 등이 있기는 했지만 결국 제국 말기에는 튀르크인이 아나톨리아의 대다수를 차지함에 따라서 당시 세계적으로 유행하던 인종주의와 결합한 튀르크 민족주의가 하나의 정치사상으로 강력하게 대두되었다. 이 튀르크 민족주의는 터키 공화국에까지 그대로 이어지게 된다.

　튀르크 민족주의가 대두함과 동시에 민족 경제도 발전해나갔다. 근대 이후 오스만 제국은 보호주의를 경계하고 자유무역 경제를 장려하는 경제정책을 펼쳤다. 사실 이전에는 부유한 자본가들 대부분이 그리스인, 아르메니아인 등 비무슬림이었으므로 무슬림의 산업이 크게 발전하지 못했다. 그러나 발칸 전쟁 이후 비무슬림 자본가에게 다양한 부담이 더해지고 보이콧 운동이 일어나는 등, 무슬림 튀르크인의 민족주의 경제가 발달하기 시작했다. 그래서 큰 혼란과 희생이 발생하면서도 경제 민족화가 진전되었다. 이 경제 민족화의 정점은 아마도 터키 공화국 시대인 1942년에 비무슬림 부유층에 극단적으로 불리한 세율을 적용한 부유세가 도입되면서 다다랐을 것이다.

제1차 세계대전

큰 희생을 치르고 발칸 전쟁을 극복한 오스만 제국은 숨 돌릴 틈도 없이 다음 전쟁인 제1차 세계대전에 뛰어들어야 했다.

1914년 6월 28일, 오스트리아는 사라예보에서 일어난 오스트리아 황위 계승자 암살 사건을 빌미 삼아서 세르비아에 선전포고를 했다. 독일이 오스트리아를 지원하자 러시아가 세르비아를 지지하겠다고 나섰고, 독일이 프랑스를 공격하자 영국은 러시아와 프랑스의 편에서 참전했다. 그리하여 순식간에 러시아, 프랑스, 영국 연합국과 독일, 오스트리아 동맹국이 싸우는 세계대전으로 번져나갔다.

이 무렵 오스만 정부는 영국과 프랑스가 러시아에 접근하는 것을 알아채고 독일과의 관계를 돈독히 하는 데에 힘썼다. 한편 참전을 요구하는 우호국 독일에는 국내가 발칸 전쟁으로 피폐해져 있다며 참전을 회피했다. 그러나 독일의 뜻을 받아들인 엔베르의 독단으로 오스만 함대가 흑해의 러시아 요새를 포격하자 영국, 프랑스, 러시아가 오스만 제국에 전쟁을 선포했다. 11월 11

일, 오스만 정부도 어쩔 수 없이 전쟁을 선포했고 술탄 겸 칼리프도 "위대한 성전"을 선언하며 모든 무슬림의 참전을 호소했다.

전쟁이 시작된 직후인 12월, 러시아와의 전투가 벌어진 아나톨리아 동부에서 엔베르가 러시아의 공격을 격파하고 캅카스까지 진격했지만 결국 파멸적인 피해를 입고 철수했다. 오히려 러시아군이 에르주룸과 에르진잔까지 쳐들어와 아나톨리아 동부 전선이 위기에 처하게 되었다. 상황이 혼란스러운 가운데 오스만 정부는 아나톨리아 동부에 많이 살았던 아르메니아인들 중 일부가 러시아에 협조하고 있음을 알아채고 그들을 남방의 시리아로 "강제 이주시키기로" 결정했다. 난리 중에 짐도 싸지 못하고 쫓겨난 많은 아르메니아인들이 이 시기에 기아, 질병, 폭력으로 사망했다. 구체적인 사망자 수는 밝혀지지 않았지만 대략 70만 명이 희생되었다고 전해진다.

아랍에서는 영국과의 전투가 벌어졌다. 먼저 1915년 초에 제말이 수에즈 운하를 공격했지만 실패로 끝났다. 오스만 군은 폰 데어 골츠 등 독일 장교들의 보좌를 받아가며 이라크 쪽에서 쳐들어온 영국군에게 격렬히 저항했다. 그 결과 1916년의 쿠트 포위전에서는 1만 명 이상의 영국 장병을 사로잡는 승리를 거두었다. 이에 속이 탄 영국은 병력을 대폭 증원하여 1917년에 바그다드를 점령했다.

그러나 영화 "아라비아의 로렌스"로 잘 알려진 정보 장교 로렌스의 활약 덕분인지, 메카의 태수가 오스만 제국에 반란을 일으켰다. 이 "아랍 반란"은 군사적으로는 그다지 큰 영향을 미치지 않앉지만 동포인 무슬림이 반기를 들었다는 사실만으로 술탄(칼리프)의 영향력이 약해졌음을 만천하에 드러내는 효과를 가져왔다.

서쪽에서는 영국군이 다르다넬스 해협 침투 작전을 실시했다. 이스탄불 침투와 러시아의 보급선 확보를 위해서였다. 그러나 1915년부터 1916년 초까지 실시된 이 작전은 해협의 서쪽에 있는 겔리볼루 반도가 강력하게 반격한 탓에 실패했다(겔리볼루 전투). 이 반격을 지도한 사람이 바로 무스타파 케말이다.

케말은 겔리볼루 전투 후에도 각지를 돌아다니며 싸웠다. 그는 1917년 11월에 발발한 러시아 혁명(이 혁명으로 러시아가 아나톨리아 북동부의 점령지를 포기했다)으로 붕괴한 아나톨리아 동부 전선에서 승리를 거두었고, 종전 직전의 팔레스타인 전선에서는 영국군의 맹공으로 뿔뿔이 흩어져 달아난 오스만 군의 전열을 회복시켜서 피해를 최소화했다. 전후 케말은 몇 되지 않는 제국군 승리의 주역으로서 일약 영웅의 반열에 오른다.

패전과 제2차 입헌정의 끝

오스만 군의 저항이 연합국의 예상보다 격렬했기 때문에 연합국은 상당한 에너지를 소모하게 되었다. 오스만 군은 제1차 세계대전 종반까지 끈질기게 저항함으로써 지방에서의 부대의 무장해제를 늦추었고, 결과적으로 뒤에 이어질 국민 투쟁을 위한 전력을 남겨놓을 수 있었다.

그러나 1918년이 되자 동맹국의 패색이 짙어졌다. 10월 4일에는 독일이 미국에 강화 교섭을 요청했고 11월 11일에는 휴전협

엔베르 파샤

정이 맺어졌다. 독일의 제2제정은 붕괴했으며 바이마르 공화국이
그 자리를 대신했다.

독일 제국과 마찬가지로 오스만 제국의 운명도 끝에 다다랐
다. 10월 30일, 오스만 제국 정부는 에게 해의 림노스 섬에 정박
한 영국 함선 아가멤논에서 무드로스 휴전협정을 체결했다.

이듬해 2월, 프랑스의 장군 데스페레와 연합국이 드디어 이스
탄불에 입성했다. 메흐메드 2세의 이스탄불 입성을 그린 유명한
그림(89쪽 참조)처럼 데스페레가 백마를 타고 입성했다는 소문도
떠돌았다. 메흐메드 2세 이래로 4세기 반 동안 외적의 침입을 한
번도 허용하지 않았던 이스탄불은 이때 두 번째 정복을 당했다.

아랍 지역은 영국에 점령당했고, 남은 아나톨리아에서도 오스

만 군의 무장해제와 연합국의 주둔이 서서히 진행되었다. 아나톨리아 동부에서는 아르메니아인들이 나라를 세우고 있었다.

제2차 입헌정 시대가 이처럼 휴전협정이 체결된 1918년에 끝났다는 것이 일반적인 견해이다. 그해 2월에는 은거하던 압둘하미드 2세가 사망하여 국장(國葬)이 치러졌다. 또한 헌정 지지자였던 메흐메드 5세(레샤드)도 무드로스 휴전협정이 체결될 때까지 기다리지 못하고 당뇨병으로 7월 3일에 사망했다.

세계대전의 패배, 헌정의 끝, 그리고 두 술탄의 죽음과 함께 오스만 제국의 운명의 날이 다가오고 있었다.

5. 제국의 멸망

마지막 술탄

제1차 세계대전에 패배한 이후 전쟁을 주도했던 엔베르, 탈라트, 제말 등 통일파 간부들은 각각 오스만 제국을 탈출했다. 그중 탈라트와 제말은 아르메니아인 암살자에게 살해당했고, 엔베르는 여전히 범튀르크주의의 꿈을 품고 중앙 아시아로 건너가서 볼셰비키의 붉은 군대와 싸우다가 객사했다.

메흐메드 5세 레샤드의 뒤를 이어서 메흐메드 6세로 즉위한 사람은 메흐메드 5세의 이복동생 바히데딘이었다(일반적으로 메흐메드 6세가 아니라 바히데딘이라고 불린다). 쉰일곱 살의 나이에 즉위한 그가 오스만 제국의 36번째이자 마지막 술탄이다.

바히데딘(메흐메드 6세)
재위 1918-1922

술탄을 업신여기는 통일파의 "전횡"에 적의를 품었던 바히데딘은 무드로스 휴전협정을 빌미 삼아서 술탄의 권력을 되찾으려고 했다. 그가 손에 검 두 자루를 들고 "한 자루는 칼리프의 지위, 다른 한 자루는 영국의 원조다"라고 소리쳤다는 일화가 전해진다. 케말과 함께 국민 투쟁에 참여한 여류 작가 할리데 에디프는 이런 그를 가리켜 "영국의 칼리프"라고 조롱했다고 한다.

바히데딘은 군주의 대권을 되찾기 위해서 그 검들을 마음껏 휘둘렀다. 먼저 1918년 12월에 의회를 해산하더니 친영국-반통일파이며 자신의 매형이기도 한 다마트 페리드 파샤를 대재상으로 앉히고 영국의 도움을 받아서 통일파를 일제히 숙청했다. 1919년 5월에는 비잔틴 제국의 부흥을 외치던 그리스 왕국이 영국의 뒷받침을 받아서 아나톨리아의 에게 해 연안에 상륙하여 이즈미르와 주변 지역을 점령한 사건이 있었는데, 바히데딘과 오스만 정부는 영국이 원조를 끊을까봐 그 사건을 묵인하기까지 했다.

한편 아나톨리아에서는 각지의 통일파 장교와 지하조직이 여전히 활동하고 있었다. 그들은 영국의 꼭두각시가 된 바히데딘과 오스만 정부에 고개를 숙일 생각도, 그리스 왕국의 침공을 가만히 받아들일 생각도 없었으므로 무장해제를 계속 거부했지만 내부 결속력이 부족했다. 아나톨리아 동부에서는 그나마 정리된 통일파 군단이 제대로 활동하고 있었지만, 그리스 군이 상륙한 아나톨리아 서부에서는 "에페(efe)"라고 불리는 게릴라 집단이 산발적으로 저항하고 있었을 뿐이다. 이렇게 제각각 분열된 저항운동 세력을 통합할 지도자가 필요했다. 이런 상황에서 통일파의 유력자들이 다음 지도자로 손꼽은 사람이 무스타파 케말이었다.

무스타파 케말

무스타파는 1880년 또는 1881년에 살로니카 근교에서 태어났다. 아버지 알리 르자는 하급 관리로 일하면서 목재 거래 사업을 하여 한때 큰돈을 벌었다고 한다. 어머니 쥐베이데는 신앙심이 깊으면서도 진보적인 가정환경에서 자란 여성이었고, 소년 무스타파는 된메(204쪽 참조)가 운영하는 학교에서 근대적인 교육을 받았다.

아버지가 사업에 실패하고 사망하여 경제적으로 궁핍해지자 어머니와 무스타파는 시골의 친척 집으로 거처를 옮겼다. 그러나 공부를 계속하고 싶었던 무스타파는 열세 살 때 어머니에게 아무 말도 하지 않고 살로니카의 군사학교에 입학했다. 성적이 우수했던 무스타파에게 그와 같은 이름을 가진 교사 무스타파가 "케말"이라는 이름을 붙여주었다. 이는 "완전하다"라는 뜻으로, 애국의 신오스만인 나미크 케말을 연상시키는 이름이었다. 이후 무스타파는 자신을 "무스타파 케말"이라고 칭하게 되었다.

살로니카 군사학교와 마나스트르 군사 고등학교를 졸업한 그는 1899년에 이스탄불 육군 사관학교에 입학하여 우수한 성적을 거두었다. 그 당시는 압둘하미드 2세가 독재정치를 하던 시대였다. 케말은 재학 중에 학우들과 자유주의 이론을 배워서 반독재 운동에 몰래 참여했다가 밀고를 당해서 체포되기도 했다. 학생들이 불온한 사상에 잠시 심취한 것으로 생각했는지, 당국은 케말을 호되게 벌하지 않고 그가 공부를 계속할 수 있도록 했다. 그러나 그는 1905년에 군인이 된 후에도 독자적으로 결사 활동을 했고, 이후 통일진보위원회에 가담했다.

제2차 입헌정 시기에는 3월 31일 사건을 진압한 행동군에 참모로 참여했고, 이탈리아의 리비아 침공에 대비한 방위전과 발칸전쟁에도 참전하여 장교로서의 경험과 업적을 쌓았다. 제1차 세계대전에서는 겔리볼루 전투 등에서 전과를 올려서 영웅으로 칭송받기 시작했다. 패전의 주범인 엔베르 등 통일파 주류와 거리를 둔 것도 전쟁 이후의 그의 명성에 도움이 되었다.

무드로스 휴전협정 이후 이스탄불 정부에 대항하는 아나톨리아의 통일파가 케말을 다음 지도자로 지목했지만, 케말은 당시 이스탄불 정부의 틀 안에서의 개혁을 지향했으므로 대답을 회피했다. 그러나 그는 영국을 추종하는 이스탄불 정부에 서서히 불만을 품었고, 감찰관으로 아나톨리아 동부로 발령을 받은 것을 계기로 아나톨리아의 통일파에 가세하기로 결심했다.

그리고 드디어 1919년 5월 19일, 그는 이스탄불에서 출발한 배를 타고 흑해 남안의 마을 삼순에 상륙했다.

"국민 투쟁" 혹은 "독립 전쟁"으로 불리는 전투가 시작되는 순간이었다.

국민 투쟁

아나톨리아로 건너간 케말은, 연합하지 못한 채 저항운동을 이어가던 통일파를 규합하기 위해서 회합을 열었다. 에르주룸과 시바스에서 열린 그 회합에서는, 동쪽 전선의 사령관 카즘 카라베키르 등 통일파 장군들과 저항운동의 유력자들이 한자리에 모여서, 케말을 지도자로 옹립할 것과 국민군을 결성할 것을 선언했다. 이 선언에는 외국의 침략에 대항하여 오스만 제국의 일체성과 술탄(칼리프)의 지위를 보호하겠다는 내용도 포함되었으니, 정작 보호의 대상이 된 바히데딘은 케말의 움직임이 불온하다면서 케말을 파면했을 뿐만 아니라 그를 체포하라는 명령을 내리기까지 했다.

1920년 1월 이스탄불에서 새로 소집된 제국 의회에서는 "국민 맹약(盟約)"이 결의되었다. 에르주룸과 시바스 회의에서 정해진 방침에 준하여 오스만 제국의 일체성을 지키겠다는 결의였다. 선거로 선출된 의원들 중에는 여전히 통일파를 지지하는 사람들이 많았던 것이다. 국민 맹약에 위기감을 느낀 연합국은 1920년 3월에 이스탄불을 정식으로 점령했다. 이스탄불의 통일파는 중요한 인물들 대부분이 체포, 살해되는 등 큰 타격을 입었다. 기회를 놓칠세라 4월에 바히데딘이 제국 의회를 해산하자 케말은 앙카라에서 대(大)국민회의를 소집했다. 그리하여 이미 사상누각이 된 오스만 제국은 이스탄불 정부와 앙카라 정부의 싸움터로 변해버렸다.

그러나 술탄(칼리프)의 권위는 여전했고, 이슬람 장로는 반란자들을 살해한 것은 칼리프의 명령이자 종교적 의무였다는 파트와를 내주었다. 여기에 호응하여 앙카라 정부를 비난하는 사람들도 적지 않았다. 이에 대해서 케말 등 앙카라 정부는 앙카라의 법학자로부터 자신들이 이슬람의 가르침을 어기지 않았다는 파트와를 받아 선전하며 심한 탄압을 견뎌냈다.

그리스 군과의 전쟁, 그리고 승리

1920년 6월 19일, 에게 해 연안을 점령한 그리스 왕국군이 영국의 도움을 받아서 아나톨리아 내륙으로 진군했다. 그리스 군은 국민군의 산발적인 저항을 물리치고 이듬해 초 오스만 제국의 발원지 중의 한 곳인 빌레지크까지 진격했다. 영국의 지원을 받은 그리스 군의 군비는, 발칸 전쟁과 제1차 세계대전의 연이은 패전의 충격에서 헤어나오지 못한 국민군보다 훨씬 우월한 수준이었다.

그러나 케말에게 충성했던 총사령관 이스메트 대령(1938년 케

무스타파 케말 1922년 8월, 케말이 이끄는 국민군이 그리스 군에 승리했다.

말이 사망한 이후에 터키 공화국의 제2대 대통령이 되는 인물)이
이뇌뉘 강 부근에서 그리스 군에 끈질기게 저항하여 그들을 물리
치는 데에 성공했다. 그리고 그는 이뇌뉘 강 전투의 승리를 기념
하며 자신의 이름 뒤에 "이뇌뉘"라는 성을 붙였다. 이듬해인 1921
년 8월, 운명의 역전을 노린 국민군은 앙카라 근교까지 침공한
그리스 군과 다시 22일 동안의 총력전(사카리아 강 전투)을 치른
끝에 가까스로 승리를 거두었다. 그러자 누가 권력을 쥐게 될지
가 분명해졌다.

 이 무렵 프랑스는 이미 이스탄불 정부를 단념하고 앙카라 정
부와 독자적으로 교섭을 하고 있었다. 그리스 군과 그리스를 후
원하던 영국은 여전히 저항의 뜻을 표했지만, 1922년 8월 국민군

이 에게 해 연안까지 진군하자 완전히 철수했다. 그리고 같은 해 10월 11일, 앙카라 정부와 연합국 사이에 무단야 휴전협정이 체결되었다.

케말과 국민군이 국민 투쟁에서 살아남은 것이다.

술탄 제도의 폐지

그다음 해야 할 일은 연합국과의 조약을 개정하는 것이었다. 그리스와의 사투가 한창이던 1920년 8월 10일, 연합국과 이스탄불 정부가 세브르 조약에 조인했는데, 그 조약은 오스만 제국이 아나톨리아 중부와 흑해 연안만을 영유하고 다른 지역은 전부 열강과 주변 민족이 분할한다는 극히 가혹한 내용을 담고 있었다(240쪽 참조). 튀르크의 재출발에는 이 세브르 조약을 대신할 새로운 조약이 꼭 필요했다. 연합국은 새로운 조약을 맺는 자리에 앙카라 정부뿐만 아니라 이스탄불 정부도 참석할 것을 요청했으나 케말이 허락하지 않았다.

1922년 11월 1일, 앙카라 정부는 오스만 제국 군주의 직책을 술탄과 칼리프로 나누고 술탄 제도를 폐지하기로 결의했다. 술탄 제도를 폐지함으로써 이스탄불 정부의 기능을 정지시킨 것이다. 이미 유명무실해진 이스탄불 정부의 내각은 이 결정을 순순히 받아들이고 총사퇴했다.

칼리프는 대국민 의회가 오스만 왕가의 일원 가운데 적합한 인물을 선출하기로 했으나 그것이 누가 될지는 아직 언급되지 않았다.

제국의 끝

1922년 11월 17일, 영국의 순양함 1척이 이스탄불에서 몰타 섬으로 떠났다. "말라야"라는 이름의 이 배에는 신변의 위험을 느끼고 영국 정부에 망명을 요청한 바히데딘이 가족을 데리고 승선해 있었다. 그 전날 대국민 의회가 바히데딘을 "조국의 배신자"로 비난하는 결의를 했기 때문이다.

다음날인 18일, 대국민 의회는 그의 폐위를 결정했다. 성전의 적에게 몸을 맡긴 자는 칼리프로 적합하지 않다는 파트와가 제출되어 그는 칼리프의 지위도 빼앗기게 되었다. 그러나 술탄과 칼리프의 자리에 미련이 있었던 바히데딘은 1923년 1월에 순례를 한다며 몰타 섬을 떠나서 수에즈 운하를 경유하여 메카, 메디나가 있는 헤자즈 지방으로 이동했다. 그래도 무슬림의 여론은 냉담했다. 바히데딘은 헤자즈를 금세 떠나 이탈리아 북부의 산레모로 가서 짧은 여생을 보내다가 1926년에 세상을 떠났다.

그래서 오스만 제국이 멸망한 날은 술탄 제도를 폐지한 11월 1일, 혹은 바히데딘이 폐위된 11월 18일이 되었다.

제국의 역사는 여기에서 끝이 났다. 그러나 오스만 왕가의 역사는 조금 더 이어진다.

마지막 칼리프

압둘메지드 에펜디는 압둘아지즈의 아들이며 폐왕 바히데딘의 사촌 형제였다. 개방적인 성격 덕분에 그는 제2차 입헌정 시대에는 "민주제의 왕자"로 불리며 대중에게 친근감을 불러일으켰다.

다른 왕자들 혹은 엔베르 등의 청년 튀르크당과 함께 연극을 관람하기도 했고 아르메니아 여성연맹이나 적신월(붉은 초승달) 협회(이슬람 세계의 적십자)의 명예 회장을 역임하는 등 사회 활동에도 적극적이었다. 또한 그는 예술 애호가이자 서양화가로도 잘 알려져 있다. 그는 서양화가 오스만 함디뿐만 아니라 궁정 화가로 초빙된 서양 미술가들에게 그림을 배웠고 궁전에 만들어놓은 화실에서 수많은 유채화와 소묘를 그렸다. 국민 투쟁이 시작되었을 때는 국민군에 가세하기 위해서 앙카라로 가려고 했기 때문에 이스탄불에 주둔한 영국군의 감시를 받았다는 일화도 전해진다.

바히데딘이 망명한 다음 날, 그를 대신할 칼리프를 선출하기 위한 의회 투표가 열렸는데 여기에서 "민주제의 왕자" 압둘메지드가 선출되었다. 그는 의회에서 민주적으로 선출된 최초의 칼리프이자 현존하는 마지막 칼리프이다. 그는 즉위한 이후 압둘메지드 2세라고 불리기도 했지만, 술탄으로 즉위한 것이 아니므로 "에펜디"라는 존칭으로 언급되는 것이 통례이다.

압둘메지드의 취임식에는 술탄 즉위식의 관례인 대검식이 포함되지 않았다. 권력의 상징인 "검"이 더는 필요 없어진 것이다. 그 대신 무슬림 왕조의 전통인 "충성의 맹세"가 1922년 11월 24일, 톱카프 궁전 내에 있는 "성의(聖衣)의 공간"(무함마드의 옷, 칼, 깃발 등 유물이 보관된 공간/옮긴이)에서 무사히 거행되었다. 앙카라 정부 대표, 몇 명의 국회의원 그리고 울라마들이 그에게 충성을 맹세했다.

새로운 칼리프의 이름하에 집행된 금요 예배에서는 사상 최초

압둘메지드 2세(에펜디)
칼리프 재위 1922-1924

로 아라비아어가 아닌 튀르크어로 쿠트바가 낭송되었다. 또한 칼리프가 전통적으로 썼던 "신도들의 수장" 혹은 "예언자의 칼리프"라는 칭호 대신에 "무슬림들의 칼리프"라는 한 단계 낮은 칭호가 쓰였다. 이것은 본래 뜻에 따르면 "무슬림들의 대리인"이라는 의미에 지나지 않는다. 또한 칼리프는 공식 행사에서 터번을 쓰지 않고 양장 프록코트를 착용하도록 정해졌다. 이런 변화를 거쳐서 사람들은 칼리프 제도가 가진 의미 자체가 크게 달라졌다는 사실을 싫든 좋든 받아들이게 되었을 것이다.

터키 공화국의 건국
세브르 조약을 대신할 새로운 강화 조약에 대한 협상이 오래 이어진 결과 1923년 7월 24일, 앙카라 정부의 주장이 거의 인정되는 형태로 로잔 조약이 체결되었다. 이로써 연합국은 아나톨리아의 분할 지배를 포기했고 현재의 공화국과 거의 비슷한 영토가 오스만 제국에 남겨졌다. 제1차 세계대전에 승리한 연합국이 설계한 전후의 세계 질서를 거부하고 스스로의 수정안을 통과시킨 유일한 나라가 무스타파 케말의 터키 공화국이었다. 반면에 아랍 지역에는 세브르 조약이 수정되지 않고 그대로 적용되었다. 중동 지역이 지금처럼 분할된 가장 큰 원인이 세브르 조약이라는 점을 다시 한번 강조하고 싶다.

그리고 1923년 10월 29일, 공화제가 선언되고 터키 공화국이 개국되었다. 공화제 이행과 함께 칼리프 제도를 폐지하자는 의견이 제기되었으나 국내외에서 칼리프 제도의 폐지에 반대하는 여론이 일어났다. 국내에서는 무스타파 케말의 독단에 반대하는 사람들이 칼리프 제도를 옹호했고, 국외에서는 영국의 지배에 반대하는 인도의 이슬람 지도자들이 칼리프 제도가 필요하다며 호소했다. 그러나 케말의 뜻은 확고했다. 케말은 칼리프 제도의 폐지를 반대하는 주요 언론인을 투옥하는 등 강경한 수단을 취하는 한편 정부 요인과 군부의 지지를 얻어내는 데에 성공했다.

그리하여 1924년 3월 3일, 터키 공화국 대국민회의는 압도적인 다수의 찬성으로 칼리프 제도의 폐지를 결정했다. 예언자 무함마드가 632년에 세상을 떠나고 아부 바크르가 초대 무슬림 공동체의 지도자인 칼리프로 취임한 이래로 이슬람 세계는 처음으로 칼리프가 없는 시대를 맞았다.

왕조의 종말

동시에 의회는 오스만 왕가 전원을 국외로 추방하기로 결정했다. 남성에게는 72시간, 여성에게는 10일의 유예가 주어졌다. 이때 사바하딘 왕자도 추방되었다.

다만 압둘메지드에게는 이스탄불을 즉시 떠나라는 명령이 떨어졌다. 그래서 압둘메지드와 그의 가족은 3월 4일, 자동차를 타고 돌마바흐체 궁전을 떠나서 이스탄불 교외의 차탈자 역으로 향했다. 중앙역인 시르케지 역을 이용하면 큰 혼란이 일어날 것이 뻔했기 때문이다. 돌마바흐체 궁전을 나설 때에 압둘메지드는 "내가 죽더라도 내 뼈는 이 나라 국민의 번영을 위해서 기도할 것이다"라고 말했다고 한다.

또한 차탈자 역에서 스위스행 오리엔트 급행 열차를 타고 헝가리를 지날 때는 "내 조상이 승리와 함께 지나간 이 땅을 나는 운명에게서 버림받고 지나가고 있다"라고 개탄했다고 한다. 400년 전 모하치 전투에서 헝가리 군을 격파한 술레이만 1세의 위용과 지난날 오스만 제국의 영광이 그의 뇌리를 스친 것이 틀림없다.

오랫동안 오스만 제국과 분투했던 모든 왕가는 벌써 역사의 무대에서 퇴장했다. 러시아의 로마노프 왕조는 1917년 러시아 혁명으로 멸망했고 독일의 마지막 황제 빌헬름 2세는 1918년에 망명했으며, 오스트리아의 합스부르크 왕가는 1919년에 국외로 추방되었다. 전통적인 왕조가 제국을 이끌었던 시대를 오스만 제국과 오스만 왕가가 완전히 마무리한 것이다.

압둘메지드는 스위스에서 한동안 지내다가 프랑스로 이주했다.

그는 처음에는 망명한 칼리프로서 많은 무슬림 국가들과 언론의 주목을 받았지만 세간의 관심도 서서히 희미해져서 예술 애호가로서 조용한 삶을 살게 되었다. 그는 "어느 곳도 이스탄불을 대신할 수 없다"며 조국에 대한 향수를 호소했으나 두 번 다시 튀르크 땅을 밟지 못했다.

제2차 세계대전이 시작되고 프랑스가 독일에 점령당했을 당시 노년의 압둘메지드는 파리에 있었다. 그때 레지스탕스 청년 한 명을 숨겨주었으며 독일 당국과 교섭하여 그의 안전을 보장했다는 일화도 전해진다. 그리고 1944년 8월 23일, 파리 해방 전투가 한창이던 시기에 심장 발작을 일으켜 일흔여섯의 나이로 사망했다. 그는 생전에 이스탄불에 묻어달라고 말했지만 터키 공화국 정부는 이를 거절했다. 결국 그의 유해는 10년 동안의 방황을 거쳐 이슬람 제2의 성지 메디나에 안장되었다.

칼리프가 아닌 오스만 왕가의 남자 왕족은 1974년에야 터키 공화국 입국을 허락받았다.

제국의 유산

오스만 제국의 역사는 이렇게 막을 내렸다. 이 책도 여기에서 끝을 맺어야 하는지도 모르겠다.

그러나 지금까지 통시적으로 살펴본 오스만 제국의 역사를 공시적으로 평가하는 것도 유익할 것이다. 또한 오스만 제국의 역사가 그 후손들에게 어떻게 기억되고 있는지 짚어보며 이 책을 마무리하고 싶다.

1. 오스만 제국 역사의 구조

왕권을 지탱한 체제

오스만 제국이 이렇게까지 장수한 비결은 무엇일까? 여기에서 다시 한번 정리해보자.

하나는 왕족을 통제하는 체제이다. 형제 살해와 노예 인재 활용을 중심축으로 삼아서 거기에 다양한 관습을 덧붙였고, 후반에는 새장 제도를 도입함으로써 왕위 다툼의 피해를 최소화했다. 오스만 왕조는 이런 방법으로, 강력한 카리스마를 갖춘 지도자를 잃자마자 친족 간의 싸움으로 단기간에 와해되었던 튀르크-몽골계 왕조의 운명을 극복했다.

물론 왕위 계승체제만으로는 국가가 성립되지 않는다. 왕권을 지탱할 권력 구조 역시 시대와 함께 발전했고 변혁을 거듭했다.

처음에 오스만 왕가는 많은 봉건 제후들 중에서 가장 유력한 존재에 불과할 뿐이었만 15세기부터 16세기에 걸쳐서 술탄을 우두머리로 한 중앙집권 체제를 수립한다. 또한 17세기부터 18세기에 걸쳐서는 권력의 분권화가 진전되어 탄력성 있고 부드러운 권력 체제가 완성되었다. 이 권력 체제하에 이스탄불의 여러 집단들이 서로의 이해를 조정할 수 있었고, 때로는 체제가 붕괴되는 것을 막기 위해서 술탄을 폐위하는 등 일종의 "민주적인" 제도가 활용되었다. 스즈키 다다시가 "부드러운 전제"로 평가한 이 체제는 18세기에 그 전성기를 구가했다.

다층적 정체성과 세계관

오스만 체제의 탄력성은 그들의 정통 의식과 세계관에서 유래했다고 할 수 있다.

오스만 제국의 군주는 처음부터 이슬람 신앙 전사를 자처했으며, 왕조가 발전함에 따라서 이슬람의 세속 군주인 술탄, 그리고 이슬람 세계의 모든 무슬림을 이끄는 칼리프로 스스로 내세우게 되었다. 16세기의 술레이만 1세는 자신을 세계의 왕인 천운의 주인(사히브 키란)이자 구세주(마흐디)라고까지 인식하고 있었다.

또한 튀르크계 유목민에서 기원한 오스만 왕가는 무라드 1세 때부터 튀르크계 군주의 칭호인 "칸"을 자처하며 자신들을 오구즈족의 귀족인 카이 씨족의 후예라고 생각했다. 이 정통성은 몽골, 티무르로 이어지는 몽골계 왕조의 위협에 대항해야 했던 무라드 2세 시대에 특히 강조되었다. 또한 오스만 왕가는 자신을 알렉산드로스 대왕과 로마 제국의 후계자로도 생각했다. 이처럼 중층적이고 다양한 정체성 덕분에, 마찬가지로 중층적이고 다양하게 구성된 제국을 정당하고 유연하게 다스릴 수 있었다.

다만 그 다양한 자의식의 두께는 균일하지 않았다. 튀르크의 왕이라는 의식은 16세기 초까지 중시되었고 그후에는 그다지 강조되지 않았다. 로마 제국의 후계자라는 의식은 더 미약했다.

가장 오래, 그리고 강력하게 모든 신민에게 공유되었던 군주상은 역시 "이슬람의 왕"이었다.

오스만적 이슬람

그렇다면 이슬람은 이슬람의 왕인 오스만 왕가가 군림한 오스만 제국에서 어떤 사회적인 역할을 담당했을까?

초기 오스만 왕조 시대의 분위기를 주도했던 모호하고 관용적인 혼합주의는 15세기 중반 이후에 진전된 종파화 조류에 휩쓸려서 사라졌다. 16세기 후반부터 이슬람 사회는 수니파의 하나피 학파 학설에 의거하여 이슬람법이 시행되는 "정당한" 사회로 변모해간다.

그러나 오스만 제국의 이슬람은 교조주의적인 이슬람과는 여전히 달랐다. 쿠라이시족이 아니기 때문에 이슬람법상 칼리프가 될 수 없었던 오스만 왕가가 명실상부한 칼리프로 군림했던 것이 그 예이다. 또한 오스만 제국은 형제 살해나 데브쉬르메, 현금 와크프, 무슬림과 비무슬림의 평등 추구 등, 이슬람법을 엄밀히 적용했을 때에 불법에 해당하는 행위들을 이슬람의 이름으로 실천했다. 오스만 제국의 상황에 맞추어서 수정되고 적용된 이슬람은 이른바 "오스만적인 이슬람"이라고 불러야 마땅할 것이다.

물론 이런 이슬람의 현지화는 오스만 제국뿐만 아니라 이슬람 세계 각지의 역사에서도 관찰된다. 그러나 오스만 제국은 다른 무슬림 왕조들과 달리 그런 역사성 속에서 수립되어 600년이나 존속했고 400년간 수니파 이슬람 세계의 맹주로 활약했으며 100년간 서양 근대국가들과 타협하기 위하여 분투하며 일정한 성과를 올린 경험과 업적이 있다.

이슬람뿐만 아니라 종교의 원리적 교리를 그대로 적용하려고 하면 기존 사회와의 사이에 알력이 발생할 수밖에 없다. 그러나 시간이 지나서 종교가 사회의 틀 안에서 기능하고자 한다면 종교는 이상과 현실의 접점을 찾아내어 사회적인 역할을 적절히 수행할 수 있도록 자신을 변화시키게 된다. 그러므로 이슬람이 본질주의에 사로잡히지 않고 역사적으로 다듬어져가는 과정을 살펴보며 향후의 가능성을 모색하는 일 또한 의미가 있을 것이다.

제국의 근대 : 고전과 붕괴

오스만 제국의 오랜 존속을 가능하게 한 것은 탁월한 왕위 계승 체제와 유연한 권력 구조였다. 또한 술탄을 비롯한 제국인들의 다층적이고 다양한 소속 의식도 거기에 한몫했다. 근대 이전의 오스만 사회는 이런 동상이몽 속에서 느슨한 통합을 이루고 있었다.

그래서 오스만 제국의 근대란 오스만 제국의 이러한 탄력성과 다층성에 대한 심각한 도전을 의미한다. 즉 근대 이전 제국의 특징이었던 유연한 구조가 균일하고도 동질적인 국민국가를 형성하는 세계적인 흐름을 만나자 기능 부전을 일으키기 시작한 것이다. 그래서 예니체리로 대표되는 다양한 특권 단체가 배제되고, 이슬람의 비호하에 불평등하게나마 공존했던 비무슬림 신민이 민족주의에 눈떠서 제국으로부터 독립하게 된 것이다. 스즈키 다다시는 이처럼 제국이 해체되고 붕괴하는 과정을 "이슬람의 집에서 바벨탑으로"라고 표현했다.

그러나 그 와중에도 여러 민족과 여러 종교를 공존시키고 조화시키려는 노력은 이어졌다. 누군가는, 오스만 제국이 신의 말씀인 『코란』을 재해석하며 무슬림과 비무슬림의 평등을 추구한 것도 그저 서양 열강이 압력을 가한 결과일 뿐이라고 신랄하게 평가할지도 모르겠다. 그러나 아라이 마사미가 말하듯이, 오스만 제국은 오랜 시간에 걸쳐서 서양 문명과 이슬람을 조화시키려는 시도와 노력을 거듭해왔다. 이슬람의 재해석 역시 그들의 주체적인 노력의 성과라고 할 수 있다.

연구자 바키 테즈잔은 "만약 오스만 제국이 아메리카 대륙처럼 상대적으로 고립된 지역에 위치해 열강의 간섭을 받지 않았다면 어떻게 되었을까?"라는 질문을 던졌다. 그리고 이에 관해서 "무슬림과 비무슬림의 차별이 미국의 공민권 운동 같은 형태로 서서히 시정되었을 것이다"라고 스스로 답했다. 역사에 "만약"은 존재하지 않지만, 그런 상상 또한 전혀 쓸모없지는 않을 것이다.

그러나 현신에서이 오스만 제국은 지정학적으로 열강의 간섭이 사방에서 쏟아지는 위치에 있었기 때문에 그런 착실한 발전과 성장을 꿈꿀 형편이 되지 못했다.

제국은 붕괴하고 멸망했다.

2. 오스만 제국의 석양

어두운 기억

오스만 제국의 600년 역사가 끝났다. 그러나 지난날 제국에서 살았던 사람들의 역사는 이어진다.

오스만 제국을 계승한 나라는 터키 공화국뿐만이 아니다. 오스만 제국령이었던 국가는 발칸 반도와 아랍 지역만 해도 20개국 이상이다. 오스만 제국 시대의 광역 지배가 사라진 뒤 인위적으로 그어진 국경선이 과거의 경제권과 문화권을 단절한 탓에 이 나라들은 큰 타격을 입었다. "바벨탑"이 무너진 뒤의 예전 오스만 제국 지역 가운데 키프로스, 유고슬라비아, 레바논은 끊임없는 민족 분쟁에 시달리고 있다.

오스만 제국의 지배를 받았던 대부분의 나라는 오스만 제국 시대를 억압받았던 과거로 기억하고, 제국의 지배로부터의 해방을 찬란한 민족 독립으로 인식하는 듯하다. 오스만 제국 시대를 어두운 기억으로 간주하는 것은 터키 공화국 사람들도 마찬가지였다.

아타튀르크의 터키

아타튀르크, 즉 "튀르크의 아버지"라고 불린 무스타파 케말은 오스만 제국의 유산을 부정했다. 신생 터키 공화국은 오스만 제국과 그 군주인 술탄(칼리프)을 없앤 결과 성립된 국가였기 때문이다. 또한 터키 공화국은 제국 시대의 국교였던 이슬람을 공적인 장소에서 배제하거나 혹은 관리하에 둠으로써 세속화를 강행했다. 서양의 근대적인 국민국가를 본뜬 터키 공화국에게 이슬람은 무지몽매하고 시대에 뒤처진 오스만 제국의 상징이었다.

『코란』의 문자인 아라비아 문자 대신 라틴 문자를 쓰게 하는 문자 혁명, 마흐무드 2세가 근대화의 상징으로 만들었지만 이제는 구체제의 상징이 된 터키모자의 폐지, 울라마를 배출한 이슬람 학교(마드라사)와 민간에 깊이 뿌리내렸던 수피 교단의 폐쇄, 이스탄불 최대의 모스크였던 아야 소피아의 박물관화 작업이 차례로 이루어졌다.

그런 한편 이슬람을 대신하여 튀르크의 민족주의가 강조되었다. 특히 역사와 언어가 그 선봉에 섰다. 튀르크 민족이 고대 중앙 아시아에서 위대한 문명을 구축했다고 주장하는 튀르크사 강령과 튀르크어가 모든 언어의 조상이라고 보는 태양 언어론이 그 선두에 섰다.

아타튀르크의 공적은 명확하다.

그는 제1차 세계대전 이후 제국주의의 폭풍 속에서 세계를 분할하여 영유하려는 열강의 계획을 물리친 유일한 영웅이었다. 얼핏 어설퍼 보이는 그의 민족주의와 세속화를 강행하는 방식 역시, 사회진화론의 세계관이 판치던 시대에 터키 공화국을 근대적인 국민국가로 재탄생시키기 위하여 필사적으로 고민한 결과였을 것이다. 두 번의 세계대전을 겪으면서도 아타튀르크가 굳게 지킨 "안으로도 평화, 밖으로도 평화"라는 외교 방침은 전쟁 소강기와 제2차 세계대전 중 터키 공화국의 독립을 유지하는 데에 크게 기여했다. 따라서 아타튀르크가 없었다면 지금의 터키 공화국은 존재하지 않는다는 말도 과언이 아니다.

터키 공화국은 아타튀르크의 손에서 세속주의적이고 서양적인 근대 국민국가로 다시 태어난 듯했다.

오스만 제국과 터키 공화국의 연속성

그러나 오스만 제국의 유산과 이슬람은 터키인의 마음속에 깊이 뿌리내리고 있었다. 그것도 결코 튀르크 민족주의나 아타튀르크에 대한 존경심과 모순되지 않는 형태로 말이다.

터키 공화국이 성립된 것을 오스만 제국의 역사가 단절된 것으로 인식하기 쉽다. 그러나 실제로 터키 공화국의 초기 정권을 떠받친 엘리트들은 제2차 입헌정 시기에 자란 사람들이었고 두 시기의 정책과 개혁에는 놀랄 만큼 공통점이 많았다. 엘리트뿐만이 아니다. 터키 국민의 마음 깊은 곳에 끊임없이 흐르던 이슬람과 오스만에 대한 공감이 1950년대에 분출된 적이 있다. 1950년에 여당이 된 민주당이 극단적인 세속화 정책을 완화하자 각종 매체가 이슬람과 오스만 제국에 대한 그리움을 한번에 쏟아낸 것이다. 터키 공화국의 진정한 민족주의는 이 시기에 형성되었다는 말도 있다.

그런 의미에서 터키 공화국 국민은 틀림없는 오스만 제국의 후손이다. 다만 그들은 종교적인 혼합주의와 이단의 활력으로 가득했던 오스만 왕조 초기의 후손도 아니고, 이슬람 대제국의 부드러운 전제 통치가 이루어졌던 장엄한 시대의 후손도 아니다.

지금의 터키 공화국 국민은 무슬림 튀르크인의 비율이 갑자기 늘어난 압둘하미드 2세 시대, 더 엄밀히 말하면 발칸 전쟁 후에 튀르크 민족주의가 급부상했던 제국 말기의 후손이다.

정치 문화의 계승

1960년, 군부가 아타튀르크의 뜻을 이어받았다고 주장하며 쿠데타로 민주당 정권을 뒤엎고 주요 정치가들을 처형했다. 그후에도 1971년, 1980년 등 거의 10년 간격으로 쿠데타가 반복되었는데, 이것은 역사를 거슬러올라서 오스만 제국 말기의 역사적인 경험과 정치 문화가 계승된 결과라고 할 수 있다. 1926년에는 무스타파 케말이 정치적인 대립 세력을 무찔러 없앴고, 1908년에는 청년 튀르크당 혁명이 일어났으며, 1876년에는 압둘아지즈가 폐위되었다.

쿠데타를 일으킨 군부는 순수한 세속주의로는 아타튀르크 이후의 나라를 유지할 수 없다고 판단하여, 1980년대 이후 이슬람의 문화적 요소를 튀르크 민족주의의 일부로 받아들인 "튀르크-이슬람 종합주의"를 채용하게 되었다. 그 이념의 바탕 역시 이슬람과 튀르크주의의 조화를 추구했던 제2차 입헌정 시대에서 찾을 수 있다.

터키 공화국의 행방

2002년에 여당이 된 정의개발당이 친이슬람 정권이기 때문에 정권 초기에는 군부 쿠데타가 다시 일어날 가능성도 제기되었다.

그러나 그들은 자신들을 중도 보수로 규정하고 EU 가입을 추진하겠다는 방침을 유지함으로써 군부의 압력을 피했다. 이 정권은 이후 터키 공화국의 경제를 크게 발전시켜서 국민의 지지를 얻었고 세속파와 군부 세력을 서서히 제거하는 데에 결국 성공했다. 그리고 그 중심인물인 에르도안은 2017년 헌법 개정으로 대통령제의 주인공이 되면서 국부 아타튀르크 이상의 권력을 손에 넣게 되었다. 최근 에르도안 정권은 이슬람적인 가치관과 오스만 제국의 계승을 강조하는 문구를 빈번하게 사용하고 있다.

예를 들면, 2016년 5월 29일 이스탄불 정복 기념일에는 이을드름 총리가 자신의 연설에서 에르도안 대통령을 메흐메드 2세에 비유했다. 2017년의 셀림 1세 기념식에서는 에르도안 대통령이 자신을 공화국의 친이슬람적 정치가들의 후계자로 평가했다.

오스만 제국의 유산이 긍정적으로 재평가되는 흐름은 이제 뒤집기 어렵다. 오스만 제국을 자신의 선조로 보는 역사의식이 터키 공화국 국민들 사이에 완전히 뿌리내렸기 때문이다.

그렇다면 터키 공화국은 앞으로 오스만 제국의 어떤 그림자를 쫓아갈까?

오스만 제국은 그 오랜 역사에서 다양한 국면을 경험했다. 종교적인 엄격주의를 주장한 카드자데파가 세력을 강화한 시대, 이슬람과 근대를 융화시키려고 노력하면서도 긴장감을 잃지 않았던 탄지마트 시대 등 선택지는 다양하다. 에르도안 대통령이 자신을 압둘하미드 2세에 비유한 만큼 경제 발전과 전제정치, 그리고 이슬람주의로 가득했던 압둘하미드 2세의 시대가 반복되려는 것일까?

2018년 6월에 이루어진 대통령 선거에서 재선된 에르도안 대통령은 작년에 대통령 권한이 확대된 것을 언급하며 터키 공화국의 형태가 크게 달라질 수 있다는 점을 시사했다. 터키 공화국이 나아갈 길은 아직 묘연하지만 오스만 제국의 석양빛이 더욱 짙어질 것은 확실하다.

후기

이 책의 첫머리에서 언급했듯이, 오스만 제국의 역사 연구는 지금 급속히 발전하는 중이다.

이 책의 집필을 제안받았을 때에 주저하지 않았다면 거짓말일 것이다. 연구가 점점 심화되고 전문 분야가 세분화되는 가운데 혼자서 600년의 역사를 엮어내기란 결코 쉬운 일이 아니기 때문이다. 그러나 한동안 망설인 끝에 각오를 단단히 하고 의뢰를 받아들였다. 누구나 쉽게 읽을 수 있는 오스만 제국의 역사 책이 없으므로 누군가는 나서서 써야 한다고 생각한 것이다.

일단 제안을 받아들인 이상, 오랫동안 오스만 제국의 연대기에 친숙했던 사람으로서 제국의 역사가들이 전해준 "오스만 왕가의 역사"의 전통을 의식하면서 저술하려고 노력했다. 이것이 이 책의 숨은 목적이었다. 역대 술탄들 모두를 소개한 것도 그런 의도에서였다. 또한 참고로 말하자면, 이런 통사에서는 정보가 풍부한 근대사 부분이 상대적으로 많은 분량을 차지하기 쉽지만 이 책에서는 모든 시대를 균등하게 다루기 위해서 주의를 기울였다.

그러나 역시 그것만으로는 600년이라는 역사를 다루기에 역부족이었다. 그래서 이 책이 완성되기까지 많은 사람들의 도움을 받아야 했다. 오스만 제국의 근대사 전문인 우에노 마사유키(오사카 시립대학교)와 이란사 전문인 오쓰카 오사무(도쿄 대학교)

는 원고 전체에 대해서 귀중한 코멘트를 해주었다. 시미즈 가즈히로(규슈 대학교)는 아바스 왕조에 대한 가르침을, 나카타니 고지(간사이 가쿠인 대학교)는 비잔틴 제국에 대한 고마운 가르침을 주었다. 주코신서 편집부의 후지요시 료헤이는 독자의 관점에서 적확한 지적을 해주었고 그림과 연표, 지도 작성 등 다양한 측면에서 도움을 주었다. 물론, 미리 말해두자면 이 책의 모든 책임은 나에게 있다.

이 책의 뒷부분에서 다루는 문제의식과 관련된 논의, 즉 오스만 제국의 붕괴에서부터 터키 공화국으로의 이행, 그리고 터키 공화국 내의 오스만 제국의 유산에 대한 논의는 최근 발간된 『터키 공화국 국민의 창설과 그 변용 : 아타튀르크와 에르도안의 틈새에서』라는 책에서 상세히 다루고 있다. 현대 터키의 정치를 전문적으로 연구하는 이마이 고헤이(일본 무역 진흥기구 아시아 경제 연구소) 등 미래가 촉망되는 젊은 연구자들이 엮어낸 이 논문집은 오스만 제국이 붕괴한 후에 터키 공화국이 어떤 힘든 과정을 거쳐서 새로운 나라를 만들어냈는지, 그리고 그것이 현대까지 어떻게 이어졌는지를 주요 주제로 다루고 있다. 관심 있는 분은 꼭 읽어보기를 바란다.

마지막으로 개인적인 감상을 말씀드리고자 한다.

역사를 좋아해서 사학과 진학에 뜻을 두었지만 어떤 지역을 공부할 것인지조차 정하지 못했던 내가 오스만 제국에 본격적으로 관심을 가지게 된 것은 스즈키 다다시의 『오스만 제국 : 이슬람 세계의 "부드러운 전제"』를 만난 덕분이었다. 오스만 제국은커녕 이슬람사에 관한 정보 자체가 지금처럼 충분하지 않았던 그때에 스즈키의 책을 통해서 오스만 제국의 역사를 접하고 강렬한 인상을 받았다.

공교롭게도, 스즈키 역시 지금 나와 똑같은 나이에 그 책을 출간했으니 신기한 인연이다. 역사 연구자는 보통 특정 주제의 전문서를 출간하여 반응을 본 다음에 일반 독자를 위한 역사서를 출간하는데, 그것을 하기에 40대 중반이 딱 알맞은 나이인 것 같기도 하다.

이 책을 집필하면서 내가 과거의 나에게 편지를 쓰고 있는 듯한 신비로운 기분을 몇 번이나 느꼈다. 이 책을 읽고 독자가 오스만 제국의 역사에 매력을 느낀다면, 더 나아가 감사하게도 오스만 제국의 역사를 연구하고 싶은 마음이 생긴다면 저자로서 더없이 기쁠 것이다.

참고 문헌

이하 목록은 이 책의 내용을 더 깊이 이해하고 싶은 독자를 위한 것이다. 최근 간행된 일본어 및 영어 단행본을 주로 기재했으며, 이 책의 내용과 관련된 일본어 학술 논문을 추가했다. 영어 학술 논문과 터키어 문헌은 여기에 기재된 문헌에서 찾아보기를 바란다.

통사 혹은 전체적인 역사를 다룬 문헌

Barkey, Karen. *Empire of Diffence : The Ottmans in Comparative Perspective.* Cambridge, 2008.

Findley, Carter V. *Turkey, Islam, Nationalism, and Modenity : A History, 1789-2007.* New Haven, 2010

Finkel, Caroline. *Osman's Dream : The Story of the Ottoman Empire, 1300-1923.* New York, 2005.

Hanioğlu, M. Şükrü. *A Brief History of the Late Ottoman Empire.* Princeton, 2008.

Imber, Colin. *The Ottoman Empire, 1300-1650 : The Structure of Power.* Basingstoke, 2002

Zürcher, Erik J. *Turkey : A Modern History.* 4th ed. London, 2017.

今井政美. 『トルコ近現代史─イスラム国家から国民国家へ』. みすず書房, 2001

_____. 『オスマンVS.ヨーロッパ─<トルコの脅威>とはなんだ·ったのか』. 講談社, 2002

鈴木董(編). 『オスマン帝国史の諸相』. 山川出版社, 2012

永田雄三(編). 『西アジア史 イラン·トルコ』. 山川出版社, 2002

林佳世子. 『オスマン帝国500年の平和』. 講談社, 2008

제1장 변경의 신앙 전사들

Imber, Colin. *The Ottoman Empire, 1300−1481*. Istanbul, 1990.

Kafadar, Cemal. *Between Two Worlds : The Construction of the Ottoman State*. Berkeley, 1996

Kastritsis, Dimitris J. *The Sons of Bayezid : Empire Building and Representation in the Ottoman Civil War of 1402−1413*. Leiden, 2007.

Lowry, Heath W. *The Nature of the Early Ottoman State*. Albany, 2003.

Murphey, Rhoads. *Exploring Ottoman Sovereignty : Tradition, Image and Practice in the Ottoman Imperial Household, 1400−1800*. London, 2008.

Peacock, A. C. S. and Sara N. Yildiz(eds.). *The Seljuks of Anatolia : Court and Society in the Medieval Middle East*. London, 2013.

今澤浩二. "オスマン朝初期における宰相制の展開", 「オリエント」, 56/2(2014), 65−82

大塚修. 『普遍史の変貌—ペルシア語文化圏における形成と展開』. 名古屋大學出版会, 2017

小笠原弘幸. 『イスラーム世界における王朝起源論の生成と変容—古典期オスマン帝国の系譜伝承をめぐって』. 刀水書房, 2014

川口琢司. 『ティムール帝国』. 講談社, 2014

ゲオルグ・オストロゴルスキー, 和田廣(訳). 『ビザンツ帝国史』. 恒文社, 2001

佐藤次高. 『イスラームの国家と王権』. 岩波書店, 2004

清水和裕. 『イスラーム史のなかの奴隷』. 山川出版社, 2015

東長靖, 今松泰. 『イスラーム神秘思想の輝き—愛と知の探求』. 山川出版社, 2016

ジュディス・ヘリン, 井上浩一(他訳). 『ビザンツ—驚くべき中世帝国』. 白水社, 2010

中谷功治. 『テマ反乱とビザンツ帝国—コンスタンティノープル政府と地方軍団』. 大阪大学出版会, 2016

三沢伸生. "ティマール制研究の展開", 「西南アジア研究」, 64(2006), 78−93

제2장 "세계의 왕"으로 군림한 군주들

Bang, Peter F. and Dariusz Kolodziejczyk(eds.). *Universal Empire : A Comparative Approach to Imperial Culture and Representation in Eurasian History*. Cambridge, 2015.

Casale, Ciancarlo. *The Ottoman Age of Exploration*. New York. 2012.

Cipa, H. Erdem. *The Making of Selim : Succession, Legitimacy, and Memory in the Early Modern Ottoman World*. Bloomington, 2017.

Imber, Colin. *Ebu's-Su'ud : The Islamic Legal Tradition*. Stanford, 1997.

Muslu, Cihan Y. *The Ottomans and the Mamluks : Imperial Diplomacy and Warfare in the Islamic World*. London, 2014.

Peirce, Leslie P. *The Imperial Harem : Women and Sovereignty in the Ottoman Empire*. New York, 1993.

_____. *Empress of the East : How a European Slave Girl Became Queen of the Ottoman Empire*. New York, 2017.

Sahin, Kaaya. *Empire and power in the Reign of Süleyman : Narrating the Sixteenth-Century Ottoman World*. Cambridge, 2013.

Stavrides, Theoharis. *The Sultan of Vezirs : The Life and Times of the Ottoman Grand Vezir Mahmud Pasha Angelovic(1453−1474)*. Leiden, 2001.

Yılmaz, Hüseyin. *Caliphate Redefined : The Mystical Turn in Ottoman Political Though*. Princeton, 2018.

岩崎周一. 『ハプスブルク帝国』. 講談社, 2017

大河原知樹, 堀井聡江. 『イスラーム法の「変容」―近代との邂逅』. 山川出版社, 2014

小笠原弘幸. "オスマン/トルコにおける「イスタンブル征服」の記憶―1453−2016年)", 『歴史学研究』, 958(2017), 47−58

川本智史. 『オスマン朝宮殿の建築史』. 東京大学出版会, 2016

京谷啓徳. 『凱旋門と活人画の風俗史 儚きスペクタクルの力』. 講談社, 2017

河野淳. 『ハプスブルクとオスマン帝国―歴史を変えた<政治>の発明』. 講談社, 2010

澤井一彰. 『オスマン朝の食糧危機と穀物供給—16世紀後半の東地中海世界』. 山川出版社, 2015

ジョナサン・ハリス, 井上浩一(訳). 『ビザンツ帝国の最期』. 白水社, 2013

松尾有里子. “オスマン朝中期におけるミュラーゼメット(教授・法官候補)制度—『ルメリ・カザスケリ登録簿』(Rumeli Kazaskerliği Rûznâmesi)を手がかりに”, 『日本中東学会年報』, 11(1996), 39-69

アルマーワルディー, 湯川武(訳). 『統治の諸規則』. 慶應義塾大学出版会, 2006

宮下遼. 『多元性の都市イスタンブル—近世オスマン帝都の都市空間と詩人, 庶民, 異邦人』. 大阪大学出版会, 2018

제3장 조직과 당파의 술탄

Aksan, Virginia H. *Ottoman Wars, 1700-1870 : An Empire Besieged*. London, 2007.

Baer, Marc D. *Honored by the Glory of Islam : Conversion and Conquest in Ottoman Europe*. Oxford, 2008.

Murphey, Rhoads. *Ottoman Warfare, 1500-1700*. London, 2003.

Piterberg, Gabriel. *An Ottoman Tragedy : History and Historiography at Play*. Berkeley, 2003.

El-Rouayheb, Khaled. *Islamic Intellectual History in the Seventeenth Century : Scholarly Currents in the Ottoman Empire and the Maghreb*. Cambridge, 2015.

Sajdi, Dana(ed.). *Ottoman Tulips, Ottoman Coffee : Leisure and Lifestyle in the Eighteenth Century*. London, 2007.

Tezcan, Baki. *The Second Ottoman Empire : Political and Social Transformation in the Early Modern World*. Cambridge, 2010.

Yaycioglu, Ali. *Partners of the Empire : The Crisis of the Ottoman Order in the Age of Revolutions*. Stanford, 2016.

上野雅由樹. “ミッレト制研究とオスマン帝国下の非ムスリム共同体”, 『史学雑誌』, 119/11(2010), 64-81

小笠原弘幸. “オスマン帝国における官僚制と修史”, 小名康之(編), 『近世・近代に

おける文書行政 その比較史的研究』. 有志舎, 2012, 42–69

尾高晋己. 『オスマン外交のヨーロッパ化—片務主義外交から双務主義外交への転換』. 溪水社, 2010

小杉泰, 林佳世子(編). 『イスラーム 書物の歴史』. 名古屋大学出版会, 2014

永田雄三. 『前近代トルコの地方名士—カラオスマンオウル家の研究』. 刀水書房, 2009

長谷部史彦. 『オスマン帝国治下のアラブ社会』. 山川出版社, 2017

黛秋津. 『三つの世界の狭間で—西欧・ロシア・オスマンとワラキア・モルドヴァ問題』. 名古屋大学出版会, 2013

제4장 전제와 헌정을 오간 술탄 겸 칼리프

Deringil, Selim. *The Well-Protected Domains* : *Ideology and the Legitimation of Power in the Ottoman Empire, 1876–1909*. New ed. London, 2011.

_____. *Conversion and Apostasy in the Late Ottoman Empire*. Cambridge, 2012.

Shaw, Wendy M. K. *Possessors and Possessed* : *Museums, Archaeology, and the Visualization of History in the Late Ottoman Empire*. Berkeley, 2003.

秋葉淳, 橋本伸也(編). 『近代・イスラームの教育社会史—オスマン帝国からの展望』. 昭和堂, 2014

新井政美. 『オスマン帝国はなぜ崩壊したのか』. 青土社, 2009

_____. 『憲法誕生—明治日本とオスマン帝国 二つの近代』. 河出書房新社, 2015

小笠原弘幸. "王家の由緒から国民の由緒へ—近代オスマン帝国におけるナショナル・ヒストリー形成の一側面", 歴史学研究会(編), 『由緒の比較史』. 青木書店, 2010, 125–158

粕谷元. "オスマン帝国はいつ滅亡したのか", 『研究紀要』, 90(2015), 123–129

粕谷元(編). 『トルコにおける議会制の展開—オスマン帝国からトルコ共和国へ』. 東洋文庫, 2007

小松香織. 『オスマン帝国の近代と海軍』. 山川出版社, 2004

佐原徹哉. 『近代バルカン都市社会史—多元主義空間における宗教とエスニシティ』. 刀水書房, 2003

_____. 『中東民族問題の起源—オスマン帝国とアルメニア人』. 白水社, 2014

佐々木紳. 『オスマン憲政への道』. 東京大学出版会, 2014

鈴木董. 『ナショナリズムとイスラム的共存』. 千倉書房, 2007

_____. 『オスマン帝国の解体 文化世界と国民国家』. 講談社, 2018

田中英資. 『文化遺産はだれのものか—トルコ・アナトリア諸文明の遺物をめぐる所有と保護』. 春風社, 2017

藤波伸嘉. 『オスマン帝国と立憲政—青年トルコ革命における政治, 宗教, 共同体』. 名古屋大学出版, 2011

_____. "オスマン帝国憲法修正条文—翻訳と解題)", 『国際関係学研究』. 41(2015), 13-26

ユージン・ローガン, 白須英子(訳). 『オスマン帝国の崩壊—中東における第一次世界大戦』. 白水社, 2017

결론

Hanioğlu, M. Şükrü. *Atatürk : An Intellectual Biography*. Princeton, 2011.

Brockett, Gavin D. *How Happy to Call Oneself a Turk : Provincial Newspapers and the Negotiation of a Muslim National Identity*. Austin, 2011.

新井政美(編) 『イスラムと近代化—共和国トルコの苦闘』. 講談社, 2013

今井宏平. 『トルコ現代史—オスマン帝国崩壊からエルドアンの時代まで』. 中央公論新社, 2017

小笠原弘幸(編). 『トルコ共和国 国民の創成とその変容—アタテュルクとエルドアンのはざまで』. 九州大学出版会, 2019

柿崎正樹. "エルドアン大統領の歴史認識—ケマリズム史観への挑戦", 『中東研究』, 2017/2(2017), 8-21

연표

기원후	사건
13세기 말	오스만이 이끄는 집단이 쇠위트를 중심으로 활동 개시
1302	오스만 군, 바페우스에서 비잔틴 군과 충돌하여 승리
1323년경	오스만 사망. 오르한 즉위
1326	부르사 정복. 이후 부르사가 오스만 후국의 수도가 됨
1346	오르한과 비잔틴의 황녀 테오도라가 결혼. 이후 발칸 원정을 거듭하여 다르다넬스 해협 부근을 지배
1362	오르한 사망. 몇 년 동안의 내분을 거쳐서 무라드 1세 즉위
1360년대	에디르네 정복. 나중에 부르사에서 에디르네로 수도를 옮김
1373	왕자 사비치의 반란. 머지않아서 진압
1389	코소보 전투에서 승리하지만 무라드 1세 사망. 바예지드 1세 즉위. 서 아나톨리아의 제후국들이 편입
1396	니코폴리스 전투에서 십자군과 싸워서 승리
1397	카라만 후국으로 원정을 떠나서 카라만 군주 알라에딘을 처형하고 카라만 후국을 합병. 아나톨리아 통일
1402	앙카라 전투에서 티무르군에 패함. 바예지드는 포로가 되어 일찍 사망. 공위 시대(-1413)의 시작. 네 왕자의 왕위 다툼
1413	메흐메드가 형제의 싸움을 제압하고 메흐메드 1세로 즉위
1416	가짜 무스타파의 난(-1422)
1421	메흐메드 1세 사망. 무라드 2세 즉위
1444	왕자 알라에딘 사망. 무라드 2세 퇴위. 메흐메드 2세 즉위. 바르나 전투에서 즉위한 무라드가 군을 이끌고 헝가리 군 격파
1446	예니체리 군단의 소요로 무라드 2세 복위

기원후	사건
1451	무라드 2세 사망. 메흐메드 2세 다시 즉위. 동생 아흐메드 처형 ("형제 살해"의 시초)
1453	콘스탄티노폴리스 정복. 콘스탄티노폴리스가 오스만 제국의 수도가 됨
1461	트레비존드 제국과 합병
1462	왈라키아공 블라드 3세를 추격하여 왈라키아를 제국의 속국으로 만듦
1468	알바니아의 스칸데르베그 사망. 이후 알바니아와 합병
1473	바슈켄트 전투에서 백양 왕조의 우준 하산에게 승리
1475	크림한국 복속
1481	메흐메드 2세 전장에서 사망. 바예지드 2세 즉위
1495	바예지드 2세에 대항한 왕제 젬, 나폴리에서 사망
1511	친(親)사파비 왕조 샤쿨루의 난 발발. 왕자 코르쿠트 퇴진, 대재상 전사 후 진압
1512	바예지드 2세 퇴위, 셀림 1세 즉위
1514	찰디란 전투에서 사파비 왕조에 승리
1517	맘루크 왕조 정복
1520	셀림 1세 흑사병으로 사망. 술레이만 1세 즉위
1521	베오그라드 정복. 이듬해 로도스 섬 정복
1523	총신 이브라힘, 대재상에 취임
1526	모하치 전투에서 헝가리 격파
1529	빈 포위. 3주일간 포위 후 철수
1534	술레이만 1세, 총비 휘렘과 정식으로 결혼. 이란, 이라크 원정. 동아나톨리아 지배를 확립하고 바그다드 확보
1536	대재상 이브라힘 처형
1538	오스만 제국의 원조를 받은 해적 하이레딘 함대, 신성 로마 제국의 도리아 함대와 싸워서 승리("프레베자 해전")

기원후	사건
1555	사파비 왕조와 아마시아 조약을 체결하고 화친을 맺음
1559	왕자 셀림과 왕자 바예지드 사이에 싸움이 일어남. 셀림이 승리하여 바예지드가 사파비 왕조로 망명하지만 처형됨
1566	술레이만 1세, 전장에서 사망. 셀림 2세 즉위
1569	프랑스에 카피튤레이션 부여
1570	키프로스 섬 원정과 정복
1571	레판토 해전에서 유럽 연합 함대에 패배
1574	튀니지를 탈환한 후 셀림 2세 사망. 무라드 3세 즉위
1578	사파비 왕조와의 전투로 이란 서부 영토 획득
1593	합스부르크 제국과의 전쟁 발발(-1666, 통칭 "장기 전쟁")
1595	무라드 3세 사망. 메흐메드 3세 즉위
1603	메흐메드 3세 사망. 아흐메드 1세 즉위. "형제 살해" 폐지
1617	메흐메드 1세 사망. 동생 무스타파 1세 즉위(제국 역사상 최초로 전 술탄의 동생 즉위)
1618	무스타파 1세 퇴위. 오스만 2세 즉위
1622	예니체리 군단의 봉기로 오스만 2세 처형. 무스타파 1세 복위
1623	오스만 2세의 복수를 구실로 삼은 지방 반란과 수도 소요로 무스타파 1세 퇴위. 무라드 4세 즉위
1639	사파비 왕조와 카스레 시린 조약 체결. 튀르크와 이란 국경의 기초가 정해짐
1640	무라드 4세 사망. 이브라힘 즉위
1648	예니체리 군단 봉기로 이브라힘 처형. 메흐메드 4세 즉위. 조모 쾨셈 및 메흐메드 4세의 어머니가 투르한의 자객에게 교살당함
1656	대재상 쾨프륄뤼 메흐메드 파샤 취임
1661	대재상 쾨프륄뤼 메흐메드 사망. 후임으로 아들 파질 아흐메드 파샤 취임
1669	크레타의 중심지인 칸디아를 정복하여 크레타 섬 공략. 제국 역사상 최대의 영토 확보

기원후	사건
1676	파질 사망. 대재상 후임으로 메르치폰루 카라 무스타파 파샤 취임
1683	메르치폰루 지휘 하에서 빈을 포위(제2차 빈 포위), 폴란드의 왕 얀 소비에스키의 급습으로 패배. 메르치폰루는 패전의 책임을 지고 처형. 신성 동맹과 전쟁(-1699)
1687	메흐메드 4세 퇴위. 슬레이만 2세 즉위
1691	술레이만 2세 사망. 아흐메드 2세 즉위
1695	아흐메드 2세 사망. 무스타파 2세 즉위
1697	젠타 전투에서 대패
1699	신성 동맹과의 전투 종결. 카를로비츠 조약 체결
1700	러시아와 이스탄불 조약 체결. 러시아에게 아조프를 넘겨줌
1703	에디르네 사건으로 무스타파 2세 퇴위. 아흐메드 3세 즉위
1711	프루트 강 전투. 러시아에 승리하여 아조프 탈환
1716	오스트리아와의 전쟁 발발(-1718)
1718	파사로비츠 조약 체결. 세르비아의 대부분을 오스트리아에 넘겨줌. 대재상 네브셰힐리 이브라힘 파샤 취임. 도시 문화가 무르익은 시대(통칭 "튤립 시대")
1724	사파비 왕조의 혼란을 틈타서 이란 원정(-1746). 나디르 샤의 등장으로 고전
1730	파트로나 할릴의 난으로 네브셰힐리 처형. 아흐메드 3세 퇴위. 마흐무드 1세 즉위
1754	마흐무드 1세 사망. 오스만 3세 즉위
1757	오스만 3세 사망. 무스타파 3세 즉위
1768	러시아-튀르크 전쟁 발발
1774	무스타파 3세 사망. 압둘하미드 1세 즉위. 러시아와 쿠츠크 카이나르자 조약 체결. 크림한국 독립
1789	압둘하미드 1세 사망. 셀림 3세 즉위
1792	니잠 제디드 개혁 개시

기원후	사건
1807	카바크츠 무스타파의 난으로 니잠 제디드군 폐지 선언. 셀림 3세 퇴위. 무스타파 4세 즉위
1808	아얀 알렘다르, 혼란 중 이스탄불에 입성하여 톱카프 궁전 제압. 무스타파 4세 퇴위. 아흐무드 2세 즉위. 알렘다르는 대재상으로 취임하여 니잠 제디드 군 부활을 선언하고 유력 아얀과 "동맹의 서약"을 맺지만 예니체리 군단에 습격당해서 사망
1812	러시아와 부카레스트 조약 체결
1815	세르비아 반란으로 자치권 부여
1826	예니체리 군단의 반란을 진압. 예니체리 군단 폐지
1829	그리스에 독립 허용(에디르네 조약. 이듬해에 국제 승인 받음)
1839	오스만 군, 이집트 군에 대패. 마흐무드 2세 사망. 압둘메지드 1세 즉위. 장미원 칙령 공포. 탄지마트 개혁
1853	크리미아 전쟁 개시(-1856)
1856	개혁 칙령 공포
1861	압둘메지드 1세 사망. 압둘아지즈 즉위
1876	압둘아지즈 퇴위. 무라드 5세 즉위하나 93일 만에 퇴위. 압둘하미드 2세 즉위. 오스만 제국의 헌법 공포
1877	제1차 입헌정 개시. 러시아 군, 오스만 영내에 침공
1878	러시아와 산스테파노 조약 체결. 러시아에 유리하도록 열강이 개입 베를린 조약 체결. 압둘하미드 2세, 비상 대권을 발동하여 제1차 입헌정 폐지
1908	청년 튀르크당 혁명. 압둘하미드 2세, 헌법 부활 선언. 제2차 입헌정 개시
1909	반통일파의 "3월31일 사건" 발발. 사건을 사주했다고 알려진 압둘하미드 2세 퇴위. 레샤드(메흐메드 5세) 즉위. 오스만 제국 헌법 개정. 오스만 역시 협회 설립
1911	이탈리아가 리비아 침공
1912	발칸 전쟁 발발(-1913. 부카레스트 조약으로 종결). 살로니카, 에디르네 등 함락(에디르네는 나중에 탈환)

기원후	사건
1914	제1차 세계대전 발발
1916	겔리볼루 전투에서 승리
1918	레샤드 사망. 바히데딘(메흐메드 6세) 즉위. 무드로스 휴전 협정 체결. 제2차 입헌정 종료
1919	그리스 군이 이즈미르 점령. 무스타파 케말이 삼순에 상륙하여 국민군 결성 선언
1920	제국 의회에서 "국민 서약" 결의. 바히데딘이 제국 의회를 해산하자 케말이 앙카라에서 대국민회의를 소집. 이스탄불 정부, 연합국과 세브르 조약 체결
1921	사카리아 강 전투. 국민군, 그리스 군 격퇴
1922	무단야 휴전 협정 체결. 앙카라 정부, 술탄제 폐지. 바히데딘 망명과 폐위(오스만 제국의 멸망). 압둘메지드 에펜디가 칼리프로 즉위
1923	로잔 조약 조인. 공화제가 선언되고 터키 공화국 수립
1924	터키 공화국 대국민 의회에서 칼리프제 폐지 결정

역자 후기

이 책을 펼쳐든 당신은 아마도 역사에 관심이 있고 글밥 많은 책을 좋아하며 적당히 어려운 책을 독파한 후의 뿌듯한 기분을 즐길 줄 아는 분이겠지요? 어쩌면 당신의 책장에는 『로마인 이야기』나 『총, 균, 쇠』, 『이기적 유전자』 혹은 『백년의 고독』 같은 책들이 가지런히 꽂혀 있을지도 모르겠습니다. 그런 당신이 이 책을 펼쳐들고 호기심에 눈을 반짝거릴 모습을 상상하니 무척 즐겁습니다. 저도 당신과 똑같은 마음으로 이 책을 번역하기 시작했기 때문입니다. 보이지 않는 누군가와 비슷한 감정을 공유한다는 것은 언제나 짜릿한 일입니다.

미리 말씀드리자면 이 책은 굵직한 사건을 연대기 형식으로 훑고 그 의미를 해석해주므로 읽는 재미가 있습니다. 또 본문에 등장하는 초상화 및 사진과 세밀화를 통해서 시대 분위기를 엿볼수도 있습니다. 한마디로 역사를 잘 모르는 독자분들도 쉽게 읽을 수 있는 오스만 제국사의 입문서입니다.

게다가 오스만 제국의 통사를 다룬 이런 책은 일본에서도 25년 만에 출간되었다고 합니다. 흔히 접할 수 없는 오스만 제국의 600년 역사를 한 권에 담았다는 사실만으로도 충분히 읽어볼 가치가 있지 않을까 합니다.

여러분은 오스만 제국에 관해서 얼마나 알고 계시나요? 남자 왕족 가운데 한 명이 왕이 되는 순간 어릴 때부터 같이 자란 친족 남자들을 모두 죽였다는 이야기를 듣고 잔인한 나라라며 진저리를 친 적은 없으셨나요? 저도 어딘가에서 주워들은 몇 가지 이야기 조각들로 오스만 제국을 상상하며 번역을 시작했습니다.

오스만 제국은 36명의 왕의 다스림을 받으며 600년간 존속한 장수 국가였습니다. "조선왕조 500년"보다 훨씬 더 긴 세월을 존속한 것입니다. 그 장수의 비결은 무엇일까요?

위에서 말한 "형제 살해" 관습은 왕위 계승 과정의 혼란을 최소화하기 위해서 만들어진 시스템이었습니다. 오스만 제국은 또한 세력 기반이 없는 노예를 발탁하여 재상, 왕후, 장군으로 삼음으로써 왕권의 위협을 미리 없앴습니다. 이 나라에는 그외에도 독특하고 효율적인 시스템이 많았는데, 이 책에 하나하나 설명되어 있으니 읽으면서 궁금증을 풀어보시기 바랍니다.

하지만 이처럼 뛰어난 구조를 구축했던 나라가 근대 서구 열강의 틈바구니에서 급격히 쇠퇴하는 모습이나 현대로 접어들어 힘겹게 정치적 안정을 찾아가는 모습을 보면 왠지 모르게 낯익은 서글픔이 느껴지기도 합니다.

오스만 제국은 유목민이 세운 나라입니다. 그래서 다민족, 다종교의 국민들을 하나로 통합하기 위해서 포용성과 유연성, 공존공영의 가치를 우선했습니다. 얼핏 혼잡하고 무질서해 보이지만 그런 와중에도 절묘한 균형을 찾아가는 이 나라 국민들의 모습에, 복잡다단한 현대 민주주의 사회를 살아가는 디지털 유목민들의 모습이 겹쳐 보입니다.

또한 통사를 다룰 때는 자료가 많은 근대사의 분량이 많아지기 쉽지만, 이 책은 지은이의 말처럼 오스만 왕가의 전통을 비중 있게 다루어 시대별 균형을 맞춘 것이 특징입니다. 그러므로 시간순으로 나열된 내용을 차근차근 읽어나가며 과거에서부터 현재에 이르는 시간 여행을 하는 기분을 느껴보시면 어떨까 싶습니다.

오스만 제국의 역사에 거의 문외한인 채로 일을 맡았으므로 번역작업은 결코 쉽지 않았습니다. 정확한 번역을 위해 한 문장을 한 시간씩 붙들고 있기도 했고 도중에 흥미로운 내용이 등장하면 자료를 찾다가 저도 모르게 파도를 타게 되는 바람에 엉뚱한 이야기 속에서 한나절씩 헤매다 돌아오기도 했습니다. 또 이해가 잘 되지 않는 부분이 나올 때는 몇 시간씩 골머리를 싸매고 있기 일쑤였죠. 아마도 이 책은 여러모로 제 번역 역사에 길이 남을 듯합니다. 그만큼 애정이 가는 책이라는 뜻입니다.

어쨌든 저는 이제 이 책 덕분에 오스만 제국의 역사를 대략적으로나마 머릿속에 그려볼 수 있게 되었습니다. 누군가 오스만 제국이 오랫동안 번영한 이유를 말해보라고 하면 그 자리에서 서너 가지 이유를 30분쯤 설명할 수도 있습니다. 그것도 아주 재미있게 말입니다.

그래서 여러분께 추천하고 싶은 것이 하나 있습니다. 저는 게을러서 실천하지 못했지만, 혹시 마음이 내키신다면 이 책을 읽으면서 곁에 커다란 종이를 펼쳐놓고 자신만의 연표를 그려보는 것은 어떨까요? 그러다 보면 오스만 제국의 통사가 고스란히 여러분의 머릿속에 들어갈 것입니다. 설사 써먹을 데가 없다고 하더라도 모르던 것을 알게 되고 거기서 일정한 흐름을 읽어내며 그 시절 사람들의 생활을 상상해보는 것만으로도 너무 즐거운 일이 될 듯합니다.

그 순수한 즐거움을 나누었으면 합니다.

마음을 열고 책에 열중하여 상상력을 발휘하다 보면 「반지의 제왕」이나 「왕좌의 게임」에서 느꼈던 두근거리는 감동을 다시 한번 느끼게 될 것입니다.

이 책을 읽은 누군가가 터키의 어느 유적지를 견학하다가, 책에서 읽었던 내용을 일행에게 흥미진진하게 설명해주는 장면을 떠올려봅니다.

2020년 3월

노경아

인명 색인